Lieselotte Pongratz
Herkunft und Lebenslauf

Lieselotte Pongratz

Herkunft und Lebenslauf

Längsschnittuntersuchung über Aufwuchsbedingungen und Entwicklung von Kindern randständiger Mütter

Unter Mitarbeit von Peter von Rönn

Juventa Verlag Weinheim und München 1988

Lieselotte Pongratz ist Professor em. für Kriminologie am Fachbereich Rechtswissenschaft II der Universität Hamburg. Nach Berufstätigkeit in der Sozialarbeit Studium der Sozialwissenschaften. Seit 1964 Lehr- und Forschungstätigkeit an der Universität Hamburg. Veröffentlichungen auf den Gebieten der Sozialpädagogik, der frühkindlichen Sozialisation und der Kinder- und Jugenddelinquenz. Sie ist Gründungsmitglied des Arbeitskreises Junger Kriminologen und Mitherausgeberin des Kriminologischen Journals.

Gedruckt mit Unterstützung durch die Universität Hamburg

CIP-Titelaufnahme der Deutschen Bibliothek

Pongratz, Lieselotte:
Herkunft und Lebenslauf : Längsschnittunters. über Aufwuchsbedingungen u. Entwicklung von Kindern randständiger Mütter / Lieselotte Pongratz. - Weinheim ; München : Juventa-Verl., 1988
(Juventa-Materialien)
ISBN 3-7799-0678-3

Umschlaggestaltung: Atelier Warminski, 6470 Büdingen 8
Printed in Germany

ISBN 3-7799-0679-1

Für

Anne-Eva Brauneck

Vorwort

Bei dem nachfolgenden Forschungsbericht handelt es sich um den zweiten Teil einer longitudinal angelegten empirischen Untersuchung, deren erster Teil 1963 abgeschlossen wurde und den Zeitraum von 0 bis 7 bzw. 9 Jahren im Leben von 140 Kindern der Jahrgänge 1953 und 1954 umfaßt. (1) Die Nachuntersuchung derselben Gruppe wurde 1980 beendet und bezieht sich auf den Zeitraum vom 7./9. Lebensjahr bis zum 24./26. Lebensjahr. (2)

In den 12 Jahren, die zwischen Abschluß der Ersten Untersuchung und Aufnahme der Zweiten Untersuchung lagen, hatte ich keine Verbindung zu den Kindern. Trotzdem hat mich die Frage nach ihrem weiteren Schicksal beschäftigt. Es war wohl nicht allein wissenschaftliches Interesse, das mich bestimmte, die von Anlage und Umfang her wesentlich schwierigere Nachuntersuchung zum frühestmöglichen Zeitpunkt aufzunehmen, sondern auch ein emotionales Beteiligtsein an den Entwicklungsprozessen etlicher Kinder. Die Durchführung der Untersuchung zog sich über mehrere Jahre hin und forderte allen Beteiligten viel Geduld und Langmut ab. So war das Wiederauffinden des ehemaligen Personenkreises schwierig, das Durcharbeiten der inzwischen stark angewachsenen Akten zeitaufwendig; die Tiefeninterviews erwiesen sich für Interviewer wie für Interviewte als emotional belastend. Die Kodifizierung der höchst komplexen Akten- und Interviewdaten erforderte wochenlange Konzentration und Anspannung, und die quantitative Auswertung ergab, daß aus verschiedenen, u.a. aus zeitlichen Gründen, letztlich nicht alle Informationen in den Forschungsbericht eingehen konnten. So war an eine breitere qualitative Auswertung gedacht, aber auch an eine gezielte Analyse der großen Gruppe von Pflege- und Adoptivkindern, der geschlechtsspezifischen Unterschiede oder der Auswirkungen institutionellen Handelns usw. Auf die wiederkehrende Frage Außenstehender: "Und was ist aus den Kindern geworden?" hoffen wir jedoch Antworten gegeben zu haben.

Der Forschungsbericht konzentriert sich auf die Analyse des Lebensverlaufs von der Kindheit bis zum Erwachsenenalter und behandelt insbesondere die weiteren, in den ersten Lebensjahren durch Unstetigkeit gekennzeichneten Aufwuchs- und Erziehungsbedingungen (Kapitel 1), die Entwicklung der Kinder in der Schule (Kapitel 2) sowie in Ausbildung und im Beruf (Kapitel 3). Untersucht werden Fragen der Partnerschaft und

Ehe (Kapitel 4) sowie die sozioökonomischen Bedingungen der Lebenssituation der nunmehr jungen Erwachsenen, ihre sozialen Beziehungen und das Sozialverhalten (Kapitel 5). Im letzten Kapitel der quantitativen Verlaufsanalyse werden Stigmatisierungsvorgänge in ihren Auswirkungen auf den Lebensverlauf analysiert (Kapitel 6). Den Abschluß der Arbeit bildet die von Peter von Rönn erstellte Analyse, die sich mit der Bedeutung der Herkunft im Sozialitationsverlauf an einem exemplarischen Fall beschäftigt (Abschnitt III).

An der Untersuchung waren in der ersten und zweiten Phase (Vorbereitungsarbeiten, Erhebung der Aktendaten, Durchführung der Interviews und Aufbereitung der Daten) vor allem beteiligt Wolfgang Braun, Hella Hering und Renate Szameitat, außerdem Bernd Buchhofer, Birgit Burgänger, Dietlinde Gipser, Thomas Jakubasch, Renate Kurt-Petersen, Petra Oelker, Lutz Peters und Peter Rust. An der dritten Phase der Auswertung und statistischen Aufbereitung beteiligten sich Peter von Rönn, Annett Walkowiak, Thomas Wnuck; außerdem Annelies Fries und Margret Bommer, die das Manuskript schrieben, Peter Jürgensen, der bis zum Abschluß die EDV-Rechenarbeiten übernahm und Rita Schepp, die das Manuskript kritisch durchgesehen hat. Ihnen allen möchte ich herzlich für die kooperative Mitarbeit, für Anregungen und Kritik danken. Finanziert wurde das Projekt durch das Ministerium für Jugend, Familie und Gesundheit und durch die Universität Hamburg.

Inhalt

I.	**Einleitung**	11
1.	Untersuchungsgegenstand und Fragestellung	11
2.	Material und Methode	16
II.	**Darstellung der Ergebnisse**	21
1.	Verlaufsdaten allgemein	21
1.1.	Weitere Aufwuchsbedingungen	21
1.2.	Wechsel der Erziehungsstelle	26
2.	Schulentwicklung	29
2.1.	Schulabschluß	29
2.2.	Schulwechsel, Einschätzung des Leistungsverhaltens	32
2.3.	Lernschwierigkeiten und Verhaltensauffälligkeiten	33
2.4.	Bedingungen von Schulkarrieren	39
3.	Ausbildung und Beruf	42
3.1.	Zusammenhang zwischen Schulabschluß und Berufsausbildung	42
3.2.	Art des erlernten Berufes, Berufssituation insgesamt und ausgeübte Tätigkeit zum Zeitpunkt der Zweiten Untersuchung	45
3.3.	Arbeitslosigkeit	49
4.	Partnerschaft, Ehe, Kinder	51
4.1.	Partnerschaft	51
4.2.	Kinder	56
5.	Sozioökonomische Bedingungen der Lebenssituation, soziale Beziehungen und Sozialverhalten	56
5.1.	Wohnsituation und Einkommensverhältnisse	57
5.2.	Soziale Beziehungen und Kontakte	60
5.3.	Auffälligkeiten im Sozialverhalten	65
5.3.1.	Verhaltensstörungen im Verlaufe von Schulzeit und Jugendzeit	67
5.3.2.	Verhaltensstörungen im individuellen Verlauf	69
5.3.3.	Soziale Auffälligkeiten im Erwachsenenalter und frühere Lebensbedingungen	74

6. Stigmatisierung 86
6.0. Vorbemerkungen 86
6.1. Stigmatisierende Äußerungen in den Akten 92
6.2. Wahrnehmung des Stigmas durch die Betroffenen 97
6.2.1. Stigma und Außenseiterrolle 99
6.2.2. Stigma und Stellung in der Gleichaltrigengruppe 100
6.2.3. Stigma und Abgelehntsein 101
6.2.4. Stigma und Benachteiligung 102
6.3. Stigmatisierung und Selbstbild 106
6.4. Auswirkungen einer negativen sozialen Identität (Jgd.Alter) und eines negativen Selbstbildes (Erw.Alter) 111
6.4.1. Auffälliges Sozialverhalten im Jugendalter und Soziale Identität der Probanden im Jugendalter 112
6.4.2. Abweichendes Verhalten im Erwachsenenalter und Selbstbild 115

III. Das Herkunftsthema im Sozialisationsverlauf (Peter von Rönn) 118

1. Protokoll eines Interviewausschnitts 118
2. Vorbemerkung zur Methode 124
3. "Erwünscht ja und nicht erwünscht" - Textinterpretation 126

IV. Schlußbemerkungen 141

Anhang

1. Anmerkungen 152
2. Literatur 170
3. Tabellen und Schaubilder 175
4. Abhängigkeitstest 186
5. Variablenzusammenstellung 188
6. Graphische Darstellung der Entwicklungsverläufe Nr. 1 - 140 217
7. Abkürzungen 233

I. Einleitung

1. Untersuchungsgegenstand und Fragestellung

Longitudinale Untersuchungen zeichnen sich gegenüber Querschnittsuntersuchungen durch ein entscheidendes Merkmal aus: Die Zielsetzung der Untersuchung und damit die Forschungsanlage kann von der ersten zur zweiten oder zu weiteren Untersuchungen wegen der Vergleichbarkeit der Ergebnisse nicht wesentlich verändert werden, d.h. neue theoretische Erkenntnisse können nur in begrenztem Rahmen "überprüft" werden. (3) Diese Einschränkung gilt auch für unsere Untersuchung, wenn auch neue Fragestellungen - entsprechend der neuen Lebensspanne der untersuchten Personen, der neuen Erkenntnisse im Bereich der Sozialisationsforschung, der Stigmatisierungstheorie und des wissenschaftlichen Verständnisses vom abweichenden Verhalten - aufgenommen wurden. Die neuen Fragestellungen beeinflußten z.T. auch die Anlage der Nachuntersuchung. Dennoch müssen aus Gründen der Vergleichbarkeit und der Rückbeziehung Variablen und Gruppierungen möglichst konstant gehalten werden. Schon im Umgang mit einigen wenigen Daten, bei denen dieser Grundsatz zugunsten einer größeren Differenzierung vernachlässigt wurde, bereitete die Herstellung und Darstellung des Zusammenhangs zur Ersten Untersuchung Schwierigkeiten.

Im Kern lagen der Ersten Untersuchung 1961 schon sozialisationstheoretische Fragestellungen zugrunde (4), die dann später, in der allgemeinen Sozialisationsforschung der 70er Jahre in der Bundesrepublik, einen Schwerpunkt des Forschungsinteresses bildeten, nämlich die Auswirkungen bestimmter sozialstruktureller, ökonomischer und sozialpsychologischer Aufwuchsbedingungen sog. unterprivilegierter Kinder auf ihre psychosoziale Entwicklung. (5)

Die Kinder von Prostituierten (6) boten sich als Untersuchungsgruppe deshalb an, weil bei ihnen eine Voraussetzung vorlag, ohne die longitudinale Untersuchungen, wenn sie nicht auf begleitender Beobachtung basieren können, kaum durchführbar sind: Es stand vom Zeitpunkt der Geburt an ein umfangreiches Aktenmaterial zur Auswertung zur Verfügung. Außerdem waren die Merkmale einer unterprivilegierten Ausgangssituation eindeutig vorgegeben (uneheliche Geburt, sozio-ökonomisch niedriger Status der Mutter, niedriger Status auch des Vaters, oder ein überhaupt nicht bekannter Erzeuger). Als wichtiger Faktor kam jedoch hinzu, daß fast alle Kinder, auch wenn sie bei den Eltern oder der Mutter wohnten, von ihrer Geburt an längere Zeit durch die Jugendbehörde fürsorgerisch betreut wurden oder in den klassischen Institutionen der öffentlichen Jugendpflege, nämlich in Pflegestellen und Heimen, untergebracht waren. (7)

An die Erste Untersuchung haben wir vier Fragestellungen herangetragen, mit denen wir die folgende grundlegende Annahme überprüfen wollten: Eine im Sinne gesellschaftlich vorherrschender Normen und Erwartungen für soziales Handeln als mißlungen zu bezeichnende Sozialisation ist überwiegend auf bestimmbare unzulängliche Aufwuchsbedingungen und nicht auf hereditäre Einflüsse zurückzuführen. Wir fragten deshalb nach diesen Aufwuchsbedingungen in ihrer Abhängigkeit zur allgemeinen Entwicklung der Kinder und nach aufgetretenen Verhaltensstörungen im Zusammenhang mit diesen Lebensbedingungen. (8) Dieser als ätiologisch zu bezeichnende Ansatz stützte sich auf Erkenntnisse der Sozialisationstheorien, wie sie vor allem von Bossard, Claessens und Erikson (9) vertreten wurden, und stellte damit die Familie als Sozialisationsagent in den Mittelpunkt. Unsere Untersuchungsergebnisse bestätigen zwar im wesentlichen die Annahmen von der Bedeutung kontinuierlicher Beziehung im Frühkindalter zu einer Bezugsperson (s. Erste Untersuchung S. 118 ff), jedoch ließen sich so eng eingegrenzte Hypothesen wie die von Spitz, Bowlby etc. (10) über irreparable Schäden bei früher Mutter-Kind-Trennung aus unserem Material nicht belegen. (11) Es zeigte sich vielmehr besonders gut beobachtbar an den Pflegekindern der Untersuchungspopulation, daß die weiteren Aufwuchsbedingungen im Vorschulalter einen entscheidenden Einfluß zumindest auf die soziale Entwicklung (Plazierung in der Gesellschaft etc.) hatten, Ergebnisse, die durch etliche Forschungsarbeiten in den 60er und 70er Jahren bestätigt wurden. (12) Prozesse der im engeren Sinne psychischen Entwicklung bei frühkindlicher Schädigung der Beziehungsstruktur waren mit der Anlage unserer Untersuchung nur wenig differenziert zu erfassen (s. Erste Untersuchung S. 115 ff).

Wir betrachteten unsere Ergebnisse insgesamt als vorläufig, weil sie der Überprüfung an anderen Gruppen bedurft hätten und weil wir beabsichtigten, die an unserem Material gewonnenen Erkenntnisse in einer Nachuntersuchung an derselben Personengruppe unter Einbeziehung ihrer weiteren Entwicklung zu überprüfen. Ein positiver Verlauf der Sozialisation im Schul- und Jugendalter und die Ablösung aus dem Elternhaus mit Aufbau des sozialen Selbst und der Begründung eines eigenen sozialen Status und einer Beziehungsstruktur in partnerschaftlichen oder familialen Verhältnissen wurde für den Großteil der untersuchten Population erwartet. Schwierigkeiten in der Phase sekundärer Sozialisation, also in weiteren Sozialisationsinstitutionen wie Schule, Beruf, Freundesgruppen etc., wurden immer dann antizipiert, wenn sich die Aufwuchsbedingungen durch weitere Wechsel der Erziehungsstelle zunehmend komplizierten, so z.B. durch Wechsel bei Heimkindern, bei Kindern, die nicht in einer Pflegestelle bleiben konnten und bei Kindern, die wegen schlechter Versorgung bei den Eltern ins Heim verlegt werden mußten. Schwierigkeiten in der weiteren Sozialisation wurden auch angenommen, wenn "Mängellagen" ökonomischer Art und gravierende Störungen im Beziehungsgeflecht der Eltern oder der Pflege- und Adoptiveltern auftraten. Schließlich gingen wir noch von Behinderungen in der sekundären Sozialisation aus, wenn - bezogen auf die frühkindliche Sozialisation - gravierende Verhaltensstörungen bereits im Frühkind- und Vorschulalter als Folge inadäquater Aufwuchsbedingungen aufgetreten waren und diese Aufwuchsbedingungen sich nicht entscheidend verbessert hatten.

Der Begriff Sozialisation bei Claessens ist recht eindeutig definiert. Es heißt bei Claessens : "'Sozialisation' umfaßt also: Soziabilisierung, d.h. emotionale Fundierung, Vermittlung grundlegender Weltaufforderungs-Kategorien, primäre soziale Fixierung; Enkulturation, modifiziert durch Kind-Eltern-Auseinandersetzungen und spezifisches Familien-Milieu; sekundäre soziale Fixierung". (13)

In der Sozialisationsforschung der letzten 20 Jahre erfuhr der Begriff offenbar eine zunehmende Einengung. So sagt Geulen, er werde "in einem relativ engen Sinn definiert und dabei anderen Begriffen wie z.B. Entwicklung, Erziehung, Soziabilisierung, Enkulturation, Personalisierung usw. gegenübergestellt. Häufig wird der Begriff durch die Bindung an bestimmte Aspekte des gesamten Geschehens eingeengt, z.B. dadurch, daß man nur einen Teil der bedingenden Faktoren - etwa personell vermittelte Erziehung - einbezieht, oder daß man nur bestimmte psychologische Vorgänge - etwa personell vermittelte Erziehung - einbezieht, oder daß man nur bestimmte psychologische Vorgänge - etwa "Lernen", "Identifikation" oder "Internalisierung" - als Sozialisationsprozeß bezeichnet oder daß man Sozialisation nur mit Bezug auf bestimmte Altersstufen oder Institutionen versteht, also z.B. nur als frühkindliche oder nur als familiale Sozialisation." (14) Andere Forscher stellen demgegenüber eine Ausweitung und Überfrachtung des Begriffes fest und damit wenig Abgrenzungsmöglichkeiten zu Begriffen wie "Erziehung" oder "Entwicklung". (15)

Die Unschärfe und relative Beliebigkeit in der Verwendung des Begriffs hat weniger mit der Ausweitung von Forschung auf diesem Gebiet zu tun, sondern liegt offensichtlich im immer wieder konstatierten Mangel theoretischer Erklärungen von Vorgängen, die früher allgemein mit einem Hineinwachsen des Einzelnen in die Gesellschaft beschrieben wurden. Es "kann davon ausgegangen werden, daß der Weite und Allgemeinheit dieser Kategorie auch ein reales Problem entspricht, nämlich die Suche nach einer kategorialen Verbindung isolierter Fragestellungen und Begriffe, und zwar nicht im individuellen Vorstellungs- und Handlungszusammenhang des Sozialwissenschaftlers oder Praktikers, sondern in der objektivierten Form eines Oberbegriffs unter entsprechenden Disziplinen einer Sozialwissenschaft, der auf der Gegenstandsebene die Totalität des dialektischen Verhältnisses von gesellschaftlicher und individueller Entwicklung entspricht." (16) Dabei ist man sich der Schwierigkeit bewußt, eine die verschiedenen Disziplinen berücksichtigende Metasozialisationstheorie zu entwickeln. (17) Bezogen auf den Sozialisationsbegriff erscheint dieser Begriff mit einiger Berechtigung nur als kategorialer Oberbegriff sinnvoll verwendbar. (18) Hurrelmann möchte den Sozialisationsbegriff in seiner klassischen und soziologischen Konzeption beibehalteen "und zugleich nicht mit zu vielen theoretischen Anforderungen überladen"...

Nach diesen Überlegungen spricht also einiges dafür, an 'Sozialisation' als einem weit gefaßten Begriff für den Prozeß der Vergesellschaftung der menschlichen Natur als einem Oberbegriff für die verschiedenen Einzelaspekte der 'zweiten soziokulturellen Geburt' (Claessens, 1962) des Menschen festzuhalten. (19) Darunter versteht Hurrelmann im einzelnen: "Im Verlauf der Sozialisation werden die kognitiven, sprachlichen, motivationalen und affektiven Persönlichkeitsmerkmale elementar ausgeformt und von einer Lebensphase zur anderen in begrenzten Bereichen und spezifischem Umgang umgeformt. Das Individuum eignet sich soziale Einstellungen und Handlungsfähigkeiten an, die es potentiell in die Lage versetzen, sich der gesellschaftlichen Umwelt anzupassen, sich den gesellschaftlichen Erwartungen entsprechend zu verhalten und zugleich auch auf ihre Gestaltung Einfluß zu nehmen. Auch diese Komponente des Sozialisationsprozesses kann grundsätzlich nie als abgeschlossen gelten, da in jeder neuen Lebensphase Veränderungen von Einstellungen und neues Lernen von Handlungsfähigkeiten erforderlich sind. Das um so mehr, als in den gegenwärtigen Industriegesellschaften die ökonomischen, politischen, sozialen und kulturellen Strukturen raschen Wandlungen unterworfen sind." (20)

Diesem fast programmatischen Zuschnitt des Sozialisationsbegriffs stimmen wir im wesentlichen zu, wenn auch unter den besonderen Bedingungen unserer Verlaufsstudie nur bestimmte Aspekte davon zum Tragen kommen. Wichtig (und den Begriff damit ergänzend) erscheint uns jedoch der von Götz bei seinen Überlegungen zur Krise der Sozialisationsforschung betonte Aspekt einer lebensbiographischen Einheit des Sozialisationsprozesses, der in den bisherigen (Querschnitts-)Untersuchungen kaum eine Rolle spielt. "Es hat wenig Sinn, einzelne Bedingungsfaktoren der Sozialisation gleichsam in einer Momentaufnahme zu isolieren, da ihre Wirksamkeit nur auf dem Hintergrund der vom Subjekt mit in die Sozialisation eingebrachten früheren Interaktionserfahrungen der daraus erwachsenen psychischen Struktur abschätzbar ist." (21)

Eine wichtige Frage soll noch angesprochen werden, die von großer Bedeutung für die Einschätzung von Sozialisationswirkungen in den verschiedenen Lebensphasen ist, die des Sozialisationszieles. (22) Zwar klingt bei einigen Autoren an, daß dieses Ziel abhängig ist von historisch-gesellschaftlich bedingten Normen und Wertvorstellungen und von einem daraus abgeleiteten "normalen", an diese Vorstellungen angepaßten Verhalten. Aber schon relativ früh sind an den Sozialisationsprozeß auch emanzipatorische Forderungen gestellt worden, so von Mollenauer 1965 in seiner Auseinandersetzung mit dem Begriff der Anpassung. (23)

Später haben besonders Vertreter des historischen Materialismus im Bereich der Sozialisationsforschung den Emanzipationsgedanken stärker herausgearbeitet. (24) Die von der Sachverständigen-Kommission zur Erstellung des Zweiten Familienberichtes der Bundesregierung herausgegebenen Thesen zum "Grundbegriff der Sozialisation" und die daraus entwickelten Sozialisationsziele lassen das Bemühen erkennen, den Stand der Diskussion (1975) zu berücksichtigen. "Analysen, die in der Absicht erfolgen, laufende Sozialisationsprozesse und die Leistung der sie tragenden Institutionen und Gruppen zu bewerten, setzen allerdings voraus, daß darüber entschieden wird, welche Verhaltensweisen, Denkstile, Gefühle, Kenntnisse, Motivationen und Wertorientierungen im jeweiligen gesellschaftlichen Zusammenhang so erwünscht sind, daß sie als allgemeine Sozialisationsziele verbindlich gehalten und der aufwachsenden Generation vermittelt werden sollten." (25) Der Bericht zeigt sechs solcher abgrenzbaren Sozialisationsziele auf:

"a) Durch Sozialisation sollen Kinder ein Maß an Selbstsicherheit entwickeln, das sie einerseits davor bewahrt, sich aufgrund negativer Selbstbilder in dauerhafte Abhängigkeit von anderen zu flüchten und dabei jedem Autoritätsdruck ängstlich nachzugeben, daß sie andererseits aber auch davor schützt, selbstgerecht und lernunfähig zu werden.

b) Sozialisation soll zur Bildung eines Gewissens beitragen, das einerseits stark genug ist, um spontane Bedürfnisse ebenso wie soziale Zumutungen moralisch kontrollieren zu können, das sich andererseits aber auch nicht auf starres Befolgen verinnerlichter Handlungsnormen ohne Ansehen der jeweiligen Situation und ohne Berücksichtigung der sozialen Konsequenzen rigider Normanwendung festlegen läßt." (26)

Im weiteren werden genannt die Entwicklung intellektueller Fähigkeiten, die Vermittlung einer Leistungsmotivation, "ohne daß dabei eine starre Fixierung auf 'Leistung an und für sich' entsteht", die Wahrnehmung der Interessen anderer (Empathie), Solidarität und die Fähigkeit zur 'produktiven' Konfliktbewältigung. (27) Dabei ist den Autoren klar, daß die gesellschaftlichen Bedingungen, z.B. der Familie solche Sozialisationsziele nur sehr begrenzt verwirklichen lassen, das gilt insbesondere für Randgruppen. (28)

2. Material und Methode

Die vorliegende Zweite Untersuchung knüpft an die Materialien von 140 Kindern an, die im Abschluß der ersten Untersuchung vorlagen. (29) Das waren neben Aktenauswertungen und einer Lehrerbefragung vor allem Interviewprotokolle, die mit der Mutter, den Eltern, den Pflege- oder Adoptiveltern und Heimleiter/innen und Erzieher/innen durchgeführt worden waren. Für sieben bis zehn Kinder waren durch Wegzug der Kinder mit den Müttern, den Eltern oder Pflegeeltern vor allem in die DDR, nach Holland, Skandinavien und Übersee so wenig Aktenunterlagen vorhanden, daß sie bei der Untersuchung späterer Lebensphasen unberücksichtigt bleiben mußten. Zwei Probanden sind verstorben (s. Var 512 und 836). (30)

Bis zum Ende des 14. Lebensjahres wurden in 80 % aller Fälle Akten vor allem bei der Jugendbehörde der Hansestadt Hamburg geführt (s. Var 836). Im Durchschnitt sind für jedes Kind drei Akten ausgewertet worden. (31) Bis auf vier vermutlich in der DDR und zwei in den USA und der Bundesrepublik lebenden Personen konnten zum Zeitpunkt der Zweiten Untersuchung alle wiederaufgefunden werden, so daß mit den meisten (in Hamburg, aber zu einem großen Teil auch in anderen Ländern der Bundesrepublik und in Holland) Tiefeninterviews durchgeführt werden konnten. So liegen der Untersuchung 115 Interviews zugrunde, acht Interviews mit Verwandten, z.B. weil die Probanden zur See fuhren etc., fünf Personen verweigerten das Interview.

Wir haben schon an anderer Stelle gesagt, daß es bei longitudinalen Untersuchungen darauf ankommt, die Variablen und Gruppierungen so weit wie möglich konstant zu halten. Das haben wir in der Regel versucht, so daß die Vergleichbarkeit der Daten in den einzelnen Lebensphasen keine größere Schwierigkeit bereitet hat. Die unterschiedlichen Akten der einzelnen Personen wurden "nebeneinander" chronologisch aufbereitet, und zwar unter Trennung der Informationen über das Kind, die Eltern oder Pflegeeltern und Informationen über darauf evtl. folgende Maßnahmen der einzelnen Institutionen (z.B. eine Beurlaubung gem. § 69 Abs. 3 JWG).

Für die Tiefeninterwies bestand ein Interviewleitfaden, an den die Interviewer in der Regel in der Behandlung der einzelnen Themen gebunden waren. (32) Eine gewisse Flexibilität war angesichts des schwierigen Interviewkontextes notwendig.

Etliche Personen erinnerten sich an das früher geführte Interview, obwohl sie zu der Zeit Kinder waren und rd. 15 Jahre zwischen den beiden Interviews lagen. Die Interviews dauerten bei einem Großteil länger als 1 1/2 Stunden, bei wenigen unter einer Stunde, z.T. weil die Interviewten kein oder nur geringes Interesse hatten, "aus ihrem Leben" zu erzählen. Die Mehrzahl dagegen war sehr interessiert und beteiligte sich auch am Ausfüllen eines Selbstprofil-Fragebogens. Bei einer kleinen Gruppe, vor allem Personen mit sehr wechselhaftem Lebenslauf, hatte das Interview so affektive Wirkungen, daß ein zweites Gespräch geführt oder das Tonband für einen Teil des Gesprächs abgestellt wurde. Alle Tonbänder wurden in Maschinenschrift transkribiert, ausgenommen die, bei denen ausdrücklich die Löschung der Tonbänder nach Auswertung der Informationen gewünscht worden war.

Die Erhebung der Daten (Aktenaufbereitung und Durchführung der Tiefen-Interviews) wurde in einem dritten Arbeitsschritt mit dem Vorgang der Codierung abgeschlossen. Der Codierungsplan sah sechs Lochkarten mit rd. 80 Merkmalen vor, zusätzlich zu den bereits vorhandenen Daten (drei Lochkarten der Ersten Untersuchung). Die Zahl der verwendbaren Merkmale war wesentlich geringer, z.T. weil die Informationen nicht für alle Personen vorhanden waren, z.T. weil der Informationswert letztlich als zu gering veranschlagt werden mußte. (33) Die Überprüfung der Codierung an wesentlichen Merkmalen wie Stigmatisierung, Einschätzung von sozialen Beziehungen etc. ergab eine gute Übereinstimmung zwischen den Codierern.

Das von uns benutzte Polaritätenprofil wurde nach Osgood (34) entwickelt. Wir gaben diesem semantischen Differential den Vorzug gegenüber anderen Testverfahren wie dem adjektivischen Selbstbeschreibungsverfahren, dem Rating-Verfahren oder dem Persönlichkeits-Fragebogen, weil das semantische Differential in den Vortests und von den Personen unserer Untersuchungsgruppe am besten angenommen wurde. (35) Von 106 sich in der Untersuchung befindlichen Personen, 44 männlichen und 62 weiblichen, und von 52 Jurastudenten entsprechenden Alters und Geschlechts wurde das semantische Differential erhoben. (36) Das Differential umfaßte 18 Items mit einer Skala von 1 - 7 (s. dazu das folgende Polaritätenprofil von den Personen der Untersuchungspopulation und der Gruppe der Studenten).

Zunächst fällt auf, daß das Selbstbild (ich bin) mit einem Mittelwert bei 2,8 in der Untersuchungspopulation und 2,9 bei den Studenten insgesamt positiv ausfällt und auch keine Unterschiede zwischen beiden Gruppen bestehen. Weiter ist zu sagen, daß das Selbstbild und das Fremdbild (andere sehen mich als) ebenfalls bei beiden Gruppen positiv ausfällt und in fast identischen Kurven sich bewegt (s. dazu das Schaubild 1 im Anhang 3). Das Idealbild (ich wäre) hebt sich vom Selbst- und Fremdbild bei beiden Gruppen deutlich positiv ab

POLARITÄTENPROFIL

Mittelwerte

	ich bin pp-Kd	ich bin Stud.	ich wäre pp-Kd	ich wäre Stud.	andere sehen mich als pp-Kd	andere sehen mich als Stud.	
1 weich	3,1	3,3	4,3	4,3	3,6	4,2	hart
2 körperlich fit	2,6	3,0	1,4	1,8	2,8	3,4	körperlich nicht fit
3 intelligent	3,3	2,5	1,7	1,7	3,3	2,3	nicht intelligent
4 gerecht	2,1	2,8	1,4	1,8	2,3	2,4	nicht gerecht
5 beliebt	2,7	3,1	1,9	2,1	2,6	2,4	nicht beliebt
6 gebe nicht schnell auf	3,3	3,1	2,4	1,8	3,8	3,2	gebe schnell auf
7 man kann sich auf mich verlassen	1,9	2,0	1,4	1,8	1,9	2,6	man kann sich nicht auf mich verlassen
8 gutaussehend	3,4	3,3	2,3	2,3	3,2	3,2	nicht gutaussehend
9 konnte gut lernen	3,8	2,7	1,7	1,7	3,3	2,6	konnte nicht gut lernen
10 schließe mich leicht anderen an	2,8	3,3	2,0	2,5	2,8	3,1	schließe mich nicht leicht anderen an
11 tüchtig	2,6	3,3	1,8	2,2	2,6	3,0	nicht tüchtig
12 attraktiv für das andere Geschlecht	3,1	3,1	2,1	2,1	2,7	3,0	nicht attraktiv für d. andere Geschlecht
13 ich begreife sehr schnell	2,9	3,0	1,5	1,5	2,7	2,6	ich begreife nicht sehr schnell
14 ich kümmere mich um andere	2,4	2,7	2,4	2,0	2,4	2,8	ich kümmere mich nicht um andere
15 umgänglich	2,4	2,6	1,7	2,1	2,3	2,8	nicht umgänglich
16 fleißig	2,7	3,6	1,7	2,1	2,7	3,0	nicht fleißig
17 hilfsbereit	1,8	2,5	1,6	1,6	1,9	2,4	nicht hilfsbereit
18 kann gut mit Geld umgehen	3,3	2,7	1,7	1,6	3,2	2,7	kann nicht gut mit Geld umgehen
Gesamt Mittelwert	2,8	2,9	2,0	2,1	2,8	2,9	

pp-Kinder = N 106

Studenten = N 52

(Mittelwert 2,0 in der Untersuchungspopulation und 2,1 bei den Studenten), aber hinsichtlich der Differenz zwischen Selbstbild (ich bin) und dem Idealbild (ich wäre) bestehen Unterschiede zwischen der Untersuchungspopulation und den Studenten: Die Probanden möchten deutlich "besser" sein im kognitiven Bereich, dazu zählten wir die Items 3 und 9 (Intelligenz und Lernen), während sich die Studenten bessere Fähigkeiten hinsichtlich des körperlichen Fitness, des Fleißes und des Durchhaltevermögens wünschen (Items 2, 6 und 16).

Nur bezogen auf die Untersuchungsgruppe reicht die Punktzahl aller 18 Items im Selbstbild (ich bin) von insgesamt 28 bis 72 Punkte. Wir haben daraus drei Gruppen gebildet:

	N		Punkte	Selbstbild
1	28	=	28 - 41	positiver geprägt
2	50	=	42 - 57	mittel
3	28	=	58 - 72	negativer geprägt

Bei dieser Gruppierung ist zu beachten, daß die insgesamt beobachtete Gleichverteilung zwischen Selbstbild und Fremdbild (s. oben) zwischen der Gruppe 1 und 3 nicht besteht: Personen mit einem positiver geprägten Selbstbild sehen sich noch positiver als ihre Umwelt; Personen mit negativ ausgeprägtem Selbstbild noch negativer, wie folgende Aufstellung zeigt:

	Gruppe 1 n 28	Gruppe 3 n 28
Das Selbstbild ist positiver als das Fremdbild	18	8
Das Selbstbild ist negativer als das Fremdbild	5	18
Das Selbstbild ist mit dem Fremdbild gleich	5	2

Bei der Auswertung aller Daten mußte das Problem der Lebensphaseneinteilung entschieden werden. In der Ersten Untersuchung waren wir in Anlehnung an Erikson (37) im wesentlichen von drei Phasen ausgegangen, dem Frühkindalter, dem Vorschulalter und dem Beginn des Schulalters. In der Zweiten Untersuchung wählten wir das Schulalter, das Jugendalter (etwa ab Schulentlassung), das frühe Erwachsenenalter (ca. 18. - 20. Lebensjahr) und das Erwachsenenalter zwischen dem 23. und 25. Lebensjahr, dem Zeitpunkt der Zweiten Untersuchung. (38)

Die statistische Auswertung der Daten wurde im Rechenzentrum der Universität Hamburg mit Hilfe der Rechenanlagen TR 440 von AEG und der 7.882 von Siemens vorgenommen. Dort standen die Programmpakete SPSS (Statistical Package for Social Sciences) und RAPROSYS, ein auf der TR 440 von Soziologen geschriebenes und betreutes Programmsystem. Zur Prüfung der Abhängigkeit der Merkmale wurde einheitlich der CHI-Quadrat-Test und als Maß für die Stärke des Zusammenhangs der auf dem CHI-Quadrat basierende Kontingenz-Koeffizient (C) benutzt. Im Unterschied zu anderen - ebenfalls auf dem Chi-Quadrat beruhenden - Assoziationsmaßen kann der Kontingenz-Koeffizient sinnvoll für Tabellen beliebiger Größe berechnet werden. (39) Die Ergebnisse des Abhängigkeitstests für die in der Untersuchung verwendeten Tabellen sind im Anhang 4 zusammengestellt.

II. Darstellung der Ergebnisse

1. Verlaufsdaten allgemein

1.1. Weitere Aufwuchsbedingungen

Der Entwicklungsverlauf der hier untersuchten Kindergruppe, so lautete eines der Ergebnisse am Ende der Ersten Untersuchung, ist zu einem großen Teil abhängig von ihren Aufwuchsbedingungen, d.h. für die Mehrzahl aller Kinder war bedeutsam, ob es der öffentlichen Jugendfürsorge gelang, über Vermittlung in Pflegestellen, Adoptionen, Unterstützung der Eltern oder Vermeidung von Heimwechseln, den in den ersten Lebensjahren so häufig zu beobachtenden Wechsel der Erziehungspersonen und damit der Bezugsperson für das Kind zu vermeiden. Deshalb soll zunächst ein Überblick über den weiteren Aufenthalt der Kinder für den Zeitraum vom achten Lebensjahr bis zum 25. Lebensjahr gegeben werden.

Es darf noch einmal in Erinnerung gerufen werden: Am Aufenthalt der Kinder zum Zeitpunkt der Ersten Untersuchung, also im Alter von acht Jahren, spiegelt sich die besondere Situation der Untersuchungsgruppe wider: Ein Viertel der Kindergruppe (35 Kd) lebte im Haushalt der Mutter, zusammen mit Mutter und Vater oder mit Mutter und Stiefvater. Etwa die Hälfte der Kindergruppe (48 %) befand sich in Pflegestellen (46 Kd), wurde adoptiert (10 Kd) oder lebte bei Großeltern oder Verwandten (acht Kd). Ein weiteres Viertel (37 Kd) lebte in Heimen (s. die Tabelle 1, Spalte 2).

Die Ergebnisse zu der Frage, ob diese für etliche Kinder ungünstige sog. Frühplazierung bei Schulbeginn von Dauer war oder ob während der Schul- und Jugendzeit sich die Bedingungen verbesserten oder weiter verschlechterten, haben wir in Tabelle 1 festgehalten. (40)

Als erstes fällt an der Zusammenstellung auf, daß der in der ersten Untersuchung so stark zutage getretene Wechsel der Erziehungsstelle (53 % aller Kd hatten bis zum achten Lj vier oder mehr Wechsel erlebt) (41) insgesamt zurückgegangen ist.

Tabelle 1

Aufenthalt von Schulbeginn bis zum 18. Lebensjahr

(172) Aufenthalt mit dem 8. LJ			(617) Aufenthalt bei Schulabschluß					(465) Aufenthalt mit dem 18. LJ						
1	2	3	4	5	6	7	8	9	10	11	12	13	14	15
			Metr/ Elt	Verw	AdElt/ PflElt	Heim	nb[1]	Elt/ Verw	AdElt/ PflElt	Heim ErzHeim	StrVg	JWW Arst[3]	ElgWhg Zl	nb[1]
	%	n	n	n	n	n	n	n	n	n	n	n	n	n
1 Mtr allein	5,7	8 →	5			→ 3		2		1			2	
								1				1	1	
2 Mtr u. StV	10,7	15 →	10			→ 5		6		1		1	2	
									2	1		2		
3 Mtr u. Vtr	8,6	12 →	8					5		1		1	1	
				→ 1					1					
						→ 2						1	1	
							→ 1	1						
4 Großelt	5,0	7 →		3				1					2	
						→ 1						1		
							→ 3							3
5 Sonst Verw	0,7	1		1				1						
6 PflElt	32,9	46 →			32				25			3	4	
						→ 14			1	6	1	3	3	
			→ 2					1				1		
7 AdElt	7,1	10 →			4				3				1	
						→ 2			1				1	
							→ 2		1					1
8 Heim	26,4	37 →	→ 6					4		1		1		
				→ 1									1	
					→ 2				1			1		
						28		2		9	2	14	1	
9 Sonstige	2,9	4 →	→ 1					1						
							→ 3							3
10 Alle		140	32	5	39	55	9	25	35	20	3	30	20	7
	100,0		22,8	3,6	27,9	39,3	6,4	17,9	25,0	14,3	2,1	21,4	14,3	5,0

Legende:
Die in die Klammer gesetzten Zahlen im Kopf der Tab sind die Nummern der Variablen (VAR), die teilweise in einer Variablen-Zusammenstellung (Anhang 5) gesondert aufgeführt worden sind (s. Fußnote 30); bei allen Tab heißen die horizontal angeordneten Zahlen Zeilen (Zl) und die vertikal angeordneten Spalten (Sp). Der Verlauf des Aufenthaltes ist an den Zahlen in der Horizontalen von links nach rechts ablesbar (Sp 1 - 15). Pfeile zeigen einen Wechsel an: z.B.: Zl 3, Sp 6 zeigt an, daß das Kind von Mtr und Vtr zu PfleElt oder AdElt kam.

1) Ausland und DDR

2) davon zwei Pb psychiatrisches Krankenhaus

3) ArSt = Wohnen mit Ausbildung in Heim, Schule oder privat (privat: n 9).

Wer bis zur Einschulung - in der Regel aber schon bis zum vierten Lebensjahr - einen Platz in der eigenen Familie, einer Pflegefamilie oder einer Adoptionsfamilie fand (103 Kd = 74 %), blieb auch dort in knapp zwei Drittel aller Fälle mindestens bis zum Zeitpunkt des Schulabschlusses (63 Kd). Für eine große Zahl von Kindern (27 Kd) blieben die Aufwuchsbedingungen weiterhin instabil. Besonders Kinder aus Pflegestellen, aber auch Kinder, die bei der Mutter oder den Stiefeltern lebten, kamen ins Heim (zurück), Zl 1 - 7, Sp 7.

Dieser Sachverhalt stellt sich im einzelnen folgendermaßen dar: Zehn Elternkinder (42) (von 35) kamen wegen gestörter Verhältnisse der Eltern ins Heim (s. Tab 1, Zl 1 - 3, Sp 7). Von den 46 Pflegekindern und zehn Adoptivkindern kamen während der Schuldzeit 16 Kinder ins Heim (s. Zl 6 und 7, Sp 7) - aus dem sie in der Regel zwischen dem 2. und 4. Lebensjahr zu Pflegeeltern vermittelt worden waren - weil die Pflegeeltern den Kindern erzieherisch nicht gewachsen waren, Kinder sich als psychisch schwierig erwiesen, etc. Rechnet man das Vorschulalter dazu, lag die Gesamtzahl aller Abbrüche von Pflegestellenverhältnissen wesentlich höher, nämlich jede zweite Vermittlung führte nicht zu einer Dauerplazierung (43) (s. Var 811).

Von 37 Heimkindern blieben 28 Kinder im Heim, d.h. 76 % der Gruppe wechselte nicht mehr in familienähnliche Erziehungsstellen über. Auch damit wurde in vielen Fällen keine Dauerplazierung erreicht, d.h. nicht, daß die Kinder in dem Heim, in dem sie sich bei Schulbeginn aufhielten, auch blieben, sondern etliche von ihnen wechselten von Heim zu Heim. Eine Ausnahme bildeten vor allem einige kleine Heime, in denen die Kinder mindestens bis Schulabschluß bleiben konnten und in denen auch die Fluktuation der Erzieher(innen) gering war.

Zusammenfassend kann gesagt werden: Wenn eine Dauerplazierung der Kinder bei den Eltern, Pflegeeltern, Adoptiveltern oder in einem kleinen Heim nicht schon vor Schulbeginn geglückt war, bestand für diese Kinder bei einem erneuten Wechsel der Erziehungsstelle eine größere Gefahr, (wieder) in ein Heim zu kommen als in eine Familie. Ca. 40 % (44) der gesamten Population der pp-Kinder befand sich bei Schulabschluß in Heimen (45) (s. Tab 1, Sp 7).

Verfolgt man den Aufenthalt der Kinder weiter bis ins Jugendalter und fragt man, wie sich die Situation für die 18-jährigen darstellt, so ist zu erkennen, daß

1. Jugendliche, die zum Zeitpunkt des Schulbeginns und des Schulabschlusses bei Pflegeeltern oder in Adoptivfamilien lebten (ein Viertel aller Kinder), sich dort zum größten Teil auch noch mit dem 18. Lebensjahr aufhielten;

2. von Jugendlichen, die zum Zeitpunkt des Schulbeginns und des Schulabschlusses bei Mutter, Eltern oder Verwandten (ein Fünftel der Kindergruppe) wohnten, sich im Altern von 18 Jahren nur noch jeder Zweite dort aufhielt, die anderen hatten bereits ein eigenes Zimmer, lebten in eigener Wohnung oder in Wohngemeinschaften etc.;

3. Heimkinder, die sowohl bei Schulbeginn als auch bei Schulabschluß im Heim lebten (ein Fünftel), sich auch mit 18 Jahren am häufigsten in den Heimen der Arbeits- und Sozialbehörde, in Haftanstalten etc. aufhielten. Von 28 Jugendlichen wohnten mit 18 Jahren nur zwei Jugendliche bei den Eltern, 11 lebten in Heimen der Psychiatrie oder im Strafvollzug und 14 Jugendliche wohnten in Berufsförderungsheimen oder Jugendwohnheimen. Nur ein Jugendlicher wohnte "privat" (eigenes Zimmer).

Auch Kinder, die zunächst z.B. bis Schulbeginn bei den Eltern oder Pflege-/Adoptiveltern lebten, dann aber in Öffentliche Erziehung (46) (ÖE) genommen wurden oder ein häufiges "Hin und Her" erlebten zwischen Eltern, Heim, Pflegeeltern etc. und sich bei Schulabschluß in einem Heim befanden (aus der Gruppe der Eltern-, Pflegeeltern- und Adoptivelterngruppe jedes vierte Kind), lebte im 18. Lebensjahr häufiger in öffentlichen Institutionen (16 von 27). (47)

Nach Darstellung der Veränderung des Aufenthaltes im individuellen Verlauf bringt die folgende Tabelle 3 eine Zusammenstellung der drei Zeitabfolgen. Sie zeigt, wo sich die 140 Kinder jeweils mit 8 Jahren, bei Schulabschluß und zum Zeitpunkt des 18. Lebensjahres aufgehalten haben.

14 % aller Jugendlichen lebten mit 18 Jahren selbständig, in einem Zimmer, einer Wohnung oder Wohngemeinschaft (s. Tab 3, Zl 6). Jeder vierte Jugendliche wohnte noch bei Pflege- oder Adoptiveltern (Zl 3), nur jeder Fünfte in einem Jugendwohnheim, in Berufsförderungsheimen etc. (Zl 7).

Zusammenfassung

Im Vergleich zum Zeitraum der Ersten Untersuchung haben sich die Aufwuchsbedingungen der hier untersuchten Kindergruppe nach dem achten Lebensjahr zwar insgesamt verbessert - besonders für Kinder, die schon im Kleinkindalter bei Eltern, Pflegeeltern oder in kleinen Heimen lebten -, aber für einen großen Teil blieben die Bedingungen weiterhin instabil. Kinder, die sich kurz nach Schulbeginn im wesentlichen bei Pflege- und Adoptiveltern (40 %), in der eigenen Familie, bei Verwandten (31 %) oder in Heimen der Jugendbehörde (26 %) aufhielten, erlebten während der Schulzeit (ca. bis zum Schulabschluß) noch relativ häufig einen Wechsel der Erziehungsstelle. Kinder aus Familien kamen ins Heim (zurück). Davon waren die Elternkinder gleichermaßen betroffen wie die

Tabelle 3

Aufenthalt bei Schulbeginn, bei Schulabschluß und zum Zeitpunkt des 18. Lebensjahres

		(172) Aufenthalt mit dem 8. Lj		(617) Aufenthalt bei Schulabschluß		(465) Aufenthalt mit dem 18. Lj	
		n	%	n	%	n	%
1	Mtr allein Mtr m. Vtr o. StV	35	25,0	32	22,9	23	16,4
2	Großeltern und sonstige Verw	8	5,7	5	3,6	2	1,4
3	PflElt u. AdElt	56	40,0	39	27,9	35	25,0
4	Heim	37	26,4	55	39,3	13	9,3
5	GI, StrVg	-	-	-	-	10	7,1
6	EigWhg, Zi	-	-	-	-	20	14,3
7	Azubi, JWH	-	-	-	-	30	21,4
8	sonstige ..	4	2,9	-	-	-	-
9	nb	-	-	9	6,4	7	5,0
10	Alle	140	100,0	140	100,1	140	99,9

Pflegekinder oder Adoptivkinder (jedes dritte Kind). Umgekehrt kam aus den Heimen nur jedes vierte Kind zu den Eltern (zurück) oder in eine Pflegestelle (sieben bzw. zwei von 37).

Dieser Befund macht deutlich, daß sog. Heimkinder, Kinder, die sich von der Geburt an im Heim aufhielten oder in früher Kindheit aus Gründen der Hilfsbedürftigkeit ins Heim genommen und aus unterschiedlichen Gründen nicht in eine Pflegestelle vermittelt werden konnten, nach dem achten Lebensjahr kaum noch eine Chance haben, familienähnliche Situationen zu erleben, und eine Reihe von Kindern sowohl von den sich als gestört erweisenden Elternfamilien oder von Pflegefamilien ins Heim (zurück) kommt. So befanden sich zwei Monate nach der Geburt 55 % aller 140 Kinder im Heim (48), bei Schulbeginn waren es 26 % und bei Schulende 40 %.

1.2 Wechsel der Erziehungsstelle

Nach der Darstellung der einzelnen Aufwuchsplätze in den verschiedenen Lebensabschnitten der Kinder wollen wir uns im folgenden eingehender mit dem in der Ersten Untersuchung sich als bedeutsam für die Entwicklung der Kinder herausgestellten Wechsel der Erziehungsstelle beschäftigen. Häufiger Wechsel, verbunden mit der Verhinderung oder dem Abbruch individueller Zuwendung während der ersten Lebensjahre, stand in engem Zusammenhang sowohl mit der verlangsamten motorischen Entwicklung der Kinder als auch vor allem mit der Behinderung der geistig-psychischen und sozialen Entwicklung.

Unehelich (heute nichtehelich) geborene Kinder leben in unserer Gesellschaft im allgemeinen bei der Mutter (die evtl. später eine Ehe eingeht) oder mit der Mutter bei Großeltern; nur wenige kommen zu Pflegeeltern oder werden adoptiert. Ca. 10 % waren in einer Untersuchung von Groth (49) einem häufigen Wechsel ausgesetzt. (50) In der Guppe der pp-Kinder lag dagegen der Prozentsatz der Kinder, die vor Schulbeginn häufig die Erziehungsstelle wechseln mußten, sehr viel höher. 53 % wechselten mehr als dreimal die Erziehungsstelle. (51)

Es klang bereits im vorigen Abschnitt über den Aufenthalt der Kinder zwischen Schulbeginn und Schulabschluß an, daß etliche Kinder erneut ihre soziale Umgebung wechseln mußten, häufig verbunden mit dem Abbruch aller kommunikativen Beziehungen, auch solcher zu peer-groups, Lehrern und Mitschülern. (52) Zwischen Schulbeginn und Schulabschluß wechselte noch jedes zweite Kind einmal oder mehrmals die Erziehungsstelle. Ein häufigerer Wechsel (drei Wechsel und mehr) wurde in 23 % aller Fälle beobachtet. Bei der Analyse der durch Erziehungsstellen-Wechsel gekennzeichneten Lebensverläufe erwies sich die Annahme als bestätigt, die bereits in der Ersten Untersuchung aufgestellt wurde. (53) Gelang es nämlich den betreuenden Institutionen nicht, für das Kind einen Wechsel der Erziehungsstelle zu vermeiden - weil die Lebensverhältnisse der Mutter nicht zu beeinflussen waren, die Mutter eine Inpflegenahme verweigerte, aus organisatorischen Gründen ein Heimwechsel unvermeidlich erschien, aber auch, weil den beteiligten Institutionen die negative Auswirkung solcher Milieuänderungen nicht deutlich war - folgten fast regelhaft weitere Veränderungen: Kinder, die schon bis zur Einschulung häufiger den Aufwuchsplatz wechseln mußten, waren in der Zeit zwischen Schulbeginn und Schulabschluß wiederum häufiger einem Wechsel (drei Wechsel und mehr = 83 %) ausgesetzt, als Kinder, die gar nicht oder selten vor Schulbeginn den Aufenthalt wechseln mußten (17 %, s. Tab 4 im Anhang 3).

In der Ersten Untersuchung war der häufigere Wechsel vor allem bei den Heimkindern nachgewiesen worden. (54) Das Ergebnis der Nachprüfung dieses Befundes für die Zeit vom 8. bis 16. Lebensjahr ist differenzierter, wie die folgende Tabelle 5 zeigt.

Das wichtigste Ergebnis der Nachprüfung lautet: Nach wie vor besteht bei den Heimkindern am häufigsten die Gefahr eines erneuten Wechsels der Erziehungsstelle. Nur 19 % (Zl 1, Sp 13) wechselten nach Schulbeginn nicht mehr ihren Aufwuchsplatz (gegenüber 59 bzw. 51 % der Kinder in eigener oder fremder Familie). Fast die Hälfte der Gruppe der Heimkinder kam in ein neues soziales Beziehungsfeld (zumeist von Heim zu Heim), und jedes dritte Heimkind wechselte noch mehr als dreimal seinen Aufwuchsplatz (Zl 3, Sp 13).

Aber auch der Wechsel der Familienkinder (aus den Eltern-, Pflege- oder Adoptivfamilien) ist gemessen an der allgemein üblichen Dauerplazierung mit ca. 50 % aller Fälle zu hoch, selbst wenn man berücksichtigt, daß es sich bei den Elternkindern in der Regel um eine vorübergehende Herausnahme handelte. Für die Pflegekinder bedeutete oft der Wechsel zugleich Abbruch einer Familienerziehung. Sie wurden bzw. konnten während des Schulalters selten in eine neue Pflegestelle vermittelt werden, weil sie z.B. zu "schwierig" für eine weitere Vermittlung erschienen. (55) Vor allem die Jungen aus Pflegefamilien wechselten häufiger als die Mädchen (Zl 2 u. 3, Sp 6 u. 7). Bei den Elternkindern dagegen sind unter den Mehrfachwechslern mehr Mädchen.

Zusammenfassung

Eine Veränderung der Erziehungssituation und damit einhergehend zumeist den Abbruch von emotionalen und sozialen Beziehungen erlebte jedes zweite Kind während der Schulzeit. Besonders waren solche Kinder davon betroffen, die auch vorher im Kleinkind- und Vorschulalter einschneidende Veränderungen dieser Art erlebt hatten. Dies war vor allem bei der Gruppe der Heimkinder der Fall. 84 % aller Heimkinder wechselten bis zum achten Lebensjahr mehr als viermal den Aufenthaltsort. (56) 35 % dieser Kindergruppe erlebte in der Zeit bis zum 16. Lebensjahr noch drei und mehr Aufenthaltswechsel. Lediglich eine Minderheit von 19 % wurde "seßhaft" (Tab 5, Zl 1 und 3, Sp 13).

Dagegen wechselten Pflegekinder zwar auch bis zum achten Lebensjahr häufig die Erziehungsstelle (vor allem in den er-

Tabelle 5

Zusammenhang zwischen Aufenthalt bei Schulbeginn und Aufenthaltswechsel bis zum 16. Lj

	(471) Anzahl der Aufenthaltswechsel 8. - 16. Lj			(172) Aufenthalt des Kindes im Alter von 8 Lebensjahren											
				PflElt u. AdElt				Eltern				Heim			
		N		Alle		männlich	weiblich	Alle		männlich	weiblich	Alle		männlich	weiblich
	1	2	3	4	5	6	7	8	9	10	11	12	13	14	15
		n	%	n	%	%	%	n	%	%	%	n	%	%	%
1	kein Wechsel	61	45,9	36	59,0	56,5	60,5	18	51,4	83,3	34,8	7	18,9	15,0	23,5
2	1 u 2 Wechsel	41	30,8	13	21,3	17,4	23,7	11	31,4	8,3	43,5	17	45,9	50,0	41,2
3	3 u mehr	31	23,3	12	19,7	26,1	15,8	6	17,1	8,3	21,7	13	35,1	35,0	35,3
4	Alle	133[1)]	100,0	61[2)]	100,0	100,0	100,0	35	99,9	99,9	100,0	37	99,9	100,0	100,0

1) zuzügl. nb = 7
2) einschl. 5 Pb, die sich bei Verwandten aufhielten

Legende: Die Zahlen (von links nach rechts) zeigen an, wie hoch bis zum Schulabschluß der Wechsel bei den Kindern war, die sich bei Schulbeginn bei den Eltern, Pflege- oder Adoptiveltern oder im Heim aufhielten (Sp 4 -15). Sie wurden nach Jungen und Mädchen unterteilt, weil bestimmte Unterschiede zwischen diesen drei Aufwuchsgruppen vor allem auf Unterschiede des Geschlechts zurückzuführen sind.

sten zwei (Heim)Lebensjahren), aber in 60 % aller Fälle blieb ihnen (bei geglückter Pflegestellenvermittlung) ein weiterer Wechsel erspart.

Diese große Unstetigkeit in den Aufwuchsbedingungen der untersuchten Kindergruppe und die damit verbundene geringe Möglichkeit, Beziehungen aufzunehmen, Sicherheit und sozialen Status zu erwerben, sind gravierend und charakterisch für viele Kinder in "öffentlicher" Erziehung (s. dazu Kapitel 5.2 Soziale Beziehungen und Kontakte).

Aufgrund der heftigen Kritik in den 70er Jahren besonders an Säuglings- und Kleinkinderheimen der sog. geschlossenen Heimerziehung (57) hat sich heute die Plazierung von Kindern vermutlich verändert. Voraussetzung für eine grundsätzliche Änderung in der Behandlung dieser und anderer ähnlich unterprivilegierter Kindergruppen ist m.E. die noch ausstehende generelle Reformierung der Heimerziehung und des Pflegekinderwesens. Bei Beibehaltung gleicher Strukturen erscheinen die hier dargestellten Befunde unvermeidlich.

2. Schulentwicklung

2.1. Schulabschluß

Nach dem Überblick über Aufwuchsbedingungen der Kinder nach ihrem achten Lebensjahr sollen jetzt Fragen ihrer weiteren schulischen Entwicklung behandelt werden.

Wir waren in der Ersten Untersuchung davon ausgegangen, daß die bei einem Großteil der Kinder vorgefundenen ungünstigen Aufwuchsbedingungen Konsequenzen für die geistig-psychische und soziale Entwicklung haben müßten und fanden die Annahme auch in den verschiedenen Bereichen der Entwicklung bestätigt.

Im Zusammenhang mit der schulischen Entwicklung war besonders folgendes Ergebnis bemerkenswert:

Die Einschulung verlief bei vielen Kindern nicht erwartungsgemäß. 45 % wurden als nicht schulreif zurückgestellt oder wieder ausgeschult. (58)

Besonders die Heimkinder und Elternkinder (59) erwiesen sich als benachteiligt:

- von der Gruppe der Heimkinder (das sind solche Kinder, die überwiegend in Heimen aufgewachsen waren oder ein Hin und Her ihres Aufenthaltes erlebten) wurden zwei Drittel für schulunreif befunden;

- von der Gruppe der Elternkinder (Kinder, die zumeist von der Geburt an bei der Mutter, in der Stiefvaterfamilie oder bei den Eltern, aber in teilweise sehr ungünstigen Verhältnissen aufwuchsen) wurden 47 % als nicht schulreif angesehen.

Dagegen wurden

- von der Gruppe der Pflege-/Adoptivkinder, die zwar die ersten zwei Lebensjahre in Heimen verbrachten, aber dann in Dauerpflege kamen, nur 33 % als nicht schulreif bezeichnet.

Diese Komplikationen in der schulischen Entwicklung blieben nicht auf den Schulbeginn begrenzt, sondern spiegelten sich auch in den Daten der neuen Erhebung zum Schulabschluß wider, d.h. die Schulkarriere eines großen Teils der untersuchten Kindergruppe verlief extrem ungünstig. (60)

Kinder, deren Einschulung ohne Auffälligkeiten verlief, erreichten in höherer Zahl einen Volksschulabschluß als solche, die zurückgestellt oder wieder ausgeschult worden waren. Die folgende Tabelle 6 gibt diesen Zusammenhang zwischen den Komplikationen der Einschulung und dem Schulabschluß wieder.

51 % der gesamten Kindergruppe erreichte den Volksschulabschluß (s. Zl 4, Sp 4). Das entspricht zwar ungefähr den Zahlen der vergleichbaren Altersgruppe Hamburger Schulabgänger (46 %) (61), jedoch ist bei den Hamburger Schulabgängern diese Zahl u.a. bedingt durch den wesentlich höheren Anteil von Realschülern (19 % gegenüber 5 % in unserer Untersuchungsgruppe) und von Oberschulabgängern (18 % gegenüber 0 % in unserer Untersuchungsgruppe). (62) Der Eindruck eines Bildungsgefälles zu Ungunsten der pp-Kinder wird noch verstärkt durch das Zahlenverhältnis der Sonderschulbesucher. Jedes vierte Kind der Untersuchungspopulation absolvierte eine Sonderschule, in der Gruppe aller Hamburger Schulabgänger war es nur jedes dreizehnte Kind. (63)

Der Zusammenhang zwischen den Komplikationen ihrer Einschulung und dem späteren Schulabschluß ist evident. Um es noch einmal zu verdeutlichen: Von den Kindern, die normal eingeschult, also nicht zurückgestellt oder wieder ausgeschult, wurden, erreichten die meisten, nämlich 92 %, entweder einen Volksschulabschluß, einen Realschulabschluß oder sie besuchten die Volksschule ohne Abschluß (s. Zl 1, Sp 4, 6, 12). Umgekehrt befanden sich in der Gruppe der zurückgestellten oder wieder ausgeschulten Kinder 43 bzw. 41 % Sonderschüler gegenüber 9 % in der Gruppe mit nicht verzögerter Einschulung (s. Zl 2 u. 3). (64)

Beziehen wir diese Ergebnisse auf die oben genannten Auf-

Tabelle 6

Zusammenhang zwischen Einschulung und Schulabschluß

(329) Einschulung und Verlauf des 1. Schuljahres		(357) Schulabschluß											
		N		VS m. Abs		VS oh. Abs		SS m. Abs		SS oh. Abs		Realsch. m./oh. Abs	
		1	2	3	4	5	6	7	8	9	10	11	12
		n	%	n	%	n	%	n	%	n	%	n	%
1	eingeschult - glatter Verlauf	70	100,1	42	60,0	16	22,9	4	5,7	2	2,9	6	8,6
2	wieder ausgeschult	23	99,9	10	43,5	3	13,0	7	30,4	3	13,0	0	0,0
3	zurückgestellt	34	99,9	13	38,2	7	20,6	8	23,5	6	17,6	0	0,0
4	Alle	127[1)]	100,0	65	51,2	26	20,5	19	15,0	11	8,7	6	4,7

1) zuzügl. nb = 13

wuchsbedingungen der Kinder (Elternfamilien oder Adoptivfamilien, Pflegefamilien, Heimkinder), bestätigt sich die in der Ersten Untersuchung gewonnene Erkenntnis: Kinder, die in Pflege- oder Adoptivstellen aufwuchsen, hatten seltener Schwierigkeiten bei der Einschulung und - wie es sich bei der Zweiten Untersuchung gezeigt hat - auch einen besseren Schulabschluß. Die folgende Tabelle 7 zeigt dies im einzelnen.

Tabelle 7

Zusammenhang zwischen Schulabschluß und Erziehungsstelle

	(537) Schulabschluß	(640) Überwiegender Aufenthalt bis ca. 16. Lj.							
		N		PflElt		Eltern		Heim	
		1	2	3	4	5	6	7	8
		n	%	n	%	n	%	n	%
1	Volks- und Realschule[1] m./oh. Abschluß	99	76,1	46	93,9	26	70,3	27	61,4
2	Sonderschule m./oh. Abschluß	31	23,9	3	6,1	11	29,7	17	38,6
3	Alle	130	100,0	49	100,0	37	100,0	44	100,0

1) Realschule n = 7

2.2. *Schulwechsel, Einschätzung des Leistungsverhaltens*

Bedingt durch den häufigen Wechsel der Erziehungsstellen, die die Kinder der Untersuchungsgruppe während der Schulzeit erlebten, ist auch der hohe Schulwechsel.

Mehr als drei Schulwechsel (ohne Wechsel der Schulart) erlebten 27 % aller Kinder; nur 25 % der Kinder blieben von einem Schulwechsel, der in der Regel den Verlust von Beziehungen zu Schulfreunden und Lehrern bedeutet, verschont (s. Var 534). Häufiger war mit dem Wechsel der Schule auch eine Wiederholung der Klasse verbunden. Wiederholungen der Klasse waren ebenfalls insgesamt sehr hoch: ca. 50 % haben einmal oder mehrmals eine Klasse wiederholt (s. Var 541). (65) Diese Klassenwiederholungen waren häufiger bei solchen Kindern, die die Schule zweimal oder öfter wechseln mußten. (66)

Es überrascht nicht, daß von dem häufigen Schulwechsel die Heimkinder besonders betroffen worden sind. Zwei Drittel aus der Gruppe der Heimkinder wechselten zweimal oder mehrmals die Schule, dagegen nur ein Drittel aus der Gruppe der Pflege- und Adoptivkinder. Dieses Ergebnis korrespondiert mit dem über den häufigen Wechsel der Erziehungsstelle im Schulalter, von dem die Heimkinder ebenfalls am stärksten betroffen waren.

Nach Informationen, die wir den Akten entnommen haben und denen vorwiegend Urteile von Lehrern, aber auch von Sozialarbeitern zugrundeliegen, blieben etliche Kinder in ihren schulischen Leistungen hinter dem Stand ihrer geistigen Fähigkeiten zurück. Nach vorsichtiger Schätzung können wir davon ausgehen, daß rd. 20 % der Kinder der Untersuchungsgruppe bei entsprechender Förderung, d.h. in diesem Falle kontinuierlichen und dem Kindeswohl entsprechenden Aufwuchs- und Erziehungsbedingungen, eine bessere Schulausbildung als die absolvierte hätten erreichen können.

Wir haben in der Ersten Untersuchung über das Problem der schulischen Förderung der Kinder gesprochen und festgestellt, daß bei einigen Kindern bereits zu Beginn der Schulkarriere eine Diskrepanz zwischen der vermuteten Begabung und ihrer in der Schule gezeigten Leistung bestand. (67) Eine Überprüfung mit den weiteren Aufwuchsbedingungen ergab, daß Kinder mit einer diesem Sinne verminderten Leistungsfähigkeit häufiger Eltern- oder Heimkinder waren, dagegen Pflege- oder Adoptivkinder bei z.T. erheblich besserer häuslicher Förderung auch eher adäquate Leistungen zeigten. (68)

2.3. Lernschwierigkeiten und Verhaltensauffälligkeiten

In einer sehr hohen Anzahl von Fällen sind bei den Kindern der Untersuchungsgruppe Lernschwierigkeiten und sog. Verhaltensauffälligkeiten (z.B. Schule-Schwänzen, "Lügen", Stören des Unterrichts, Aggressivität oder apathisches Verhalten in der Schule) in den Akten vermerkt worden. (69) Nur für eine geringe Zahl (22 %) sind keine Lernschwierigkeiten und Verhaltensauffälligkeiten genannt, d.h. für vier von fünf Kindern war die Schule als Erlebnisfeld und Sozialisationsinstanz in irgendeiner Form problematisch. Diese Zahlen liegen weit über dem in der Literatur und in der Praxis geschätzten Anteil von Kindern mit Lernschwierigkeiten und Verhaltensauffälligkeiten in der Hauptschule. (70) Vermutlich ist die hohe Zahl von Auffälligkeiten in der Untersuchungsgruppe zum Teil auf die Tatsache zurückzuführen, daß über fast alle Kinder in der Jugend- und Sozialbehörde eine Akte geführt wurde (z.B. aus Gründen der unehelichen Geburt, Hilfsbedürftigkeit oder weil sich die Kinder in Öffentlicher Erzieung befanden) und allein dadurch auch periphere und situationsbedingte Verhaltensauffällgkeiten und Schulschwierigkeiten beobachtet und in Berichten "festgeschrieben" werden, die bei anderen Kindern auch vorkommen und in der Familie vielleicht Anlaß erzieherischer Einwirkungen sind, aber nicht "öffentlich" gemacht werden.

Dennoch sind diese Aktenberichte in die Analyse einbezogen worden, weil sie für die Schulkarriere der betroffenen Kinder Realität sind und wir wissen wollten, ob die Schulschwierigkeiten im Zusammenhang mit dem erreichten Schulabschluß standen. (71)

Der Tabelle 9 ist die Art der Schulschwierigkeiten (linke Sp von oben nach unten) im Zusammenhang mit dem Schulabschluß (Zl oben von links nach rechts) zu entnehmen.

Am häufigsten wurde in den Akten über Leistungsschwierigkeiten berichtet (36%), d.h. die Kinder hatten z.B. Probleme, das durchschnittliche Leistungsniveau der Klasse zu halten. Leistungsschwierigkeiten, gekoppelt mit Verhaltensauffälligkeiten (z.B. Schule-Schwänzen, Aggressionen, Apathie, Störungen des Unterrichts), wurden in 19% aller Fälle genannt. Bei 23% überwogen die Verhaltensauffälligkeiten.

Betrachten wir den Zusammenhang zwischen den Schulschwierigkeiten und dem erlangten Schulabschluß, dann sehen wir, daß eine hohe Entsprechung zwischen Schulschwierigkeiten und der Art des Schulabschlusses besteht. Während alle Kinder (bis auf ein Kind) aus der Gruppe derer, die keine Schulschwierigkeiten aufwiesen, den Volksschulabschluß erlangten, hatten Kinder aus den Gruppen "Leistungsschwierigkeiten/Verhaltensauffälligkeiten" und "mehrere Verhaltensauffälligkeiten" sehr viel häufiger nur die Sonderschule besucht oder die Volksschule ohne Abschluß beendet. Kinder aus der Gruppe "nur Leistungsschwierigkeiten" verteilten sich - mit Ausnahme der Sonderschule ohne Abschluß - recht gleichmäßig auf die Arten des Schulabschlusses.

In den Akten wurde die unbefriedigende Schullaufbahn der Kinder auf unterschiedliche Ursachen zurückgeführt: Lagen ausschließlich Leistungsschwierigkeiten vor, wurden sie häufig mit der schwachen Begabung und Konzentrationsmangel erklärt; Verhaltensauffälligkeiten wurden dagegen mit ungünstigem häuslichen Milieu, Lustlosigkeit oder Desinteresse des Schülers begründet (s. dazu im einzelnen Tab 10, Anhang 3).

Die von den Personen der Untersuchungsgruppe selbst vorgenommene Einschätzung der Schwierigkeiten ihrer Schulzeit - so wie sie sich ihnen rd. 10 Jahre später darstellen - weicht wesentlich von den den Akten entnommenen Informationen ab. Zwar stimmt die Zahl derer, die in den Interviews davon berichten, daß sie in der Schule Schwierigkeiten hat-

Tabelle 9

Zusammenhang zwischen Art der Schulschwierigkeiten und der Art des Schulabschlusses

(539) Schulschwierigkeiten		(537) Schulabschluß									
		N		VS m. Abs		VS oh. Abs		SS m. Abs		SS oh. Abs	
		1	2	3	4	5	6	7	8	9	10
		n	%	n	%	n	%	n	%	n	%
1	keine Schulschwierigkeiten	28	22,1	27	38,0	0	0,0	1	5,0	0	0,0
2	nur Leistungsschwierigkeiten	46	36,2	25	35,2	11	44,0	8	40,0	2	18,2
3	Leistungsschwierigkeiten und Verhaltensauffälligkeiten	24	18,9	8	11,3	7	28,0	5	25,0	4	36,4
4	verschiedene Verhaltensauffällig-keiten	29	22,8	11	15,5	7	28,0	6	30,0	5	45,5
5	Alle	127	100,0	71	100,0	25	100,0	20	100,0	11	100,1

ten, mit den Akteninformationen weitgehend überein, (72) aber es bestehen erhebliche Unterschiede in den Begründungen für die Schulschwierigkeiten.

Es ist uns bewußt, daß die Akteninformationen nicht das "tatsächliche" Geschehen widerspiegeln, sondern sich aus verschiedenen Situationsdefinitionen von Sozialarbeitern, Lehrern, Pflegeeltern etc. zusammensetzen, und daß auch die Selbsteinschätzung unserer Gesprächsteilnehmer - gefiltert durch den längeren zeitlichen Zwischenraum, aber vor allem durch Verarbeitungs- und Relativierungsmechanismen - nur die (heutige) Definition der damaligen Schulsituation darstellt. Die Daten sagen also weniger über die "Richtigkeit" der Begründungen aus als vielmehr über die unterschiedlichen oder übereinstimmenden Sichtweisen von Institutionen und betroffener Personengruppen zu bestimmten Sozialisationsvorgängen.

Im folgenden bringen wir einen Überblick (s. Tab 11) über die sog. Fremdeinschätzung (vermittelt durch Akten) und die sog. Selbsteinschätzung (vermittelt durch Interviews) in Form einer Rangliste.

Tabelle 11

Einschätzung der Ursachen
für Schulschwierigkeiten

(545) Fremdeinschätzung				(544) Selbsteinschätzung			
Rangplatz		n	%	Rangplatz		n	%
1	schwache Begabung	31	36,5	1	Lehrer-Antipathie u. Ablehnung durch Mitschüler	31	37,3
2	Konzentrationsmangel	20	23,5	2	Lustlosigkeit/ Desinteresse	20	24,1
3	Lustlosigkeit/ Desinteresse	19	22,4	3	ungünstige häusliche Verhältnisse	19	22,9
4	ungünstige häusliche Verhältnisse	14	16,5	4	Konzentrationsmangel	7	8,4
5	Lehrer-Antipathie	1	1,2	5	schwache Begabung	6	7,2
	Alle	85	100,1		Alle	83	99,9

Während in den Akten zur Einschätzung der Ursachen von Schulschwierigkeiten meist die "schwache Begabung" des Kindes, "Konzentrationsmangel und Lustlosigkeit" und an letzter Stelle die "ungünstigen häuslichen Verhältnisse" angeführt wurden, stehen in der Selbsteinschätzung "Lehrerantipathien" und "Ablehnung durch die Mitschüler" an erster Stelle (beide Kategorien kamen in der Fremdeinschätzung überhaupt nur einmal vor). Dagegen wurden "Konzentrationsmangel" und "schwache Begabung" an vierter und letzter Stelle genannt. Auffallendes Ergebnis ist also eine häufig empfundene (wenn auch vielleicht nicht immer vorhandene) Ablehnung von Lehrern und Mitschülern (die teilweise verantwortlich gemacht wurden für mangelndes Interesse am Unterricht etc.) und die Abwehr, für "dumm" gehalten zu werden (Tab 11, Zl 1 und 5). Daß in den Aktenberichten die Antipathien von Lehrern und Mitschülern dagegen nur einmal genannt werden, ist vermutlich auf mangelnde Einsicht der Institutionen (Schule, Jugendbehörden etc.) in Diskriminierung gegen Angehörige von Randgruppen zurückzuführen. (73) Der Befund einer unterschiedlichen Einschätzung zwischen den Instanzen sozialer Kontrolle und den Personen der Untersuchungsgruppe wird noch erhärtet, wenn wir die Übereinstimmungen und Abweichungen zwischen Selbsteinschätzung und Fremdeinschätzung im Einzelfall prüfen (s. Tab 12).

Eine teilweise Entsprechung der Selbst- und Fremdeinschätzung ist nur zu beobachten, wenn die Einschätzungen der Personen der Untersuchungsgruppe erkennen lassen, daß die "Schuld" für ihre Schulschwierigkeiten bei ihnen selbst liegt, so bei den Kategorien "Lustlosigkeit/Desinteresse", "Konzentrationsmangel" und "schwache Begabung". (74) Dieses Ergebnis legt die Vermutung von bereits erfolgreich verlaufenen Zuschreibungsprozessen nahe. Die Übereinstimmung ist gering, wenn die Einschätzungen der Personen der Untersuchungsgruppe erkennen lassen, daß die "Schuld" in den Bedingungen der Umwelt (Schule, häusliche Verhältnisse Sp 4 und 5) zu suchen sind.

In diesen Fällen sind in den Aktenberichten häufiger auf die Person bezogene Gründe genannt, z.B. "schwache Begabung" (s. Zl 2). Dieses Ergebnis legt die Vermutung nicht gelungener Zuschreibungsprozesse nahe.

Es wurde bisher zur Schulentwicklung der Kinder festgestellt:

1. nur wenige Kinder (fünf von 140) erreichten einen Realschulabschluß, aber jedes vierte Kind besuchte eine Sonderschule;
2. Kinder, deren Einschulung problematisch war (Zurückstellung, Ausschulung etc.) waren häufiger unter den Sonderschülern als unter den Volksschülern zu finden;
3. unter den Kindern mit Sonderschulbildung waren vor allem solche, die in Heimen aufgewachsen waren;

Tabelle 12

Einschätzung der Ursachen für Schulschwierigkeiten durch Fremd- und Selbsteinschätzung

(544) Selbsteinschätzung			(545) Fremdeinschätzung				
			1	2	3	4	5
			keine	schwache Begabung/ Konzentrationsmangel	Lustlosigkeit/ Desinteresse	ungünstige häusliche Verhältnisse	Lehrerantipathie
		N	n	n	n	n	n
1	keine	28	20	6	1	1	0
2	schwache Begabung/Konzentrationsmangel	13	0	11	0	2	0
3	Lustlosigkeit/ Desinteresse	18	0	6	9	3	0
4	ungünstige häusliche Verhältnisse	15	0	11	1	3	0
5	Lehrerantipathie/ Ablehnung durch Mitschüler	21	3	11	4	2	1
6	Alle[1)]	95	23	45	15	11	1

1) zuzügl. nb = 45

4. viele Kinder erlebten einen überdurchschnittlich hohen Schulwechsel, gemessen an Schulkindern vergleichbarer Altersgruppen;
5. 36% aller Kinder zeigten ein vermindertes Leistungsverhalten gegenüber dem Klassendurchschnitt und
6. 78% aller Kinder der Untersuchungsgruppe hatten Schulprobleme.

Einige Befunde, z.B. über den Zusammenhang zwischen Einschulungsproblemen und Schulabschluß oder zwischen langjähriger Heimerziehung und Sonderschulbesuch, lassen die Annahme zu, daß die unbefriedigende Schulbildung vieler Kinder sich auf besondere Bedingungen ihrer Lebensverhältnisse zurückführen läßt. Mit der Darstellung der entsprechenden Befunde wollen wir den Überblick über die Schulentwicklung abschließen.

2.4. Bedingungen von Schulkarrieren

Unter Schulkarriere soll hier der typische Ablauf einer schulischen Entwicklung mit einem bestimmten Schulabschluß (und dem damit verbundenen sozialen Status für den Eintritt in das Berufsleben) verstanden werden, bei der benennbare Fakten wie Einschulungsmodus, Schulwechsel, Sozialverhalten etc. eine für den Ablauf der Karriere entscheidende Rolle spielen.

Es wird zunächst überprüft, ob Bedingungen, die sich schon in der Ersten Untersuchung als beeinflussend für den Schulbeginn herausgestellt hatten, sich auch auf den Schulabschluß auswirkten. Dabei wollen wir die untersuchten Variablen (s. Erste Untersuchung, S. 78-91) nicht im einzelnen benutzen, sondern mit einem Index (75) "Komplikationen in den Aufwuchsbedingungen der ersten zwei Lebensjahre" (Var 463) arbeiten. Danach werden - jeweils im Zusammenhang mit dem Schulabschluß - die Daten über Belastungen in der Familien- und Wohnsituation, im Erziehungsmilieu sowie zur geistigen, körperlichen und sozialen Entwicklung untersucht und zum Schluß Stigmatisierungsvorgänge während der Kindheit und Jugendzeit in die Analyse einbezogen.

Der besseren Übersicht halber haben wir die Ergebnisse in der Tabelle 13 in fünf Rubriken zusammengefaßt.

Im folgenden werden die wichtigsten Ergebnisse der Analyse des Zusammenhangs zwischen Aufwuchsbedingungen und Schulabschluß zusammengefaßt:

1. Kinder erreichten häufiger einen günstigen Schulabschluß, wenn es in ihrer Sozialisation keine Komplikationen in den Aufwuchsbedingungen der ersten zwei Lebensjahre gab (Var 463, s. alle Variablen Tabelle 13) und wenn Bezugspersonen während der Schulzeit vorhanden waren (Var 638 und 639).
2. Heimkinder (und Kinder mit häufig wechselnden Erziehungsverhältnissen) wiesen einen schlechteren Schulabschluß auf als Kinder, die in der Kindheit und in der Schulzeit in Familien gelebt haben (Var 640). Von den Familienkindern sind vor allem die Pflege- und Adoptivkinder stärker in den Gruppen vertreten, die die Volksschule besucht und abgeschlossen haben, mit Ausnahme der Pflegekinder, bei denen Pflegeverhältnisse zu einem oder mehreren Abbrüchen führten (Var 811).
3. Für die Familienkinder, also Elternkinder und Pflege-

Tabelle 13

Zusammenhang zwischen Aufwuchsbedingungen und Schulabschluß

		Beeinflussende Aufwuchsbedingungen			(537) Schulabschluß					
			N		VS m. Abs u. Realsch m./oh. Abs [1]		VS oh. Abs		SS m./ oh. Abs	
			n	%	n	%	n	%	n	%
			130	100,0	73	56,1	26	20,0	31	23,9
Komplikationen beim Aufwuchs										
	463	Keine Komplikationen beim Aufwuchs in den ersten 2 Lj	26		17	65,4	3	11,5	6	23,1
1		Viele Komplikationen beim Aufwuchs in den ersten 2 Lj	23		8	34,8	5	21,7	10	43,5
	557	Keine Belastung der Familiensituation von PK/AK und EK	51		36	70,6	11	21,6	4	7,8
		Mehrere Belastungen der Familiensituation von PK/AK und EK	45		22	48,9	9	20,0	14	31,1
	551	EK u. PK/AK mit guter Wohnsituation	32		24	75,5	6	18,8	2	6,3
		EK u. PK/AK mit schlechter Wohnsituation	30		13	43,3	5	16,7	12	40,0
2	638/ 639	Vorhandensein einer Bezugsperson im 8. u. 12. Lj	66		43	65,1	12	18,2	11	16,7
		Keine Bezugsperson im 8. u. 12. Lj vorhanden	36		13	36,1	5	13,9	18	50,0
	640	Überwiegender Aufenthalt bis 18. Lj bei PflElt/ AdElt	49		36	73,5	10	20,4	3	6,1
		Überwiegender Aufenthalt bis 18. Lj im Heim	44		17	38,6	10	22,7	17	38,6
		Überwiegender Aufenthalt bis 18. Lj bei den Eltern	37		20	54,0	6	16,2	11	29,7
		<u>Speziell zu PK</u>								
	811	Kein Abbruch von Pflegeverhältnissen	41		29	70,7	8	19,5	4	9,8
		Ein u. mehrere Abbrüche v. Pflegeverhältnissen	35		17	48,6	8	22,9	10	28,6

Erziehungsmilieu									
3	579	Erziehungsklima bis zum 16. Lj entspannt u. störungsfrei	29	22	75,9	6	20,7	1	3,4
		Erziehungsklima bis zum 16. Lj eher m. verdeckten Störungen u. offener Feindseligkeit	88	44	50,0	17	19,3	27	30,7
	614	EK u. PK/AK eher verwöhnt	19	15	78,9	1	5,3	3	15,8
		EK u. PK/AK eher vernachlässigt	21	6	28,6	7	33,3	8	38,1
Geistige, körperliche und soziale Entwicklung									
4	347	Normale körperliche Verfassung	45	21	46,7	12	26,7	12	26,7
		Zarte, schmächtige körperliche Verfassung	28	14	50,0	5	17,9	9	32,1
	227	Durchschnittliche geistige Entwicklung	44	31	70,5	10	22,7	3	6,8
		schwach begabt u. stark retardiert	28	5	17,8	8	28,6	15	53,6
	680	Pb, die im Alter von 8 u. 12 Jahren keine Aggressivität zeigten	89	54	60,7	18	20,2	17	19,1
		Pb, die im Alter von 8 u. 12 Jahren verbale/körperliche Aggressivität zeigten	27	11	40,7	7	25,9	9	33,3
	709	Keine negativen Veränderungen in der Persönlichkeitsentwicklung insgesamt	58	39	67,2	11	19,0	8	13,7
		Negative Veränderungen in der Persönlichkeitsentwicklung vor dem 5. Lj	38	18	47,4	7	18,4	13	34,2
Stigmatisierungen									
5	411	Keine Stigmatisierungen	47	33	45,8	8	30,8	6	20,0
		(Wiederholte) Stigmatisierungen	81	39	54,2	18	69,2	24	80,0

Legende: Im Kopf der Tabelle ist die Prozentverteilung der einzelnen Arten der Schulabschlüsse angegeben. Sie sind Vergleichszahlen zu den darunter angeführten Prozentzahlen, die die prozentuale Verteilung des Schulabschlusses bei bestimmten, sich positiv oder negativ auswirkenden Bedingungen angeben. Bei den meisten Variablen wurden nur die extremen Ausprägungen (so bei Var 463, 557, 551) der Variable aufgeführt.

1) Realschüler n = 7, davon mit Abschluß n = 2

oder Adoptivkinder, gilt insgesamt, daß sie eine größere Chance hatten, nicht eine Sonderschule besuchen zu müssen, wenn die Belastungen in der Familie gering zu sein schienen (Var 557) (76), die Wohnungsfrage positiv gelöst war (Var 551) und wenn die Erziehungssituation keine groben Mängel aufwies (Var 579 und 614).

4. Kinder, bei denen durch Tests, psychologische oder psychiatrische Gutachten etc. festgestellt wurde, daß sie als "schwach begabt" oder als stark retardiert anzusehen waren (Var 227), fanden sich häufiger unter den Kindern, die die Sonderschule besuchten, dagegen nicht solche mit körperlich schmächtiger Verfassung (Var 347), Kinder mit aggressivem Verhalten in der Schulzeit (Var 680) und Kinder, bei denen sich negative Veränderungen in der Persönlickeitsentwicklung vor dem fünften Lebensjahr abzeichneten (Var 709), (77) besuchten ebenfalls überdurchschnittlich häufig die Sonderschule.
5. Kinder, bei denen wiederholt in den Aktenberichten negative Äußerungen über die Herkunft (sog. Stigmatisierungen) zu finden waren (Var 411), hatten ebenfalls überdurchschnittlich häufig die Sonderschule besucht oder die Volksschule ohne Abschluß beendet.

Die Art des Schulabschlusses wird in der Regel - neben ihrer Bedeutung als Merkmal für die soziale Plazierung in der Geschellschaft - als Eingangsvoraussetzung für bestimmte Ausbildungsgänge bis hin zu entsprechenden Berufskarrieren angesehen. Von daher gewinnt die Analyse der Schulentwicklung der untersuchten Personen ihre Bedeutung.

In der weiteren Lebensverlaufsanalyse soll neben der Übersicht über die berufliche Entwicklung u.a. die Frage, welchen Einfluß der jeweilige Schulabschluß auf die Berufskarriere hat, behandelt werden.

3. Ausbildung und Beruf

3.1. Zusammenhang zwischen Schulabschluß und Berufsausbildung

Die meisten Kinder der Untersuchungspopulation konnten in der Hauptschule (51%) oder in der Sonderschule (15%) einen Abschluß erreichen. Eine große Zahl verließ jedoch ohne Abschluß die Hauptschule (20%) oder die Sonderschule (9%); nur fünf Kinder ereichten einen Realschulabschluß (Var 537).

In der Regel ist in unserer Gesellschaft die Art des Schulabschlusses zugleich die Eingangsstufe für die spätere Berufskarriere, die bei einer schulischen Ausbildung auf niedrigem Niveau - z.B. Sonderschulabschluß oder Hauptschule ohne Abschluß - nur noch zu bestimmten Berufen führt. Gemessen daran überrascht es, daß von 128 Jugendlichen (bei 12

Jgdl. blieb das Berufsschicksal unbekant) 73% zunächst in eine Lehre vermittelt worden sind (Var 929). Von diesen 94 Jugendlichen haben nur 65% die Lehre abgeschlossen. Ca. 35% beendeten ihre Lehre - durch Abbruch oder nicht bestandene Prüfung - nicht. Vergleichszahlen aus Hamburg aus dem gleichen Zeitraum und der gleichen Altersgruppe zeigen, daß diese Zahlen deutlich negativer sind. (78)

Wir haben bisher in unserem Überblick über Aufwuchsbedingungen und Schulentwicklung (Kapitel 1 und 2) Unterschiede zwischen den Geschlechtern weitgehend außer acht gelassen, weil bei der relativ kleinen Untersuchungsgruppe eine gesonderte Darstellung der Daten von Jungen und Mädchen zu einer zu großen Aufsplitterung des Materials geführt hätte. In den Ergebnissen über Ausbildung und Beruf sind die Unterschiede der Daten jedoch so ausgeprägt, daß sie in der folgenden Darstellung berücksichtigt werden.

Schon bei der Betrachtung des Schulabschlusses zeigte sich vor allem hinsichtlich der Volksschule eine Differenzierung von Jungen und Mädchen (Var 537). 25% mehr Mädchen als Jungen hatten einen Volksschulabschluß gemacht, dennoch sind insgesamt - wenn man von der Erwartung ausgeht, ein höherer Schulabschluß führe häufiger zur Lehrausbildung - zunächst mehr Jungen in eine Lehrstelle vermittelt worden (82% zu 68%) bzw. 32% der Mädchen und 18% der Jungen sind nicht in eine Lehrstelle vermittelt worden (s. Tab 14, Zl 4, Sp 7 u. 12). Die Zahl der abgeschlossenen Lehren differierte dagegen kaum (s. Tab 14, Zl 1, Sp 3 u. 10), weil häufiger Jungen trotz niedrigeren Schulabschlusses in Lehren vermittelt wurden, aber in höherer Zahl die Lehre abbrechen mußten.

Die folgende Tabelle 14 gibt außerdem einen Überblick über die Zahl der abgeschlossenen und abgebrochenen Lehrverhältnisse und zeigt die Ergebnisse in der Differenzierung nach dem Geschlecht.

Volksschüler mit Abschluß haben - mit Ausnahme von drei Mädchen - alle eine Lehre begonnen, wenn auch jeder fünfte sie durch Lehrabbruch oder nicht bestandene Prüfung nicht abgeschlossen hat. Bei den Volksschülern ohne Abschluß war die Chance - oder der Wunsch -, eine Lehrstelle zu erhalten, bei den Mädchen deutlich geringer als bei den Jungen. Auch bei zahlenmäßig höherer Lehrstellenvermittlung der Jungen ohne Volksschulabschluß waren die Lehrabbrüche überdurchschnittlich hoch. Auch für Jungen und Mädchen mit Sonderschulbesuch galt: Mehr Jungen als Mädchen wurden in eine Lehrstelle vermittelt, nur wenige der Jungen und keines der vermittelten Mädchen haben die Lehre beendet (Tab 14, Zl 13, Sp 2 u. 9). Unabhängig von der geschlechtsspezifischen beruflichen Qualifikation läßt sich sagen: Die Chance, seinerzeit, d.h. 1969/70, in eine Lehrstelle vermittelt zu werden und die Lehre auch erfolgreich abzuschließen, war deutlich besser

Tabelle 14

Zusammenhang zwischen Schulabschluß und Lehre

(537) Schulabschluß		(929) Lehre															
		weibliche Pb								männliche Pb							
		Alle		Lehre abgeschlossen		Lehre nicht beendet		keine Lehre		Alle		Lehre abgeschlossen		Lehre nicht beendet		keine Lehre	
		1		2	3	4	5	6	7	8		9	10	11		12	
		n	%	n	%	n	%	n	%	n	%	n	%	n	%	n	%
1	Volksschule m. Abs u. Realschule[1] m./oh. Abs	47	62,7	35	74,9	9	19,1	3	6,4	23	45,1	18	78,3	5	21,7	-	-
2	Volksschule oh. Abs	12	16,0	-	-	3	25,0	9	75,0	14	27,5	5	35,7	6	42,9	3	21,4
3	Sonderschule m./oh. Abs	16	21,3	-	-	4	25,0	12	75,0	14	27,5	3	21,4	5	35,7	6	42,8
4	Alle	75	100,0	35	46,7	16	21,3	24[2]	32,0	51	100,1	26	51,0	16	31,4	9	17,6

1) n = 7

2) zuzüglich n = 1, Schulabschluß unbekannt

bei Personen mit abgeschlossener Haupt- oder Realschule.

Für die Nichtbeendigung der Lehre waren vor allem Schwierigkeiten in der Berufsschule (bei beiden Geschlechtern gleich) und bei den Jungen sog. Arbeitsbummelei auf der Arbeitsstelle die Gründe. Als Grund für den Lehrabbruch wurde auch der Wunsch nach "mehr Geld" genannt. Nur in wenigen Fällen wurde bei den Mädchen die Lehre wegen Heirat oder Schwangerschaft abgebrochen (Var 931). Es bleibt aber die Frage, ob die hohe Zahl von Abbrüchen nicht durch zu optimistische Vermittlung, evtl. bedingt durch die günstige Arbeitsmarktsituation, vorprogrammiert war; ein Eindruck, der sich bei Aufarbeitung der Aktenunterlagen ergab.

Diejenigen Jungen und Mädchen, die keine Lehre begannen oder eine Lehre abgebrochen haben, waren später (zum Zeitpunkt der Zweiten Untersuchung) meist als ungelernte oder angelernte Arbeiter oder Arbeiterinnen beschäftigt. (79) Jugendliche, die ihre Lehre beenden konnten, waren später überwiegend als Facharbeiter(innen) oder Angestellte beschäftigt.

3.2. Art des erlernten Berufes, Berufssituation insgesamt und ausgeübte Tätigkeit zum Zeitpunkt der Zweiten Untersuchung

Wir haben die erlernten Berufe nicht im einzelnen erfaßt, sondern verhältnismäßig grob nach Sparten eingeteilt. Dazu gibt die folgende Tabelle 16 Auskunft.

Bei den Jungen überwiegt die Zahl derjenigen, die eine handwerkliche Lehre durchgemacht haben; die Gruppe der pflegerischen Berufe (Kinderpflegerin, Krankenschwester etc.) setzt sich bis auf eine Person nur aus Frauen zusammen. (80)

Als Ergänzung zu der Information über die Art des erlernten Berufes geben wir hier noch einen Überblick über die Berufssituation insgesamt, d.h. über die überwiegend ausgeübte Berufstätigkeit in der Zeit vom ca. 16. Lebensjahr bis zum 25. Lebensjahr: Von den Jungen hatte eine größere Zahl als von den Mädchen eine Tätigkeit ausgeübt, die den sog. Ungelernten oder Angelernten zugerechnet wird (46% : 33%, s. die Tab 17).

Bei den Mädchen lag die Zahl der Angestellten höher (39% : 17%). (81) So befanden sich Frauen in einem Angestelltenverhältnis als Verkäuferinnen, Locherinnen, Pflegehelferinnen, Fotolaborantinnen, Bürogehilfinnen, Telefonistinnen, Kinderpflegerinnen, Friseurinnen etc. Bei den Männern im Angestelltenverhältnis waren vor allem Berufe aus dem kaufmännischen Bereich vertreten.

Tabelle 16

Art des erlernten Berufes

(932) Erlernter Beruf	N		männl.		weibl.	
	n	%	n	%	n	%
handwerklicher Beruf	26	41,2	17	60,7	9	25,7
technisch. und gewerblicher Beruf	12	19,0	4	14,3	8	22,9
pflegerischer Beruf	11	17,5	1	3,6	10	28,6
kaufmännischer Beruf	11	17,5	5	17,8	6	17,1
Sonstiges	3	4,8	1	3,6	2	5,7
Alle	63	100,0	28	100,0	35	100,0
keinen Beruf erlernt 1)	65	50,8	24	46,2	41	54,0

1) von N = 128

Die berufliche Situation hing vor allem von der Schulbildung und der damit im Zusammenhang stehenden Frage ab, ob jemand eine Lehre abschließen und sich dadurch beruflich qualifizieren konnte oder nicht. Um zu sehen, ob sich bis zum Zeitpunkt der Zweiten Untersuchung, also nach ca. acht- bis zehnjähriger Berufstätigkeit, Veränderungen im beruflichen Status ergeben haben, setzten wir die Daten über die Berufssituation insgesamt in Zusammenhang mit der zum Zeitpunkt der Zweiten Untersuchung ausgeübten Tätigkeit. Aus der Tabelle 18 geht hervor, daß sich die berufliche Lage nach Beendigung der Lehr- und Anlernzeit insgesamt - besonders durch Arbeitslosigkeit - verschlechtert hat.

26 Personen (22%) waren zum Zeitpunkt der Zweiten Untersuchung arbeitslos bzw. standen wegen eines Heim- oder Gefängnisaufenthalts nicht in Arbeit. Unter ihnen waren besonders die ungelernten Arbeiter(innen) vertreten; aber nur drei Facharbeiter und drei Angestellte waren von Arbeitslosigkeit betroffen (Sp 2 und 3).

Tabelle 17

Überwiegend ausgeübter Beruf zwischen Schulabschluß und dem Zeitpunkt der Zweiten Untersuchung

<table>
<tr><th rowspan="2">(934) überwiegend ausgeübter Beruf</th><th colspan="2">N</th><th colspan="2">männl.</th><th colspan="2">weibl.</th></tr>
<tr><th>n</th><th>%</th><th>n</th><th>%</th><th>n</th><th>%</th></tr>
<tr><td>Ungelernte(r) Arbeiter(in)</td><td>35</td><td>28,7</td><td>16</td><td rowspan="2">46,2</td><td>19</td><td rowspan="2">32,8</td></tr>
<tr><td>Angelernte(r) Arbeiter(in)</td><td>12</td><td>9,8</td><td>8</td><td>4</td></tr>
<tr><td>Facharbeiter(in)</td><td>17</td><td>13,9</td><td>11</td><td>21,2</td><td>6</td><td>8,6</td></tr>
<tr><td>Angestellte(r)</td><td>36</td><td>29,5</td><td>9</td><td>17,3</td><td>27</td><td>38,6</td></tr>
<tr><td>Selbständiger</td><td>1</td><td>0,8</td><td>1</td><td>1,9</td><td>0</td><td>0,0</td></tr>
<tr><td>Hausfrau</td><td>6</td><td>4,9</td><td>0</td><td>0,0</td><td>6</td><td>8,6</td></tr>
<tr><td>weiter in Ausbildung</td><td>5</td><td>4,1</td><td>2</td><td>3,8</td><td>3</td><td>4,3</td></tr>
<tr><td>überwiegend nicht gearbeitet</td><td>10</td><td>8,2</td><td>5</td><td>9,6</td><td>5</td><td>7,1</td></tr>
<tr><td>Alle</td><td>122</td><td>99,9</td><td>52</td><td>100,0</td><td>70</td><td>100,0</td></tr>
</table>

Ergänzt man diese Querschnitts-Zahlen durch Längsschnitt-Angaben und berücksichtigt die Zeiten der Arbeitslosigkeit insgesamt zwischen dem 16. und dem 25. Lebensjahr, zeigt sich, daß die Hälfte der untersuchten Personengruppe kürzere oder längere Zeit arbeitslos gewesen war (s. dazu im einzelnen Kapitel 3.3., "Arbeitslosigkeit"). Von den nicht durch Arbeitslosigkeit betroffenen ungelernten Arbeitern(innen) arbeitete die überwiegende Zahl weiter als Ungelernte (Sp 4 und 5).

In der Gruppe der Angestellten (37 Personen) befanden sich z.Zt. der Zweiten Untersuchung nur noch 22 Personen. Sieben weibliche Personen hatten offensichtlich wegen Heirat den Beruf aufgegeben. Dabei bleibt die Frage offen, ob auch unter ihnen sich noch Personen befanden, die gern arbeiten wollten, aber keine Arbeit bekamen. Von einigen ist durch

Tabelle 18

Zusammenhang zwischen Berufssituation und ausgeübter Tätigkeit zum Zeitpunkt der Zweiten Untersuchung

(934) Berufssituation - überwiegend ausgeübter Beruf				(935) Berufstätigkeit zum Zeitpunkt der Zweiten Untersuchung												
		N		keine Arbeit arbeitslos		ungelernte(r) Arbeiter(in)		angelernte(r) Arbeiter(in)		Facharbei-ter(in)		Angestell-te(r)		Haus-frau	in Aus-bildung	
		1		2	3	4	5	6	7	8	9	10	11	12	13	14
		n	%	männl.	weibl.	männl.	weibl.	männl.	weibl.	männl.	weibl.	männl.	weibl.		männl.	weibl.
1	ungelernte(r) Arbeiter(in)	35	29,2	6	5	6	10	3	0	1	0	0	0	4	0	0
2	angelernte(r) Arbeiter(in)	12	10,0	0	1	1	0	4	3	0	0	2	0	0	1	0
3	Facharbei-ter(in)	17	14,2	2	1	0	1	0	0	7	3	1	1	0	1	0
4	Angestellte(r)	37[1)]	30,8	2	1	1	0	1	0	0	0	6[3)]	18[3)]	7	0	1
5	Hausfrau	5	4,2	-	1	-	0	-	0	-	0	-	0	4	-	0
6	in Ausbildung	5	4,2	0	0	0	0	0	0	0	0	0	0	0	2	3
7	nicht gear-beitet[2)]	9	7,5	4	3	0	0	0	0	0	0	1[3)]	0	1	0	0
8	Alle			14	12	8	11	8	3	8	3	10	19	16	4	4
		120	100,1	26	(21,7)	19	(15,8)	11	(9,2)	11	(9,2)	29	(24,2)	13,3	8	(6,7)

Legende:
Die Tabelle zeigt links von oben nach unten betrachtet die Berufssituation insgesamt (überwiegend ausgeübte Tätigkeit) und von links nach rechts zu lesen die Situation zum Zeitpunkt der Zweiten Untersuchung.

1) ohne Lehre n = 6
2) Pb ohne Arbeit befanden sich teilweise in Heimen, StrVg etc.
3) davon je 1 Selbständiger

die Interviews bekannt, daß sie zunächst wegen der Betreuung der Kinder nicht arbeiten wollten, aber an eine spätere Arbeitsaufnahme dachten.

Die Zahl der noch in einer zusätzlichen Ausbildung stehenden Personen hatte sich auf acht vergrößert, unter ihnen waren vier, die sich in einem Pflegeberuf ausbilden ließen. Von ihnen kann angenommen werden, daß die vorherige Arbeit sie unbefriedigt gelassen hatte.

Insgesamt jedoch war die Zufriedenheit mit der Berufssituation relativ groß. Auf eine entsprechende Frage im Interview äußerten sich von 90 Befragten 65 positiv, 25 waren überwiegen unzufrieden, wahrscheinlich vor allem wegen ihrer Arbeitslosigkeit. (82) Die positiven Äußerungen sind für sich genommen wenig aussagekräftig, weil die Befragten in ihren Antworten vermutlich auch bestimmt wurden durch augenblicklich befriedigende (oder unbefriedigende) Arbeitssituationen oder Arbeitslosigkeit. (83) Konfrontiert man ihre Aussagen mit konkret geäußerten Aufstiegswünschen und -plänen (Var 949), zeigt sich ein differenzierteres, negativeres Bild: Rund die Hälfte aller Personen, die sich überwiegend zufrieden über ihre zuletzt ausgeübte Tätigkeit geäußert hatten, wollten sich trotzdem beruflich weiterbilden oder selbständig machen, um einen besseren sozialen Status zu erreichen; bei den Unzufriedenen war der Anteil etwas höher (60%). (84)

Am aufstiegsorientiertesten zeigten sich die Angestellten und die bereits in einer zusätzlichen Ausbildung stehenden Personen. Relativ resignativ wirkten die Äußerungen der Ungelernten und Anglernten. Sie hatten meist kein Interesse sich fortzubilden; für sie waren die institutionellen Hürden aufgrund mangelnder Schulausbildung am höchsten.

3.3. Arbeitslosigkeit

Die 1976/77 in der Bundesrepublik Deutschland einsetzende Rezession hat bei allen Arbeitnehmern und besonders unter den jüngeren Altersgruppen zu hohen Arbeitslosenzahlen geführt. Auch bei der untersuchten Personengruppe können wir von Auswirkungen der gesamten wirtschaftlichen Situation ausgehen. Zunächst fällt jedoch auf, daß bei einer erheblichen Zahl die Arbeitslosigkeit offenbar schon in früheren Jahren, also vor der Wirtschaftskrise, eingesetzt hatte. So sind während der acht bis neun Berufsjahre (von ca. 1969 bis 1977) rd. 53% aller Berufstätigen einmal oder mehrmals arbeitslos gewesen (Var 939). Bei fast jedem zweiten (47%) dauerte die Zeit der Arbeitslosigkeit länger als sechs Monate (Var 942). Frauen waren weniger häufig arbeitslos als Männer.

Zur Zeit der Zweiten Untersuchung betrug die Zahl der Arbeitslosen insgesamt 16%. Im Vergleich zu 22- bis 24jährigen Personen der Hamburger Bevölkerung im Jahre 1977 lag die Zahl der von Arbeitslosigkeit betroffenen Personen in der von uns untersuchten Population wesentlich höher (85) (s. dazu im einzelnen Tab 21 im Anhang 3).

Aufgrund des bereits festgestellten Zusammenhangs zwischen schlechterer Schulausbildung und späterer ungelernter Berufstätigkeit wollten wir wissen, ob die vorher oder zum Zeitpunkt der Zweiten Untersuchung arbeitslosen Probanden häufiger aus der Gruppe der ungelernten Arbeitnehmer kamen. Die Tabelle 22 gibt den Sachverhalt wieder.

Tabelle 22

Berufssstruktur und Arbeitslosigkeit

(935) Ausgeübte Tätigkeit zum Zeitpunkt der Zweiten Untersuchung 1)	N		(939) Arbeitslosigkeit: arbeitslos oder arbeitslos geworden		nie arbeitslos gewesen	
	n	%	n	%	n	%
Ungelernte Arbeiter(in)	27	26,0	19	70,4	8	29,6
Angelernte Arbeiter(in)	9	8,6	4	44,4	5	55,6
Facharbeiter(in)	14	13,5	9	64,3	5	35,7
Angestellte(r)	29	27,9	12	41,4	17	58,6
Hausfrauen	12	11,5	5	41,7	7	58,3
Selbständige und weiter in Ausbildung	13	12,5	8	61,5	5	38,5
Alle	104	100,0	57	54,8	47	45,2

1) Bei den zum Zeitpunkt der Zweiten Untersuchung Arbeitslosen wurde der frühere Status zugrundegelegt.

Unsere Annahme fand sich bestätigt: Besonders von Arbeitslosigkeit betroffen waren die Ungelernten mit rd. 70%; am wenigsten Arbeitslose befanden sich in der Gruppe der Angestellten (41%). (86)

4. Partnerschaft, Ehe, Kinder

4.1. Partnerschaft

Als nächster wichtiger Schritt im Lebensverlauf der Jugendlichen war die Herauslösung aus dem Elternhaus, dem Haus der Pflege- oder Adoptiveltern oder dem Heim anzusehen, oft verbunden mit der eigenen Familiengründung. Lebten noch bei Schulabschluß, also ungefähr zum Zeitpunkt des 16. Lebensjahres, 54% der Jugendlichen bei den Eltern, den Pflegeeltern oder den Verwandten und 40% im Heim (Erziehungsheim, Wohnheim), befanden sich mit dem 18. Lebensjahr nur noch 43% der Jugendlichen im Elternhaus oder in der Pflegestelle, Adoptivfamilie etc. Ca. 15% wohnten bereits in einem eigenen Zimmer und nur noch 16% (23) lebten noch im Heim (s. Tab 2 im Anhang 3). Wir geben in der folgenden Tabelle 23 (als Ergänzung zu Tab 1 und 2) einen Überblick über die Zeitspanne vom 18. Lebensjahr bis zum Zeitpunkt der Erhebung, also dem 24. bis 26. Lebensjahr (1977/78).

Zum Zeitpunkt der Zweiten Untersuchung befanden sich nur noch 9% der Jugendlichen bei den Eltern, Pflege- oder Adoptiveltern (letzte Zeile), rd. 22% lebten allein und 55% zusammen mit einem Partner. Ein exakter Vergleich mit anderen Gruppen junger Erwachsener gleicher Altersgruppe war uns nicht möglich. Jedoch fanden wir Angaben über 18- bis 23jährige aus dem Jahre 1977, (87) die vermuten lassen, daß die von uns untersuchte Personengruppe sich früher "selbständig" gemacht hat. Nach der Shell-Studie lebten zwischen dem 18. und dem 23. Lebensjahr noch 57% bei den Eltern (gegenüber 9% der von uns untersuchten Population) und 34% (mit oder ohne Partner) selbständig außerhalb des Elternhauses (75% der pp-Kinder). Auch unter Berücksichtigung der Altersdifferenz zwischen den Gruppen von im Schnitt zwei Jahren (23 Jahre zu 24 bis 26 Jahre) erscheint eine frühere Herauslösung der von uns untersuchten Personengruppe plausibel, wenn man bedenkt, daß etliche Jugendliche aus Jugendheimen kamen und wir keine Studierenden, also Personen mit längerer Ausbildungszeit, in der Population hatten. (88)

Bei Personen, die mit einem Partner zusammenlebten (s. Tab 23, Sp 6), sind überdurchschnittlich mehr Personen vertreten, die auch schon mit dem 18. Lebensjahr selbständig waren (Zl 5). Außerdem setzte sich die Gruppe "mit Partner" zu einem höheren Anteil aus Mädchen zusammen (65% zu 39%); männliche Personen lebten häufiger allein (27% zu 18% = Var 524). Schließlich zeigt die Tabelle 23, daß Probanden, die in einer Familie aufgewachsen waren (und sich früh aus dem Eltern- oder Pflegeelternhaus gelöst haben), auch früher ei-

Tabelle 23

Zusammenhang zwischen Aufenthalt mit dem 18. Lj und zum Zeitpunkt der Zweiten Untersuchung

(465) Aufenthalt mit dem 18. Lj		1	2	(524) Aufenthalt zum Zeitpunkt der Zweiten Untersuchung 3	4	5	6	7	8
		n	%	Elt/ Mtr m. StV	PflElt AdElt	lebt allein	lebt mit Partner	Wohnheim WG	Heim StrVG
1	Elt, Mtr m. StV o. Verw etc.	22	17,6	4	-	4	12	2	-
2	Pflege- o. Adoptiveltern	32	25,6	1	5	5	20	1	-
3	Heim	13	10,4	-	-	6	3	1	3
4	Erziehungsheim Strafvollzug	9	7,2	-	-	1	5	1	2
5	eigenes Zimmer o. eigene Wohnung	19	15,2	1	-	2	14	2	-
6	Berufsvorbereitung/Lehrlings- o. Wohnheim	30	24,0	-	1	9	15	4	1
				6	6	27	69	11	6
7	Alle	125	100,0	4,8	4,8	21,6	55,2	8,8	4,8

ne Partnerbeziehung eingingen als in Heimen Aufgewachsene.

Als Partner(in) bezeichneten wir Ehepartner(in) oder Verlobte oder eine(n) "feste(n)" Freund(in). Jede dritte Person der Untersuchungspopulation war zum Zeitpunkt der Zweiten Untersuchung verheiratet. 11% sind verheiratet gewesen (geschieden oder getrennt lebend mit Scheidungsabsichten, s. Var 506). Hier wurden die Differenzen zwischen den Geschlechtern noch deutlicher als beim Schulabschluß und bei der Berufsausbildung: Nur 21% der Männer waren verheiratet

Tabelle 24

Eheschließung und Alter

	"Die jungen Erwachsenen" 1)			"pp-Kinder"		
	insg.	männl.	weibl.	insg.	männl.	weibl.
(506) Familienstand[2]						
ledig	53,9	68,2	38,5	49,3	70,2	34,9
verheiratet	44,2	29,9	59,7	30,7	15,8	41,0
geschieden/ getrennt	1,3	1,2	1,3	10,7	3,5	15,7
(879) Heiratsalter[3]						
16 - 17 Jahre	0,4	0,5	0,3	4,3	0	7,2
18 - 19 Jahre	5,3	1,4	9,4	12,9	0	21,7
20 Jahre u. später	39,5	28,9	51,0	23,6	19,3	26,5

1) Die nachfolgenden Prozentzahlen wurden unter Zugrundelegung der Grundgesamtheit N = 794 berechnet.

2) In der Untersuchung "Die jungen Erwachsenen" waren 0,4 % unbekannt, 0,3 % verwitwet. In der Untersuchung "pp-Kinder" waren insgesamt 7,9 % unbekannt; zwei Personen waren verstorben.

3) In der Untersuchung "Die jungen Erwachsenen" war bei 0,9 % der verheirateten Personen das Heiratsalter unbekannt. Dem standen 9,3 % nicht bekannter Daten über das Heiratsalter in der Untersuchung "pp-Kinder" gegenüber.

liegt vor allem an dem früheren Heiratsalter der Mädchen. In der von uns untersuchten Population war das Heiratsalter der Frauen deutlich niedriger als das der Jungen. Während mit Erreichen des 20. Lebensjahres schon 52% der Frauen geheiratet hatten, waren bei ihrer Eheschließung alle Männer 20 Jahre oder älter (Var 879). Zum Vergleich dieses Befundes ziehen wir eine Untersuchung über junge Erwachsene aus dem Jahr 1970 heran. (90) Unterschiede bestehen zum einen in der höheren Scheidungs- und Getrenntlebendrate, aber auch in dem niedrigeren Heiratsalter der Frauen der von uns untersuchten Gruppe (s. Tab 24).

Wir unterscheiden bei der folgenden Analyse der Partnerverhältnisse zwei Gruppen: Die eine Gruppe umfaßt alle Personen, die verheiratet waren oder eine feste Partnerbeziehung hatten (75%), die andere Personen, die in keiner festen Partnerbeziehung standen (25%). In unserer Gesellschaft erfolgt in der Regel mit der Loslösung aus der Herkunftsfamilie die Vorbereitung oder die Gründung einer eigenen Familie oder einer festen Partnerbeziehung. (91) In keiner festen Partnerbeziehung eingebunden zu sein, kann Ausdruck einer innovativen Haltung sein, aber auch auf Schwierigkeiten in der Herauslösung aus dem Elternhaus oder auf mögliche soziale Isolation hinweisen. Mehr Männer als Frauen der von uns untersuchten Population zählten zu den Nichtverheirateten (Var 506), aber auch mehr Männer als Frauen zu den Personen, die ohne feste Partnerbeziehung lebten. Zum Teil fand die Partnerlosigkeit eine Erklärung in den "äußeren" Bedingungen: die Verhinderung von Bindung durch lange Heimaufenthalte, Haftzeiten, durch Nichtseßhaftigkeit oder Prostitution. Bei anderen Personen, die nach außen hin in geordneten Verhältnissen lebten, lagen die Gründe für ihre Partnerlosigkeit vermutlich in dem für uns in dieser Untersuchung schwer zugänglichen Bereich der Sozialisation, der einer qualitativen Auswertung anhand von Einzelfällen vorbehalten sein soll. Aber dies kann im Rahmen der quantitativen Analyse gesagt werden: Personen ohne Partnerbeziehung hatten tendenziell häufiger in ihrer Kindheit (und Jugendzeit) keine oder nur eingeschränkte Möglichkeiten, emotionale Beziehungen zu Bezugspersonen, z.B. zur Mutter (Vater), Pflegemutter (Pflegevater), herzustellen (s. die folgende Tabelle 25).

Tabelle 25

Partnerbeziehung allgemein und
Zuwendung von Bezugspersonen

(475) Zuwendung von Bezugspersonen	(910) Partnerbeziehung			
	ohne Partner		mit Partner	
	n	%	n	%
immer	8	25,8	30	42,9
im 2. o. 8. o. 12. Lj	7	22,6	16	22,9
im 2. und 8. Lj oder im 8. und 12. Lj	6	19,4	9	12,9
nie	10	32,3	15	21,4
Alle [1)]	31	100,1	70	100,1

1) zuzügl. nb = 39

Der in Tabelle 25 herausgestellte Trend müßte - ist die zugrundegelegte Annahme richtig - seine Entsprechung in den Beziehungen zum Partner gefunden haben. Wir fragten deshalb, ob die bestehenden Partnerverhältnisse als tragfähig (im weitesten Sinne) oder als gestört zu bezeichnen waren. (92) Der Prozentsatz der mit ihrer Partnerschaft (sehr) zufriedenen Personen ist relativ hoch: 81% äußerten sich in diesem Sinne (s. Var 913). Bei gezielteren Fragen, z.B. nach den Störungen des Eheklimas und dem Grad der emotionalen Befriedigung in der Partnerbeziehung, kam es zu ähnlichen Ergebnissen. Es zeigte sich aber auch, daß in 20% aller Fälle schwere Differenzen in der Partnerbeziehung bestanden. (93) Auch bei diesen Personen mit Partnerschwierigkeiten läßt sich - ähnlich wie bei den Ergebnissen über die Partnerlosigkeit - ein Trend nachweisen zwischen den Schwierigkeiten in der Partnerbeziehung und der Möglichkeit, in der Kindheit Beziehungen zu Bezugspersonen zu erleben (s. dazu die folgende Tabelle 26). (94)

Tabelle 26

Ehe- bzw. Partnerschaftsklima und Zuwendung von Bezugspersonen

(475) Zuwendung von Bezugspersonen 1)			(911) Ehe- bzw. Partschaftsklima			
	N		ohne Differenzen		mit Differenzen	
	n	%	n	%	n	%
immer	30	42,9	25	45,5	5	33,3
im 2. od. 8. Lj od. 12. Lj	16	22,9	13	23,6	3	20,0
im 2. und 8. Lj od. im 8. und 12. Lj	9	12,9	7	12,7	2	13,3
nie	15	21,4	10	18,2	5	33,3
Alle	70	100,1	55	100,0	15	99,9

1) Unter Zusammenziehung der Merkmalsausprägungen 2, 4, 6 und 3, 5.

4.2. Kinder

Bis zum ca. 24. Lebensjahr hatten 40% der Männer und Frauen (20% : 55%) der Untersuchungspopulation Kinder (s. Var 508). Die meisten Kinder waren in der Ehe geboren oder nach Eheschließung legitimiert; 17% aller Männer und Frauen (9% : 22%) hatten uneheliche Kinder (heute nichtehelich genannt). Die Zahl ist vermutlich gegenüber sozial nicht benachteiligten Gruppen der Bevölkerung erhöht, aber verglichen mit anderen unterprivilegierten Gruppen niedriger. In einer Gruppe von ehemaligen weiblichen Betreuten der Öffentlichen Erziehung hatten z.B. 1959 33% unehelich geborene Kinder. (95) Seitdem ist die Zahl der unehelich Geborenen aber insgesamt stark zurückgegangen. (96)

Fast alle Kinder, ob ehelich oder nichtehelich geboren, lebten bei den Eltern, Stiefeltern oder alleinstehendem Elternteil. Nur sechs Kinder waren zum Zeitpunkt der Zweiten Untersuchung in einem Heim oder in einer Pflege-/Adoptionsstelle untergebracht. Dieses Ergebnis zeigt, um wieviel besser sich die Aufwuchsbedingungen für die Kinder gestalten im Gegensatz zu denjenigen der Eltern. Aus dieser Elterngruppe befanden sich nämlich im Alter von vier Jahren 80% in Heimen, Pflege- oder Adoptivfamilien oder wuchsen bei Verwandten auf. (97)

Die geringe Zahl der in einer öffentlichen Institution untergebrachten Kinder der "Zweiten Generation" ist einerseits begründet in dem in den 60er Jahren aufkommenden Widerstand der Wissenschaftler und Praktiker gegen zu lange währende Heimaufenthalte im Säuglingsalter und dem darauf einsetzenden Abbau von Heimplätzen. Außerdem ist in der Zeit eine deutlich abnehmende Stigmatisierung der unehelichen Geburt zu bemerken und damit ein Wachsen der Chance für die Mutter, mit dem Kind zusammenzubleiben.

5. Sozioökonomische Bedingungen der Lebenssituation, soziale Beziehungen und Sozialverhalten

Nach Darstellung der Ergebnisse über die Aufwuchsbedingungen der von uns untersuchten Personengruppe, über ihre Schulentwicklung, ihr Berufsleben und über ihre Partnerwahl, soll in der Verlaufsanalyse ihre soziale Situation unter bestimmten Aspekten untersucht werden.

Wir analysieren zunächst Daten über die Wohn- und Einkommenssituation (5.1), gehen dann auf die sozialen Beziehungen und Kontakte (5.2) und zum Schluß auf Ergebnisse über Auffälligkeiten im Sozialverhalten (5.3) ein.

5.1. *Wohnsituation und Einkommensverhältnisse*

Wir wollen uns noch einmal vergegenwärtigen, wo sich die 140 Personen - alle in Hamburg geboren - in ihrem 23./25. Lebensjahr aufhielten. Zum Zeitpunkt der Ersten Untersuchung (also mit sieben bis neun Jahren) (98) deutete sich bereits an, daß durch Vermittlung in auswärtige Pflegestellen, zumeist aufs Land, durch Rückgang der Mutter in die DDR und durch Auswanderung etliche Probanden auch später ihren Aufenthalt nicht in Hamburg haben würden. Nach unseren letzten Informationen (1975) lebten neun Probanden nicht in der BRD, davon vier vermutlich in der DDR, zwei in Holland und je einer in Australien, USA und Brasilien. Zwei Probanden hatten zwar ihren Wohnsitz in der BRD, waren aber zur Zeit des Abschlusses dieser Untersuchung unbekannt verzogen. Zwei Personen hatten sich das Leben genommen. Von den verbleibenden 127 Personen lebten sechs Personen in Heil- und Pflegeanstalten (99) und in Strafvollzugsanstalten (5 %, s. Var 524).

In der nachfolgenden Tabelle 27 sind Informationen über Wohnort, Wohnverhältnisse und Wohnsituationen von 119 Personen zusammengefaßt.

In der Großstadt, das ist in der Regel Hamburg, lebten 60%, in der Kleinstadt oder in einem Dorf 40% (s. Zl 5). Letztere zählten überwiegend zu dem Personenkreis, der sich auch schon zum Zeitpunkt der Ersten Untersuchung nicht mehr in Hamburg aufhielt. (100) Personen, die in der Großstadt oder Kleinstadt lebten, wohnten eher zur Miete (mit Partner oder allein, s. Zl 1), während Personen auf dem Land häufiger zur Untermiete wohnten oder sich bei Verwandten oder Eltern aufhielten.

Die Wohnbedingungen haben sich gegenüber der Situation in der Kindheit entschieden verbessert, vermutlich in erster Linie aufgrund der generellen Verbesserung der Wohnungslage in der BRD und des gestiegenen Lebensstandards (s. Tab 28).

Personen, die über einen eigenen Wohnraum verfügten (zumeist in Miet- und Untermietverhältnissen), lebten in dreiviertel aller Fälle (1977) unter guten Wohnbedingungen, 1962 waren es nur rd. 40%. (101) Für 25% aller Personen waren 1962 die Wohnbedingungen schlecht. (102)

Die ökonomische Situation der Probanden war schwer einschätzbar. Zwar wurde in den Interviews nach Einzeleinkommen und Familieneinkommen gefragt, aber aufgrund der sehr zurückhaltenden und vagen Angaben über die Einkommenshöhe (vgl. Tab 29) kann der ökonomische Standard nur grob dargestellt werden.

Von den 115 Fällen, in denen Informationen über das Netto-

Tabelle 27

Wohnort, Wohnverhältnisse und Wohnsituation

	(515) Wohnsituation	(524) Aufenthalt zum Zeitpunkt der Zweiten Untersuchung	(513) Wohnort							
			Großstadt		Kleinstadt		Randgebiet-Stadt/Dorf		N	
			n	%	n	%	n	%	n	%
1	zur Miete	allein	14	19,4	1	4,0	3	13,6	18	15,1
		mit Partner	36	50,0	12	48,0	5	22,7	53	44,5
		im Wohnheim, in der Wohngemeinschaft	3	4,2	-	-	-	-	3	2,5
2	zur Untermiete, bei Verw etc.	bei Mtr, Eltern	4	5,6	-	-	1	4,5	5	4,2
		bei PflElt, AdElt	2	2,8	3	12,0	1	4,5	6	5,0
		bei Vermieter	6	8,3	5	20,0	4	18,2	15	12,6
		im Wohnheim, in der Wohngemeinschaft	2	2,8	2	8,0	1	4,5	5	4,2
3	eigenes Haus, eigene Wohnung etc.	bei Mtr, Eltern	-	-	-	-	1	4,5	1	0,8
		mit Partner	3	4,2	2	8,0	2	9,1	7	5,9
		im Wohnheim, in der Wohngemeinschaft	-	-	-	-	1	4,5	1	0,8
4	Anstalt		2	2,8	-	-	3	13,6	5	4,2
5	Alle		72	60,5	25	21,0	22	18,5	119	100,0

einkommen von Einzelpersonen oder das Familieneinkommen bekannt waren, verfügten 21 Personen (15%) über kein eigenes Einkommen aus Arbeit. Sie bezogen Sozialhilfe, BAFöG oder waren in einem Heim oder in einer Strafanstalt untergebracht. Die höchsten Einkommen lagen (1977) über DM 2.200,-- (20%) (s. Tab 29). Es handelte sich dabei ausschließlich um Familieneinkommen, d.h. beide Partner verdienten. Aber selbst dann wurde nur in wenigen Fällen eine Einkommenshöhe über DM 3.000,-- erreicht.
Etwa jede vierte Person hatte ein Einkommen zwischen DM 1.700,-- und DM 2.200,--; jede dritte Person lag in der Einkommensgruppe DM 1.200,-- bis DM 1.700,--; das galt vor allem für die Einzeleinkommen der Männer (Zl 3, Sp 2), während mehr Frauen bei dem Einzeleinkommen in der niedrigeren Gruppe (zwischen DM 700,-- und DM 1.200,--) einzustufen waren (s. Zl 4, Sp. 4). Dieser Befund weist wieder auf eine Benachteiligung der Frauen hin: Sie verdienten insgesamt weniger, obwohl sie stärker in Angestelltenberufen vertreten

Tabelle 28

Wohnraumverhältnisse früher und heute

	(266) früher - 1962		(514) heute - 1977	
	n	%	n	%
gut	36	38,7	75	76,5
mittel	34	37,6	17	17,3
schlecht	23	23,6	6	6,2
Alle	93[1)]	99,9	98[2)]	100,0

1) Zuzügl. Personen, die sich in Institutionen aufhielten oder deren Verhältnisse unbekannt waren (n = 47)

2) Zuzügl. Personen ohne eigenen Wohnraum oder deren Wohnverhältnisse unbekannt waren (n = 42)

waren und bessere Schulabschlüsse aufwiesen (Var 537).

In einem Vergleich von Einzeleinkommen mit Personen einer repräsentativen Untersuchung der gleichen Altersgruppe aus Hamburg ließ sich nachweisen, daß in der von uns untersuchten Population die Zahl der Personen ohne oder mit sehr niedrigem Einkommen um rd. 20% höher und die der höheren Einkommen um rd. 15% niedriger lag. (103)

Die ökonomischen Verhältnisse beeinflußten - wie auch nicht anders zu erwarten war - den Grad der Zufriedenheit, den die Interviewten mit ihrem bisherigen Leben empfanden. So bestand eine hohe Entsprechung zwischen höherem Verdienst und hoher Zufriedenheit, bzw. einem niedrigen Einkommen und Unzufriedenheit. (104)

Tabelle 29

Einkommen [1)]

(958) Einkommen		N		männlich				weiblich			
		1		2		3		4		5	
				Einzel-einkommen		Familien-einkommen		Einzel-einkommen		Familien-einkommen	
		n	%	n	%	n	%	n	%	n	%
1	über 2200 DM	19	20,2	-	-	6	33,3	-	-	13	38,2
2	1700 - 2200 DM	23	24,4	-	-	8	44,4	-	-	15	44,1
3	1200 - 1700 DM	32	34,0	16	69,6	4	22,2	6	31,5	6	17,6
4	700 - 1200 DM	20	21,3	7	30,4	-	-	13	68,4	-	-
5	Alle Personen	94		23	24,5	18	19,1	19	20,2	34	36,2

1) vgl. dazu die Var 951 a

Im folgenden wollen wir uns, anknüpfend an die Darstellung der Partnerverhältnisse (4.1), mit den weiteren sozialen Beziehungen der Probanden beschäftigen.

5.2 Soziale Beziehungen und Kontakte

Der Aufbau und die Pflege von Beziehungen zu anderen Menschen (Partner, Freunde, Bekannte, Verwandte) sind zu einem großen Teil abhängig vom Verlauf der Sozialisation und damit auch von den Möglichkeiten, bestimmte Beziehungsmuster einzuüben. Man kann nach übereinstimmenden Ergebnissen der Sozialisationsforschung davon ausgehen, daß derjenige als Erwachsener in der Lage sein wird, befriedigende Sozialbeziehungen für sich zu schaffen, der selbst kontinuierliche und relativ autonome Kontakte zu Bezugspersonen, besonders in der Kindheit, erlebt hat. (105)

Bei der von uns untersuchten Personengruppe waren diese Bedingungen in einer überdurchschnittlich hohen Anzahl der Fälle nicht gegeben (s. Kap. 1), so daß Komplikationen in den späteren Sozialbeziehungen zu erwarten waren.

Im Rahmen unseres Überblicks wollen wir die Sozialbeziehungen darstellen, um dann Zusammenhänge zu den Aufwuchsbedingungen aufzuzeigen.

Nach den vorliegenden Ergebnissen hatte jeder zweite Proband relativ reichhaltige Kontakte, die über den engeren Kreis der Familie hinausgingen; sie hatten Freunde, Beziehungen zu Arbeitskollegen, Beziehungen zu Sportskollegen etc.

Tabelle 30

Soziale Beziehungen zum Zeitpunkt der Zweiten Untersuchung

(479) Soziale Beziehungen zum Zeitpunkt der Zweiten Untersuchung	N		männl.		weibl.	
	n	%	n	%	n	%
wenige unbefriedigende oder nur flüchtige Kontakte	32 1)	28,6	14	29,8	18	27,7
wenige befriedigende Kontakte	26	23,2	11	23,4	15	23,1
viele befriedigende Kontakte in mehreren sozialen Bereichen	54	48,2	22	46,8	32	49,2
Alle	112	100,0	47	100,0	65	100,0

1) davon ohne jede engere Beziehung n = 13 (11,6 %)

In etwa 23% aller Fälle beschränkten sich die sozialen Beziehungen auf nur wenige Personen, und 29% hatten überhaupt keine engeren Beziehungen. Bezogen auf die ganze Gruppe wirkten rd. 12% völlig isoliert. Zur Einschätzung dieser Ergebnisse haben wir eine Untersuchung über junge Erwachsene herangezogen, die aber wegen der unterschiedlichen Fragestellung (106) und der zeitlichen Verschiebung (107) nur grobe Anhaltspunkte bietet (s. dazu die folgende Tab 30 a).

Der Prozentsatz der Personen, die nur wenige oder gar keine Kontakte unterhalten, ist in der Vergleichsgruppe wesentlich niedriger. Bereits in der Ersten Untersuchung wurde die Frage aufgeworfen und positiv beantwortet, ob Störungen in der Persönlichkeitsentwicklung sich in schwierigem Kontaktverhalten - z.B. aggressivem Verhalten, übergroßer Scheu etc.) - äußern können. (108) Darüber hinaus konnten wir zeigen, daß ein Zusammenhang bestand zwischen schwierigem Kontaktverhalten und der Art der Aufwuchsbedingungen in den ersten zwei Lebensjahren. (109) Diese Ergebnisse sollen hier wieder aufgegriffen werden, um zu überprüfen, ob Kinder, die im Schulalter Kontaktstörungen aufwiesen (Var 629), auch als

Tabelle 30 a

Soziale Beziehungen im Vergleich mit anderen Untersuchungen

	" Die jungen Erwachsenen" 1)		Zweite Untersuchung 2)	
	n	%	n	%
weitgehend isoliert	38	11,3	32 3)	28,6
wenige befriedigende Kontakte	107	31,9	26	23,2
mehrere Kontakte	190	56,7	54	48,2
Alle	335	99,9	112	100,0

1) Buchhofer, B.: Die jungen Erwachsenen, unveröffentlichte Untersuchung, Hamburg, 1969, Karte II, Spalte 49 u. 50.

2) vgl. Variable 479

3) davon ohne jede engere Beziehung n = 13 (11,6 %)

junge Erwachsene Schwierigkeiten in ihren sozialen Beziehungen hatten und ob die diesen Kontaktstörungen zugrunde liegenden Aufwuchsbedingungen - z.B. der Wechsel von Bezugspersonen - auch später von Bedeutung waren. Wir haben versucht, die Ergebnisse dieser Prüfung in der folgenden Tabelle 31 festzuhalten.

Am ausgeprägtesten ist der Zusammenhang zwischen dem Wechsel der Bezugspersonen und der Art der späteren Sozialbeziehungen (s. Tab 31, Var 561). Personen, die nie einen Wechsel in der Kindheit und im Jugendalter erlebt hatten, unterhielten deutlich bessere Kommunikationen als solche mit hohem Wechsel. Damit steht die Frage in Verbindung, ob Kinder z.B. innerhalb der ersten drei Lebensjahre eine länger andauernde Zuwendung fanden oder nicht. Kinder ohne diese Möglichkeit, Beziehungen zu festen Bezugspersonen herzustellen (s. Var 207), - z.B. weil sie "hin- und hergeschoben" wurden - hatten später deutlich häufiger auch unbefriedigende Sozialbeziehungen als solche, die in der Kindheit diese Zuwendung fanden.

Die "Seßhaftigkeit" oder "Nichtseßhaftigkeit" in der Kind-

Tabelle 31

Zusammenhang zwischen Aufwuchsbedingungen und Art der sozialen Beziehungen zum Zeitpunkt der Zweiten Untersuchung

	Aufwuchsbedingungen und frühere Kontaktstörungen	(479) Soziale Beziehungen zum Zeitpunkt der Zweiten Untersuchung					
		viele befriedigende Kontakte in mehreren sozialen Bereichen		wenige befriedigende Kontakte		wenige unbefriedigende o. nur flüchtige Kontakte	
		1		2		3	
	alle	n	%	n	%	n	%
	112 - 100 %	54	48,2	26	23,2	32	28,6
(207) Zeitpunkt der ersten längerwährenden Zuwendung							
1	immer		51,9		28,8		19,2
2	innerhalb von 3 Jahren		53,3		20,0		26,7
3	innerhalb von 4 Jahren und vorübergehend		44,4		19,4		36,1
4	nie		33,3		11,1		55,6
(561) Wechsel von Erziehungsstellen insgesamt							
5	nie		66,7		18,5		14,8
6	einmal		52,4		28,6		19,0
7	selten		43,2		25,0		31,8
8	häufiger		31,6		21,1		47,3
(420) Aufwuchsplatz mit 8/9 Lebensjahren							
9	Pflegeeltern		60,0		26,0		14,0
10	Heim		41,2		14,7		44,1
11	Eltern		35,7		28,6		35,7
(629) Kontaktstörungen mit 12 Jahren							
12	keine		60,4		22,6		17,0
13	aggressive Kontaktformen		40,0		20,0		40,0
14	kontaktlos, kontaktgehemmt oder wahllos kontaktsuchend		28,6		28,6		42,9
15	sonstiges						
(630) Kontaktstörungen mit 16 Jahren							
16	keine		69,5		18,6		11,9
17	kontaktgehemmt		35,0		5,0		60,0
18	aggressive Kontaktformen		13,3		46,7		40,0
19	wahllos kontaktsuchend, kontaktlos, Scheinkontakte		8,3		41,7		50,0

Legende: Die Tabelle ist in den Spalten 1 - 3 von oben nach unten zu lesen; Vergleichszahl ist die oberste Zahlenreihe, die die prozentuale Häufigkeit der Art der Sozialbeziehung wiedergibt.

heit drückt sich auch in dem Zusammenhang zwischen der Art späterer Sozialbeziehungen und dem Aufwuchsplatz aus (s. Var 420). Heimkinder - häufig gekennzeichnet durch ein schwaches Beziehungsnetz in der frühen Kindheit - waren später weniger häufig in der Lage, befriedigende Beziehungen zu anderen Menschen aufzunehmen (Zl 10) als Pflege- oder Adoptivkinder. Schließlich zeigten sich auch Zusammenhänge mit den im Schulalter beobachteten sog. Kontaktstörungen (s. Tab 31, Var 629 und 630).

Fassen wir noch einmal zusammen: Jeder zweite Proband hatte als junger Erwachsener befriedigende Kontakte in mehreren Sozialbereichen (z.B. Familie, Arbeitsplatz, Freizeit etc.). 24% der untersuchten Personengruppe hatten wenige Kontakte, die fast ausschließlich auf die engere Familie bezogen waren. Bei weiteren 29% erwiesen sich die wenigen (oder stark fluktuierenden) Kontakte als unbefriedigend, oder es waren keinerlei engere Beziehungen vorhanden. In dieser letzten Gruppe waren besonders solche Personen, die erst spät in ihrer Kindheit ein "Zuhause" fanden, sehr häufig die Bezugsgruppe wechseln mußten und bei denen schon mit 12 Jahren (und/oder 16 Jahren) ausgeprägte Kontaktstörungen zu beobachten waren.

Damit bestätigte sich generell die Annahme der Ersten Untersuchung, daß bestimmte, negativ einzuschätzende Aufwuchsbedingungen entscheidend mit zu späteren unbefriedigenden Sozialbeziehungen beitragen.

Wir haben zum Schluß des Abschnittes über die sozioökonomischen Bedingungen gefragt und positiv beantwortet, ob Personen mit größerer materieller Sicherheit mit dem bisherigen Leben zufriedener schienen. Konfrontiert man nun das Merkmal "befriedigende Sozialbeziehungen" mit dem Merkmal "Zufriedenheit mit dem bisherigen Leben", sieht man, daß neben der materiellen Sicherheit befriedigende Sozialbedingungen eine große Rolle für die Zufriedenheit spielen (s. dazu die Tab 32). (110) Probanden, die mit ihrem bisherigen Leben zufrieden waren, hatten auch in der Mehrzahl der Fälle befriedigende Sozialbeziehungen und umgekehrt.

Am öffentlichen Leben beteiligten sich die Personen der Untersuchungsgruppe in ähnlicher Weise wie die Gesamtbevölkerung: Im Vergleich mit der bereits mehrfach herangezogenen Untersuchungsgruppe von Buchhofer, von der sich rd. 70% nicht einem Verein oder einer festen Gruppe zugehörig fühlten, lag die Zahl der Probanden unserer Untersuchungsgruppe mit 75% nicht wesentlich darüber. Die Vereinsmitglieder gehörten bereits früher einer organisierten Jugendgruppe oder anderen Gruppierungen an.

Tabelle 32

Zusammenhang zwischen Lebenszufriedenheit und sozialen Bedingungen

(720) Zufriedenheit mit bisherigem Leben		(479) Soziale Beziehungen zum Zeitpunkt der Zweiten Untersuchung							
		1		2		3		4	
		N		viele befriedigende Kontakte in mehreren sozialen Bereichen		wenige befriedigende Kontakte		wenige unbefriedigende o. nur flüchtige Kontakte	
		n	%	n	%	n	%	n	%
1	zufrieden	60	53,6	38	70,4	12	46,2	10	31,3
2	teilweise zufrieden	35	31,3	15	27,8	11	42,3	9	28,1
3	nicht zufrieden	17	15,2	1	1,8	3	11,5	13	40,6
4	Alle	112	100,1	54	100,0	26	100,0	32	100,0

5.3. Auffälligkeiten im Sozialverhalten

Die Auswahl der Kinder für die Erste Untersuchung geschah u.a. unter dem Gesichtspunkt ihrer objektiv gegebenen ungünstigen Aufwuchsbedingungen, die vermuten ließen, daß ihr Heranwachsen in der Gesellschaft nicht störungsfrei verlaufen und dieses sich auf ihre sozialen Chancen nachteilig auswirken würde (s. in diesem Zusammenhang Kapitel 6: Stigmatisierung). Entsprechend der Erwartung zeigten in der Ersten Untersuchung besonders solche Kinder Verhaltensauffälligkeiten, bei denen die ungünstigen Aufwuchsbedingungen anhielten. (111)

Wir unterschieden in der Ersten Untersuchung zwischen Verhaltensstörungen, die sich während der frühkindlichen Entwicklung in der Motorik, in der Sprache, im Kontaktverhalten und als sog. neurotische Symptome auffinden ließen. (112) Dabei war es uns bewußt, daß besonders durch die Informationsspeicherung - wie sie z.B. durch das Führen von Akten über Personen geschieht - eine Reihe von "Auffälligkeiten" festgehalten worden sind, die sich bei gleicher akribischer Buchführung auch vermehrt bei Kindern mit günstigen Aufwuchsbedingungen hätten benennen lassen können. Dennoch waren einige Verhaltensstörungen so offensichtlich und die Zusammenhänge mit den unterschiedlichen Aufwuchsbedingungen innerhalb der Untersuchungsgruppe selbst so deutlich, daß sie allein aus diesem Grunde nicht hätten vernachlässigtwerden dürfen.

Im weiteren untersuchten wir besonders die Auffälligkeiten bei der Einschulung und der weiteren schulischen Entwicklung (113) und versuchten, unter Einbeziehung der konstitutionellen Gegebenheiten und der Aufwuchsbedingungen herauszufinden, ob und in welcher Form Störungen in der Persönlichkeitsentwicklung aufgetreten waren. Es wurden drei sich herausschälende Symptomkreise solcher Verhaltensstörungen benannt.

Den einen Symptomkreis faßten wir unter dem Begriff der Verhaltensauffälligkeit zusammen. (114) Damit waren Symptome gemeint, die sich im sozialen Verhalten der Kinder in ihrem näheren sozialen Umfeld zeigten, z.B. Weglaufen, grobe Frechheit und Ungehorsam, Wegnahme von Sachen.
Besonders für diesen Symptomkreis gilt: Schon die Beobachtung und noch stärker die Einschätzung der Symptome ist weitgehend abhängig vom Beobachter, Sozialarbeiter, Erzieher, etc. und seinen Vorstellungen von sozialer Angepaßtheit.

Im zweiten Bereich von Symptomen faßten wir Störungen im Kontaktverhalten im engeren Sinne und in einem dritten Symptomkreis die noch am sichersten, d.h. unabhängig von der Einschätzung, feststellbaren, sog. neurotischen Symptome (z.B. Enuresis, Schlafstörungen, Jactatio etc.) zusammen.

Schon im Vergleich von Frühkindalter und Schulalter ergaben sich, entsprechend der fortschreitenden geistig-seelischen Entwicklung, generell Verschiebungen zwischen Art und Häufigkeit des Auftretens der einzelnen Symptome (Var 651 - 654). (115)

Ziel der Zweiten Untersuchung war u.a., die Entwicklung des Sozialverhaltens zu analysieren, d.h. es sollte herausgefunden werden, ob während der Schul- und Jugendzeit Störungen im Sozialverhalten zu- oder abnahmen und - bezogen auf die heutige soziale Einordnung -, ob und in welchem Ausmaß Zusammenhänge zu früheren Lebensbedingungen bestanden.

Es soll zunächst über die generelle Zu- oder Abnahme von Verhaltensstörungen im Verlaufe einzelner Lebensabschnitte berichtet werden (Kap. 5.3.1.), im weiteren über Ergebnisse des individuellen Verlaufs, die Rückschlüsse zulassen auf Manifestierungen von Verhaltensstörungen und damit auf den Beginn sog. Karrieren sozial abweichenden Verhaltens (Kap. 5.3.2.), und als letztes über Auftreten und Bedingungen sozialer Auffälligkeiten im Erwachsenenalter (Kap. 5.3.3.).

5.3.1. Verhaltensstörungen im Verlaufe von Schulzeit und Jugendzeit

Bereits in den vorhergehenden Kapiteln wurde versucht, Daten unterschiedlicher Zeitabschnitte aufeinander zu beziehen, z.B. Daten, die den Zusammenhang zwischen Schulabschluß und späterer Berufsausbildung aufzeigen sollten (Kapitel 2 u. 3). Die folgende Analyse von Verläufen sozialen Verhaltens bietet eine besondere methodische Problematik. Bei einer über die Einzelfallschilderung hinausgehenden (quantitativen) Untersuchung können Verläufe von Sozialverhalten nur durch zu bestimmten charakteristischen Zeitabschnitten gewonnenen Daten beschrieben werden. Wir wählten als Abschnitte den Abschluß der frühkindlichen Entwicklung (3. Lj) aus; den Schuleintritt (8. Lj), der mit dem Abschluß der Ersten Untersuchung zusammenfiel; den Beginn der Vorpubertät (12. Lj); den Schulabschluß (16. Lj) und das frühe Erwachsenenalter (25. Lj), das mit dem Abschluß der Zweiten Untersuchung übereinstimmt. Dieses Intervallverfahren geht mit Informationsverlusten einher (weil nicht immer alle Informationen für jedes Intervall vorhanden waren), die aber in Kauf genommen wurden, um vergleichbare Strukturen sichtbar machen zu können. Eine zweite Schwierigkeit bot die Datenerhebung zu den oben genannten Symptombereichen von Verhaltensstörungen.

Für die Erste Untersuchung lag ein relativ umfangreiches Aktenmaterial über Verhaltensauffälligkeiten, über neurotische Symptome und Kontaktstörungen vor. Außerdem konnten durch Interviews mit den Eltern, Pflegeeltern, Heimleiterinnen etc. ergänzende und zusätzliche Informationen gewonnen werden. Der Zweiten Untersuchung lag zum einen ein wesentlich längerer Zeitraum (8. - 25. Lj) zugrunde, aber das Aktenmaterial bezog sich nicht mehr auf alle Personen der Untersuchungsgruppe über den gesamten Zeitraum (Var 836).

Die durchgeführten Interviews schließlich betrafen stärker die gegenwärtige soziale Situation, und es bestand die Schwierigkeit einer Einordnung retrospektiv berichteter Verhaltensweisen (z.B. für die Zeit des Schulalters). Hinzu kam, daß in den Aktenberichten der Sozialarbeiter, Heimleiter usw. neurotische Symptome - wie Eßstörungen, Jactatio oder motorische Unruhe - deutlich gegenüber sog. Verhaltensauffälligkeiten (z.B. Wegnahme von Sachen, Schulschwänzen, Weglaufen oder sonstige delinquente Normenverletzungen) zurücktraten. Dies weist zwar möglicherweise auf eine Verschiebung in der Symptombildung selbst hin, wie sie schon im Vergleich zwischen dem dritten und dem achten Lebensjahr zum Ausdruck kam (116), aber zeigt u.a. auch, daß in den Berichten nun stärker sichtbares sozial-auffälliges Verhalten herausgehoben wurde. So registrierten wir noch im Alter von acht Jahren als dominierende Verhaltensstörung (beim einzelnen Kind) die neurotischen Symptome mit 23%, Verhaltensauffälligkeiten dagegen nur mit 3%. Im Alter von 12 Jahren hatte sich das Verhältnis nahezu umgekehrt: In 26% aller Fälle

Tabelle 33

Verhaltensauffälligkeiten und neurotische Symptome in Schul- und Jugendzeit

Var		Verhaltensauffälligkeit[1)]	Im Alter von 8 Jahren %	12 Jahren %	16 Jahren %
1	672-74	Weglaufen/Umherstreunen - häufig - gelegentlich	 - 9,4	 1,6 13,3	 12,4 14,7
2	677-79	Aggressivität - ausgeprägtere Form	16,1	13,9	20,0
3	661-62	Schulschwänzen - häufiger	3,4	7,9	2)
4	668-69	Wegnahme von Sachen (Diebstahl)	10,9	14,2	3)
5	666	Kriminelles Verhalten - leicht - mittel/schwer	 - -	 - -	 17,4 7,6
6	657	Alkohol-, Drogen- o. Tablettenmißbrauch	-	-	13,9
		Neurotische Symptome			
7	652-54	Stärkere Ausprägung neurotischer Symptome	21,6	6,5	6,4
8	642-44	Enuresis	16,4	6,3	0,8
9	634-36	Stottern oder sonstige Sprachstörungen	10,3	5,5	3,9
10	645-46	Suizidversuch od. Suiziddrohung	-	2,4	9,4[4)]

1) die vollständigen Variablen s. Anhang 5
2) nicht erhoben
3) s. Z. 5: Kriminelles Verhalten
4) Von 12 Personen haben zwei im Alter von 22 Jahren Suizid begangen

traten Verhaltensauffälligkeiten und in 8% neurotische Symptome als dominierende Verhaltensstörung auf. Mit dem 16. Lebensjahr nahmen die Verhaltensauffälligkeiten noch stärker zu: 37% gegenüber 4% neurotischen Störungen (Var 624 - 626). Diese Zunahme ist auf das verstärkte Auftreten von "Weglaufen/Umherstreunen" und aggressivem Verhalten (117) zurückzuführen. In der Tabelle 33 haben wir die wichtigsten Verhaltensauffälligkeiten und neurotischen Symptome im Zeitablauf zusammengestellt.

Bei den neurotischen Symptomen haben wir aus den oben genannten Gründen nur noch zwei Symptome unterschieden: Enuresis und Sprachstörungen. Hier zeigte sich selbst bei den leicht beobachtbaren Symptomen eine Abnahme in der Zeit vom achten bis 12. Lebensjahr. Auch bei der Einschätzung von stärker ausgeprägten neurotischen Symptomen (Zl 7) wird dieser Rückgang zwischen dem achten Lebensjahr (22%) gegenüber dem 12. bzw. 16. Lebensjahr (7%) deutlich. Bedeutsam erschien uns das verstärkte Auftreten von Suiziddrohungen oder Suizidversuchen im 16. Lj. (Zl 10).

Es bleibt also festzuhalten: Mit zunehmendem Alter nahmen Verhaltensauffälligkeiten - vor allem Weglaufen/Umherstreunen und Aggressionsverhalten - zu, dagegen sog. neurotische Symptome ab bzw. wurden weniger beachtet oder blieben unbemerkt.

5.3.2. Verhaltensstörungen im individuellen Verlauf

Die im letzten Abschnitt mitgeteilten allgemeinen Befunde über den Verlauf von Verhaltensstörungen werden im folgenden ergänzt durch die Ergebnisse über Veränderungen der Verhaltensstörungen beim einzelnen Probanden. Es soll in den Sachverhalt mittels Tabelle 34 über den Verlauf dominierender Verhaltensstörungen während der Schulzeit eingeführt werden.

Nur eine kleine Zahl von Jungen und Mädchen zeigte durchgehend, d.h. vom achten - 16. Lj. Verhaltensauffälligkeiten. Aber in 14% aller Fälle wurde über Verhaltensauffälligkeit mit dem 12. und dem 16. Lj berichtet (Rubr 5). Diese Zahl korrespondiert mit der Zunahme von Einweisungen in die Heimerziehung der Eltern-Kinder und auch der Pflegekinder (s. Tab 1). Bei 10% aller Jungen und Mädchen traten Verhaltensstörungen zum ersten Mal mit ca. dem 16. Lj, also bei Schulabschluß auf (s. Rubr 4). Dagegen klangen wiederum bei 11% die noch zu Schulbeginn beobachteten neurotischen Symptome ab (Rubr 2), jedoch bei weiteren 12%, die noch neurotische Symptome bei Schulbeginn zeigten, wurde von Verhaltensauffälligkeiten im 12. und (oder) 16. Lj berichtet (s. Rubr 3).

Die Frage des Verlaufs, d.h. der Stagnierung, des Abklingens etc. ist vor allem von prognostischer Bedeutung hinsichtlich der späteren sozialen Einrordnung: Je kontinuierlicher sich Verhaltensauffälligkeiten aufbauten, desto eher bestand die

Tabelle 34

Dominierende Verhaltensstörungen im Verlauf beim Einzelnen während der Schulzeit

	Verhaltensstörungen	N		Im Alter von		
				8 Jahren	12 Jahren	16 Jahren
		n	%	n	n	n
1	keine Verhaltensstörungen	51	41,8	94	83	74
2	nur neurotische Störungen mit 8 Jahren	13	10,7	13	-	-
3	Wechsel von neurotischen Störungen mit 8 Jahren zu Verhaltensauffälligkeiten mit 12 + 16 Jahren	14	11,5	-	7	13 1)
4	Verhaltensauffälligkeiten m. 16 Jahren	12	9,8	-	-	16
5	Verhaltensauffälligkeiten durchgehend	3	2,5	3	3	3
5	Verhaltensauffälligkeiten mit 12 + 16 Jahren	17	13,9	-	17	17
6	teils keine Verhaltensstörungen, teils neurotische Symptome od. Verhaltensauffälligkeiten in einzelnen zeitlichen Abschnitten	12	9,8	3	8	3

Den Berechnungen lagen die Variablen 624 - 626 zugrunde.

1) davon n = 6 Personen im Alter von 12 und 16 Jahren

Gefahr der Verfestigung und von Auswirkungen auf die spätere soziale Einordnung (s. dazu Kap. 6 Stigmatisierung). So kann gesagt werden: Je punktueller die Verhaltensauffälligkeiten auftraten, desto weniger Bedeutung hatten sie für das spätere Sozialverhalten. Wir haben diese Annahme an den Gruppen mit den unterschiedlichen Verläufen, wie sie in Tabelle 34 dargestellt wurden, überprüft. Das Ergebnis zeigte sehr deutlich: Lagen keine Verhaltensstörungen in den Jahren zwischen Schulbeginn und Schulabschluß vor (s. hierzu auch Kap.

Tabelle 35

Verlauf von Verhaltensstörungen während der Schulzeit und soziale Einordnung im Erwachsenenalter

Verhaltens-störungen im Verlauf 1)	N		(473) Soziale Einordnung 2)							
			1		2		3		4	
	n	%	n	%	n	%	n	%	n	%
1 keine Verhaltensstörungen	49	41,5	23	56,1	22	45,8	3	23,1	1	6,3
2 nur neurotische Störungen mit 8 Jahren	13	11,0	5	12,2	6	12,5	1	7,7	1	6,3
3 Wechsel von neurotischen Störungen mit 8 Jahren zu Verhaltensauffälligkeiten mit 12 + 16 Jahren	13	11,0	3	7,3	6	12,5	1	7,7	3	18,6
4 Verhaltensauffälligkeiten m. 16 Jahren	11	9,3	3	7,3	5	10,4	1	7,7	2	12,5
5 Verhaltensauffälligkeiten durchgehend oder mit 12 + 16 Jahren	20	16,9	2	4,9	4	8,3	6	46,1	8	50,0
6 teils keine Verhaltensstörungen, teils neurotische Symptome o. Verhaltensauffälligkeiten in einzelnen zeitl. Abschnitten	12	10,2	5	12,2	5	10,4	1	7,7	1	6,3
Alle	118	100,0	41		48		13		16	

1) Den Berechnungen lagen die Var 624 - 626 zugrunde.

2) (473): 1 = angepaßt, ohne nennenswerte Verhaltensauffälligkeiten
2 = angepaßt, mit wenigen leichteren Verhaltensauffälligkeiten
3 = unangepaßt, mit wenigen leichteren Verhaltensauffälligkeiten
4 = unangepaßt, mit mehreren stärkeren Verhaltensauffälligkeiten

Zur Indexbildung siehe Kap. 5.3.3.

5.3.3.), dann blieb auch das soziale Verhalten im Erwachsenenalter ohne Auffälligkeiten (s. hierzu Tab 35).

Eine ebenfalls günstige Prognose im Hinblick auf das spätere Sozialverhalten hatten Personen, die zwar mit dem 8. Lj noch neurotische Symptome aufwiesen, sich aber im weiteren Verlauf der Schul- und Jugendzeit offenbar stabilisierten (Zl 2). Waren jedoch Verhaltensauffäligkeiten mit dem achten, dem 12. und dem 16. Lj aufgetreten, wies das spätere Sozialverhalten stärkere Auffälligkeiten auf (Zl 5).

Obgleich wir davon ausgehen können, daß, wie oben gesagt, nur über eine bestimmte Gruppe von Jungen und Mädchen Verhaltensstörungen überhaupt bekannt wurden - nämlich vor allem von solchen Kindern und Jugendlichen, über die eingehende Aktenberichte aufgrund intensiver Betreuung ambulanter oder stationärer Art angefertigt wurden -, zeigte sich ein Zusammenhang zum späteren unangepaßten Sozialverhalten. Die Ergebnisse weisen aber auch aus, daß dieser Zusammenhang zwischen früheren und späteren sozialen Auffälligkeiten nur dann bestand, wenn über einen längeren Zeitraum im Schul- und Jugendalter - im Sinne von "Karrieren" - Verhaltensauffälligkeiten beobachtet wurden.

Zum Schluß dieses Abschnittes wollen wir noch über die Untersuchungsergebnisse des individuellen Verlaufs bestimmter Verhaltensstörungen berichten (z.B. aggressives Verhalten, Weglaufen etc.).

Erwartungsgemäß nahm bei einer bestimmten Anzahl von Probanden das sog. Weglaufen/Umherstreunen mit zunehmendem Alter, d.h. zwischen dem 12. und 16. Lj dem Umfang nach zu (11% s. Tab 36, Rubr 1). Bei weiteren 6% aller Fälle kam jedoch häufiges Weglaufen später nur noch selten vor.

Bei den aggressiven Verhaltensformen (s. Tab 33: insgesamt 20% im Alter von 16 Jahren) fielen solche Jungen und Mädchen auf, bei denen das aggressive Verhalten mit zunehmendem Alter ausgeprägtere Formen annahm (12%) oder stärker ausgeprägte Aggressionsformen nicht abnahmen (9%). Nur bei einer kleinen Gruppe (7%) schwächten sich Aggressionshandlungen ab (s. Rubr 2). Auch in der Kategorie der Verhaltensauffälligkeit "Schulschwänzen" gab es eine kleine Gruppe mit chronischem Verlauf (10%). Bei allen anderen Auffälligkeiten und neurotischen Symptomen waren zu- oder abnehmende Tendenzen etwa ausgeglichen, wie es bei der Auffälligkeit "Wegnahme von Sachen" zu beobachten ist, oder zeigen eine insgesamt abnehmende Tendenz (z.B das Symptom Enuresis).

Tabelle 36

Individueller Verlauf von Verhaltensstörungen während der Schulzeit

	Var	Verhaltensstörungen	N		Intervalle zwischen		
					8 Jahre	- 12 Jahre	- 16 Jahre
			n	%	n	n	n
1	672-74	Weglaufen/Umherstreunen					
		- nie	93	75,0	80	80	80[1]
		- gelegentlich	10	8,1	10	10	10
		- häufigeres Auftreten zwischen 12. u. 16. Lj	14	11,3	14	14	14
		- weniger häufiges Auftreten zwischen 12. u. 16. Lj	7	5,6	6	7	7
2	677-79	Aggressivität					
		- keine oder wenig Aggressivität	81	68,6	81	81	81
		- gleichbleibend leichtere Aggressivität	4	3,4	4	3	4
		- gleichbleibend schwere Aggressivität	11	9,3	11	11	11
		- ausgeprägtere Formen mit zunehmendem Alter	14	11,9	5	7	14
		- abklingende Aggressivität	8	6,8	8	5	1
3	661-62	Schulschwänzen					
		- nie	87	77,0	87	87	2)
		- gleichbleibend häufiges Schulschwänzen	7	6,2	7	7	
		- häufigeres Auftreten zwischen dem 8. u. 12. Lj	11	9,7	11	11	
		- nur mit ca. 8 Jahren	4	3,5	4	-	
		- nur ab ca. 12 Jahren	4	3,5	-	4	
4	668-69	Wegnahme von Sachen/ Diebstahl					
		- nie	96	76,8	96	96	3)
		- gleichbleibend häufiges Auftreten	3	2,4	3	3	
		- häufigeres Auftreten mit ca. 8 Jahren	11	8,8	11	-	
		- häufigeres Auftreten ab 12. Lj	15	12,0	-	15	
5	641-44	Enuresis					
		- nie	101	84,2	101	101	101
		- gleichbleibend ausgeprägt	1	0,8	1	1	1
		- bis ca. 8. Lj	13	10,8	13	-	-
		- bis ca. 12. Lj	5	4,2	4	5	-
6	634-36	Stottern oder sonstige Sprachstörungen					
		- nie	110	89,4	110	110	110
		- gleichbleibend ausgeprägt	4	3,2	4	4	4
		- verstärktes Auftreten	1	0,8	-	1	1
		- Abnahme der Störung	8	6,5	8	2	-

1) davon sind n = 13 Personen im Alter von 16 Jahren selten weggelaufen/umhergestreunt
2) nicht erhoben
3) s. dazu Tab. 33, Rubr 5

5.3.3. *Soziale Auffälligkeiten im Erwachsenenalter und frühere Lebensbedingungen*

Im Erwachsenenalter sind Auswirkungen früher nicht bearbeiteter Entwicklungsstörungen in der Regel nur noch mittels psychologisch-psychiatrischer Differentialdiagnose erkennbar, es sei denn, sie äußern sich in ausgeprägten sozialnormativen Auffälligkeiten, z.B. in Kriminalität, Prostitution, Süchten. Auswirkungen in Form von sozialer Isolation, Zwängen im sozialen Verhalten, Überangepaßtheit, Abhängigkeit usw. erweisen sich für den Einzelnen oft als gleichermaßen belastend und bedrückend, werden aber in der Regel von der Gesellschaft nicht als soziales Problem angesehen, sondern dem Individuum zugerechnet.

In einer mehr generellen Einschätzung des Phänomens haben wir eine Zuordnung sozialer Auffälligkeiten unter der Kategorie "Soziale Einordnung" versucht. Wir bedienten uns dabei eines Index, der vier Kategorien umfaßt und sich aus Daten über Art und Anzahl von Verhaltensstörungen im Alter zwischen 16 und 25 Jahren zusammensetzt, sowie einer Selbsteinschätzung der Person über ihr Gefühl, eine Außenseiterrolle in der Gesellschaft einzunehmen. (118)

Maßstäbe für die Einschätzung eines gesellschaftlich angepaßten oder unangepaßten Verhaltens sind schwer bestimmbar und wechseln mit der Veränderung in den allgemeinen gesellschaftlichen Vorstellungen über sozial normgerechtes Verhalten. So zählten z.B. noch vor 30 Jahren voreheliche Sexualbeziehungen oder das Verlassen des Elternhauses mit 15 oder 16 Jahren beim Mädchen schon zu den Merkmalen der Verwahrlosung und führten u.U. zur Einweisung in die Öffentliche Erziehung (119), während diese Verhaltensweisen heute in weiten Gruppen Jugendlicher anzutreffen sind und gesellschaftlich wenig stigmatisierende Beachtung finden.

Wir haben nun einerseits solche Verhaltensstörungen als zu einem unangepaßten Verhalten gehörig gezählt, die, wie kriminelle Handlungen, zur rechtlichen Sanktionierung des Einzelnen durch die Gesellschaft führen oder von der Öffentlichkeit stark mißbilligt werden (Süchte, Stadtsteicherei oder die Tätigkeit als Prostituierte und Strichjunge). Andererseits schien es uns von Bedeutung, ob und wie stark der Einzelne sich selbst als "Außenseiter" sieht, weil wir davon ausgingen, daß seine Lebenssituation von seiner Selbsteinschätzung weitgehend mitbestimmt wird. (120)

Der Index "Soziale Einordnung" (121) umfaßt vier Kategorien:

1. Insgesamt angepaßtes soziales Verhalten.
2. Insgesamt angepaßtes soziales Verhalten mit wenigen, leichteren Verhaltensstörungen
3. Insgesamt unangepaßtes soziales Verhalten mit wenigen,

leichteren Verhaltensstörungen

4. Insgesamt unangepaßtes Verhalten mit mehreren, stärkeren Verhaltensstörungen.

Ein solches Verfahren ist nicht unproblematisch, zum einen, weil z.B. damit "Angepaßtheit" per se als positives Verhalten erscheint, tatsächlich sich aber hinter dieser Kategorie auch Verhaltensweisen verbergen, die von Zwängen und Einengungen bestimmt sind und nur wenig Chancen der kreativen Persönlichkeitsentwicklung bieten. Problematisch bleibt es zum anderen auch, weil damit nur ein Aspekt des sozialen Verhaltens in den Blickpunkt gerät, nämlich die weitgehend normativ bestimmten Auffälligkeiten.

Mit den vier unterschiedlichen Gruppierungen soll ein Aspekt des Sozialverhaltens erfaßt werden, wie er sich vor allem aus den Informationen der Behörden und Institutionen über die Probanden ergab.

Tabelle 37

Soziale Einordnung

(473) Soziale Einordnung		N		männl.		weibl.	
		n	%	n	%	n	%
1	insgesamt angepaßtes soziales Verhalten	42	33,3	16	31,4	26	34,7
2	insgesamt angepaßtes soziales Verhalten mit wenigen Verhaltensstörungen	51	40,5	17	33,3	34	45,3
3	insgesamt eher unangepaßtes soziales Verhalten mit wenigen Verhaltensstörungen	16	12,7	7	13,7	9	12,0
4	insgesamt unangepaßtes soziales Verhalten mit mehreren Verhaltensstörungen	17	13,5	11	21,6	6	8,0
	Alle	126	100,0	51	40,5	75	59,5

Während die erste Gruppe als angepaßt gelten konnte, d.h. ohne nennenswerte von der Gesellschaft mißbilligte Auffälligkeiten, zeigte die zweite Gruppe leichtere Auffälligkeiten, die sich in einer risikoreicheren Lebensführung darstellten (und die Personen hin und wieder in Schwierigkeiten mit der Umwelt brachten). Die dritte Gruppe wirkte in ihrem gesamten Lebensbereich unangepaßt, ohne daß es jedoch zu gröberen Auffälligkeiten kam, dagegen zeigte die vierte Gruppe ein stark unangepaßtes Verhalten mit etlichen Auffälligkeiten - z.B. kriminelle Handlungen, Prostitution, Suchtverhalten etc. -, das sie zur sozialen Randgruppe werden ließ.

Nach dieser Unterscheidung waren ca. 75% der Probandengruppe als insgesamt sozial integriert anzusehen (Kategorie 1 und 2), ca. 25% zeigten ein insgesamt unangepaßtes Verhalten (Kategorie 3 und 4). Zu schweren Verhaltensauffälligkeiten mit Folgen starker sozialer Desintegration kam es lediglich bei 13% (Kategorie 4).

In der Tabelle 37 haben wir die Kategorien in der Unterscheidung zwischen männlichen und weiblichen Personen noch einmal aufgeführt.

Frauen konnten häufiger als Männer der Kategorie 2 zugeordnet werden, während männliche Probanden häufiger mit einem stärker ausgeprägten unangepaßten Verhalten belastet wurden.

Bevor wir uns den Ergebnissen über die Zusammenhänge zwischen früheren Lebensbedingungen und späterer sozialer Einordnung bzw. dem Auftreten von sozialen Auffälligkeiten zuwenden, wollen wir noch eine Übersicht der zum Zeitpunkt der Zweiten Untersuchung (21. - 25. Lj) aufgetretenen Verhaltensstörungen geben (s. Tab 38).

Die häufigste Form des abweichenden Verhaltens war die des überstarken Alkoholgenusses und des Drogen- und Tablettenmißbrauchs. Von jedem fünften wurde in der Zeit zwischen dem 21. und 25. Lj von mehr oder minder schweren Formen der Abhängigkeit berichtet (Zl 1). Jeder zehnte hatte Schwierigkeiten, kontinuierlich zu arbeiten, zeigte ein stark aggressives Verhalten, war vorübergehend in der Prostitution oder wurde wegen krimineller Handlungen registriert. Männliche Probanden waren in diesem Sinne häufiger "auffällig" als weibliche Probanden. Diese hier einzeln aufgeführten Verhaltensauffälligkeiten häuften sich bei einer kleinen Gruppe von Personen. Von insgesamt 46 auffälligen Personen wiesen 15 drei oder vier der aufgeführten Verhaltensauffälligkeiten, 10 Personen zwei und 21 Personen eine Verhaltensauffälligkeit auf.

Nach diesem Überblick soll nun die Frage geklärt werden, ob ein Zusammenhang zwischen dem Sozialverhalten im Erwachsenenalter und den früheren Lebensbedingungen der Jungen und Mädchen bestand.

Tabelle 38

Übersicht über aufgetretene soziale Auffälligkeiten zum Zeitpunkt der Zweiten Untersuchung [1)]

			N = 125 [2)]			
	Var	Soziale Auffälligkeiten [3)]	n	%	männl. n	weibl. %
1	658	Alkohol-, Drogen- o. Tablettenabhängigkeit	27	21,6	28,1	13,3
2	660	Unfähigkeit, einen Arbeitsplatz zu halten	13	10,4	15,8	4,8
3	670/71	HwG/Prostitution oder Strichjunge	11	8,8	7,0	8,4
4	708	Verhaltensauffälligkeit: verbale und körperliche Aggressivität	14	11,2	25,8	6,0
5	667	Kriminalität - leicht - schwer	 12 10 [4)]	 9,6 8,0	 14,0 17,5	 4,8 0,0

1) Informationen aus der Zeit vom 21. - 25. Lebensjahr
2) Von 125 Personen zeigten 79 keine Verhaltensauffälligkeiten
3) Mehrfachnennung
4) davon n = 2: schwerere Kriminalität

In den Kapiteln über die Schul- und Berufsentwicklung der Jungen und Mädchen wurde nachgewiesen, daß die den sozialen Status in der Gesellschaft wesentlich mitbegründenden Faktoren - Schulabschluß und Berufsausbildung - in bestimmter Weise durch die früheren Lebensbedingungen mitbestimmt waren (Kap. 2.2.). Im Zusammenhang mit der sozialen Einordnung kommen den Daten über die Lebens- und Aufwuchsbedingungen im Kindesalter besondere prognostische Bedeutung zu, weil die in der Ersten Untersuchung, d.h. nicht retrospektiv gewonnenen Daten einen hohen Aussagewert für die Hypothesen über die Lebensverläufe von Gruppen Unterprivilegierter haben.

Eine wichtige Variable zur Erklärung von Verhaltensstörungen im Kindesalter war die über das Vorhandensein individueller Zuwendung in den ersten Lebensjahren und - in Beziehung dazu stehend - der Wechsel von Erziehungsstellen (122). Außerdem zeigten sich Zusammenhänge mit der Art der Erziehungsstelle, d.h. ob die Kinder bei den Eltern, bei Pflege- und Adoptiv-

Tabelle 39

Lebensbedingungen und Symptome von Verhaltensstörungen im Vorschul- und Schulalter und ihr Zusammenhang zur späteren sozialen Einordnung

	Var	Lebensbedingungen; Symptome von Verhaltensstörungen	(473) Soziale Einordnung									
			N		1		2		3		4	
			n	%	n	%	n	%	n	%	n	%
	477	Vorhandensein einer Bezugsperson (n = 123)										
1		- ab 2. - 3. Lj	28	22,8	14	35,0	9	17,7	3	20,0	2	11,8
		- nie	33	26,8	4	10,0	15	29,4	7	46,7	7	41,2
		- durchgehend	50	40,7	18	45,0	21	41,2	5	33,3	6	35,3
	405	Wechsel von Erziehungsstellen i.d. ersten 2 Lebensjahren (n = 126)										
2		- kein oder 1 Wechsel	77	61,1	26	63,4	29	56,9	8	53,3	7	41,2
		- häufiger als 3 Wechsel	30	23,8	7	17,1	11	21,6	4	26,7	8	47,1
	561	Wechsel von Erziehungsstellen bis zum 18. Lj (n = 125)										
3		- kein oder 1 Wechsel	57	45,6	23	56,1	25	49,0	5	31,3	4	23,5
		- 4 und mehr Wechsel	47	37,6	11	26,8	19	37,2	7	43,8	10	58,8
	617	Aufenthalt bei Schulabschluß (n = 120)										
4		- PK	38	31,6	20	50,0	14	28,0	3	21,4	1	6,2
		- EK	30	25,0	7	17,5	13	26,0	6	42,8	4	25,0
		- HK	52	43,3	13	32,5	23	46,0	5	35,7	11	68,7
		- HK + EK	82	68,3	20	50,0	36	72,0	11	78,5	15	93,7
	811	Abbrüche des Pflegeverhältnisses (nur PK bis 16. Lj: n = 71)										
5		- keine	39	54,9	19	70,4	15	51,7	5	62,5	0	0,0
		- ein- oder mehrmals	32	45,1	8	29,6	14	48,3	3	37,5	7	100,0
	348	Betreuung i.d. Heimen (nur HK; 2.-8. Lj; n = 51)										
6		- individuelle Betreuung	9	17,6	7	35,0	0	0,0	1	14,3	1	12,5
		- wenig individuelle Betreuung	20	39,2	7	35,0	6	37,6	3	42,9	4	50,0

7	346	Soziales Milieu (nur EK + HK 8. Lj: n = 89)										
		- integriert	58	65,2	25	83,3	23	60,5	6	60,0	4	36,4
		- nicht oder zeitweilig nicht integriert	31	34,8	5	16,7	15	39,5	4	40,0	7	63,6
8	709	Beginn von anhaltenden Veränderungen in der Persönlichkeit (bis 5. Lj; n = 121)	36	29,7	8	19,5	13	26,0	5	35,7	10	62,5
9	230	Grundstimmung (8. Lj; n = 118)										
		- insges. freundlich	75	63,5	27	69,2	30	63,8	11	73,3	7	41,2
		- insges. indifferent, ernst und gedrückt	20	16,9	8	20,5	5	10,6	1	6,7	6	35,3
		- stimmungslabil und empfindlich	23	19,4	4	10,2	12	25,3	3	20,0	4	23,5
10	652	Neurotische Symptome (8. Lj; n = 121)										
		- nicht vorhanden	46	38,0	22	53,7	15	30,6	6	37,5	3	20,0
		- vorhanden	75	62,0	19	46,3	34	69,4	10	62,5	12	80,0
11	408	Verhaltensstörungen (8. Lj; n = 125)										
		- keine	36	28,8	17	40,5	11	22,0	6	37,5	2	11,8
		- mehrere	40	32,0	9	21,4	17	34,0	6	37,5	8	47,1
12	625	Dominierende Verhaltensstörung (12. Lj; n = 121)										
		- keine	80	66,1	35	83,3	34	69,4	6	46,1	5	29,4
		- neurotische Symptome	10	8,3	3	7,1	5	10,2	0	0,0	2	11,8
		- Verhaltensauffälligkeiten	31	25,6	4	9,5	10	20,4	7	53,8	10	58,8
13	455	Geistige Entwicklung mit 12 Jahren (n = 126)										
		- gut oder sehr gut begabt	14	11,1	7	17,1	3	6,2	2	15,4	2	12,5
		- durchschnittlich oder ausreichend begabt	77	61,1	29	70,7	32	66,7	9	69,2	7	43,7
		- schwach begabt	27	21,4	5	12,2	13	27,1	2	15,4	7	43,7

Die Tabelle ist von links nach rechts zu lesen. Das N der einzelnen Variablen ist unterschiedlich hoch, weil Teilgruppen (nur HK etc.) einbezogen worden sind und wegen der bei einzelnen Variablen unterschiedlich großen Zahl der "nicht bekannten". Außerdem ergeben die Prozentzahlen des N der einzelnen Variablen (vertikal) immer dann keine 100 %, wenn nur auf einzelne Merkmalausprägungen zurückgegriffen wurde (s. Rubr 11).

eltern oder im Heim aufgewachsen waren. In die Analyse über die Beobachtungen von Veränderungen in der Gesamtpersönlichkeit des Kindes (123) wurden außerdem Variablen über die Schwierigkeiten bei der Geburt, schwere Krankheiten in den ersten Lebensjahren und psychische Auffälligkeiten bei den Müttern einbezogen. Zusammenhänge zeigten sich bei den Kindern, deren Geburt schwierig verlaufen war, und bei Kindern, deren Mütter psychische Auffälligkeiten gezeigt hatten.

Für die Beantwortung der Frage nach dem Zusammenhang zwischen früheren Lebensbedingungen und späterer sozialer Einordnung wählten wir außer diesen Variablen weitere aus der Ersten Untersuchung aus, z.B. solche über die psychische Grundbefindlichkeit der Kinder bei Schulbeginn, die geistige Entwicklung der Kinder, die Betreuung in den Heimen und über den Abbruch eines Pflegeverhältnisses.

In der Tabelle 39 wurden die Variablen, bei denen sich Beziehungen zur sozialen Einordnung ergaben, zusammengestellt.

Als genereller Befund ist zunächst festzuhalten: Zusammenhänge zwischen der sozialen Einordnung und den früheren Lebensbedingungen sind vorhanden und klar ausweisbar. Erwartungsgemäß ist aber die Beziehung komplexer und differenzierter als in der Ersten Untersuchung, teils durch die Einbeziehung weiterer Faktoren, die die Lebensbedingung charakterisieren (z.B. die sich verändernde Erziehungssituation der Kinder während der Schulzeit), teils in Widerspiegelung des sich bis zum Erwachsensein generell ausdifferenzierenden Lebensverlaufes. Daraus erklärt sich auch, daß die eindeutigsten Beziehungen bei den Extremgruppen vorhanden sind. So lassen sich z.B. Zusammenhänge zum späteren Sozialverhalten bei Kindern aufzeigen, die in der frühen Kindheit sehr wenige oder, im Gegensatz dazu, sehr häufige Erziehungsstellenwechsel erlebt hatten; während in der Ersten Untersuchung eindeutige, nämlich lineare Zusammenhänge bei allen Gruppen nachweisbar waren, so z.B. zwischen der Häufigkeit des Wechsels und dem Grad der Verhaltensstörung. (124)

Die Analyse erbrachte im einzelnen folgende Ergebnisse:

1. Die Bedeutung, die die individuelle Zuwendung einer Bezugsperson zum Kind in den ersten beiden Lebensjahren für die weitere günstige motorische, geistige und psychische Entwicklung bei Schulbeginn hatte (125), ließ sich in der Prüfung des Zusammenhangs mit der späteren sozialen Einordnung nicht mehr erkennen (s. dazu Tab 40 im Anhang 5, Rubr 1). Neben der individuellen Zuwendung in den ersten zwei Lebensjahren für die weitere (z.B. schulische) Entwicklung war es von Bedeutung, in welcher Weise sich die Aufwuchsbedingungen und der Kommunikationszusammenhang gestalteten, in dem das Kind stand. In der Ersten Untersuchung zeigte sich bereits, daß Kinder trotz früher Einzelpflege in den ersten

zwei Lebensjahren Verhaltensauffälligkeiten immer dann zeigten, wenn das soziale Milieu, der Erziehungsstil und die emotionalen Beziehungen zwischen Mutter und Kind oder Pflegemutter und Kind ungünstig gewesen waren. (126) Dieser Trend bestätigt sich in der Zweiten Untersuchung: Hatten Kinder vom zweiten oder dritten Lebensjahr an sog. individuelle Zuwendung - das waren in unserer Population zumeist die aus dem Heim in ein Pflege- oder Adoptionsverhältnis vermittelten Kinder -, waren sie deutlich sozial besser eingeordnet als Kinder, die bis ins Jugendalter hinein ohne kontinuierliche Beziehungen zu einer Bezugsperson geblieben waren, entweder weil sie in großen Heimen lebten oder einem sehr häufigen Wechsel von Bezugspersonen ausgesetzt waren (s. Tab 39, Rubr 1). Die soziale Einordnung war aber auch noch besser als bei den Kindern, die durchgehend individuelle Zuwendung hatten, d.h. sowohl in den ersten zwei Lebensjahren als auch später bei der Mutter oder Stiefmutter oder bei Pflegeeltern gelebt hatten, aber unter erzieherisch und sozial ungünstigen Umständen (Tab 39, Rubr 7).

Die Kategorie "Wechsel von Erziehungsstellen" in den ersten zwei Lebensjahren greift diesen oben genannten Wechsel der Bezugsperson auf. Am ausgeprägtesten sind die Zusammenhänge zwischen sehr häufigem Wechsel (häufiger als dreimal) in den ersten Lebensjahren und späterem sozial auffälligem Verhalten (Tab 39, Rubr 2).

Auch bei weiteren Wechseln der Erziehungsstellen, sei es, daß die Mutter das Kind ins Heim gab, weil sie in die Prostitution zurück wollte, eine Pflegestellenvermittlung mißglückte oder das Kind einem Heim "entwachsen" war und in ein anderes Heim verlegt werden mußte, blieb dieser Zusammenhang erhalten (Tab 39, Rubr 3). Kinder, die einen oder gar keinen Wechsel mitgemacht hatten, waren gegenüber denen, die vier- oder mehrmals bis zum Ende der Jugendzeit die Erziehungsstelle gewechselt hatten, deutlich sozial besser integriert. Am häufigsten blieb ein Wechsel der Erziehungsstelle und damit der Verlust von Beziehungen bei Kindern bei einer früh geglückten Pflegestellen- oder Adoptionsvermittlung erspart. Diese "soziale Plazierung" erwies sich in der Ersten Untersuchung als die günstigste Form, Kindern, deren Mütter die Kinder nicht behalten wollten oder durften, zu adäquaten Aufwuchsbedigungen zu verhelfen. Die Entwicklung der Pflege- und Adoptivkinder verlief am störungsfreiesten (s. Erste Untersuchung, S. 118 ff).

Das Ergebnis bestätigte sich im Zusammenhang mit der sozialen Einordnung auch in der Zweiten Untersuchung. Wieder zeigten Pflege- und Adoptivkinder, d.h. solche Kinder, die bis zum Schulabschluß auch in Pflege- und Adoptionsstellen geblieben waren, die günstigere Sozialentwicklung gegenüber den sog. Eltern- und Heimkindern. Allerdings wurde auch deutlich, daß die soziale Plazierung zu Beginn der Schulzeit allgemein nicht von Dauer war und somit als prognostisches Kriterium ausfiel. (127) Kinder, die bei den Eltern gelebt hatten, mußten wegen zunehmender Störungen des Familienlebens in Öffentliche Erziehung genommen werden, ein Teil der Pflegekinder, die sich bei Abschluß der Ersten Untersuchung noch bei Pflegeeltern befunden hatten, mußten aus den unterschiedlichsten Gründen diese Pflegestellen wieder verlassen. (128) Nur wenige Kinder kamen nach langjährigem Heimaufenthalt zum ersten Mal zu den Eltern oder zu den Eltern zurück oder wurden noch in eine Pflegestelle vermittelt. (129) Die größten Schwierigkeiten hatten offensichtlich die sog. Heimkinder und Kinder aus gestörten Elternfamilien (Tab 39, Rubr 4). Dieser Befund wird erhärtet, wenn wir uns die Ergebnisse über den Zusammenhang zwischen dem Abbruch eines Pflegeverhältnisses in der Kindheit oder Schulzeit und der späteren sozialen Einordnung ansehen (Tab 39, Rubr 5). Kinder mit einem oder mehreren Abbrüchen von Pflegeverhältnissen zeigten später deutlicher Schwierigkeiten in der sozialen Integration als die, die keinen drastischen Abbruch von Beziehungen erleben mußten.

Zusammenhänge zur späteren sozialen Einordnung ergaben sich auch zwischen der Heimerziehung mit stärker individuell ausgeprägter Betreuung gegenüber einer Erziehung mit stärker institutionellem Charakter. In einigen wenigen, zumeist kleinen Heimen, wurde versucht, Kindern unter Vermeidung von häufigem Erzieherwechsel, Versetzungen etc. die fehlende Familienerziehung zu ersetzen. Kinder aus solchen Heimen waren später häufiger sozial gut integriert als Kinder, die aus Heimen mit weniger individueller Betreuung kamen (s. Tab 39, Rubr 6).

Schließlich wurde in der Ersten Untersuchung - bezogen nur auf Eltern- und Pflegekinder - das soziale Milieu, in dem die Kinder aufwuchsen, eingeschätzt. Dabei überprüften und bestätigten wir die Annahme, daß Kinder in Elternfamilien in ihrer Sozialisation gefährdet sind, wenn die soziale Integration der Familie aus verschiedenen Gründen gering ist. (130)

Auch diese (frühen) Sozialbedingungen korrespondieren mit dem späteren Sozialverhalten (Tab 39, Rubr 7). Dagegen zeigte sich keine Entsprechung bei Variablen, die einzelne soziale Faktoren beleuchteten und die in der Ersten Untersuchung von Bedeutung zu sein schienen, z.B. die der finanziellen Situation (Tab 40, Rubr 7) oder der Kriminalität des Vaters oder des Stiefvaters (Rubr 8), aber auch des Familienklimas und des Erziehungsverhaltens (s. im einzelnen Tab 40, Rubr 2, 3, 4 und 5).

In einem weiteren Schritt wurden solche Daten in die Analyse einbezogen, die bereits in der Ersten Untersuchung als Auswirkungen bestimmter frühkindlicher Lebensbedingungen zum

Zeitpunkt etwa des Schulbeginns beschrieben worden waren. Es handelt sich um
sog. "Veränderungen in der Persönlichkeitsentwicklung" (Tab 39, Rubr 8), um eine bestimmte psychische Grundgestimmtheit des Kindes (Tab 39, Rubr 9) und um eine neurotische Symptombildung (Tab 39, Rubr 10) bzw. die Beobachtung von Verhaltensstörungen insgesamt (Tab 39, Rubr 11).
Außerdem bezogen wir noch Verhaltensstörungen, die während der Schulzeit (ca. 12 Lj) eingetreten waren, mit in die Untersuchung ein (Tab 39, Rubr 12).

Der Befund lautet: Lagen schon zum Schulbeginn (oder während der Schulzeit) stärkere Störungen im Sozialverhalten vor oder zeigte sich bei den Kindern eine gedrückte psychische Grundstimmung als Ausdruck unbefriedigter Bedürfnisse, bestand eher die Gefahr späterer sozialer Desintegration. Dagegen ist offensichtlich einzelnen, in den Akten stark hervorgehobenen Auffälligkeiten wie Schulschwänzen, Stehlen oder sonstiges delinquentes Verhalten weniger Bedeutung beizumessen. Ein Zusammenhang zum späteren Sozialverhalten war nicht erkennbar (s. Tab 40, Rubr 15, 16, 17).

Als letztes untersuchten wir den Stand der geistigen Entwicklung etwa zum Zeitpunkt des achten Lj und des 12. Lj. Die Einschätzung über die geistige Entwicklung wurde weitgehend den Aktenberichten bzw. einer in der Ersten Untersuchung durchgeführten Lehrerbefragung entnommen. Es handelt sich also nicht um Ergebnisse von Intelligenztests. Sowohl im der Ersten Untersuchung als auch in der Zweiten Untersuchung war kein Zusammenhang zwischen dem Stand der geistigen Entwicklung im achten Lj und den aufgetretenen Verhaltensstörungen zu erkennen (s. Tab 40, Rubr 13). Jedoch traten Beziehungen auf zwischen der Einschätzung des geistigen Entwicklungsstandes im 12. Lj und dem späteren Sozialverhalten (s. Tab 39, Rubr 13). (131) Hier zeigt sich, daß die (wenigen) als gut und sehr gut begabt eingeschätzten Kinder in allen sozialen Gruppen zu finden sind. Dagegen zeigen die als schwach begabt eingestuften Kinder im Alter von 12 Jahren häufiger soziale Auffälligkeiten im Erwachsenenalter.

Bei zwei Variablen, "Geburtsschwierigkeiten" - die auf eine mögliche Hirnschädigung hinwiesen - und "psychiatrische Auffälligkeit der Mutter", die in der Ersten Untersuchung in Beziehung zu Verhaltensstörungen und einer negativ zu bewertenden Persönlichkeitsveränderung der Kinder standen (132), war in der Zweiten Untersuchung ein Zusammenhang zum späteren Sozialverhalten nicht mehr gegeben (Tab 40, Rubr 9 und Rubr 14). Aber auch andere Variablen, z.B. "schwere Krankheit in den ersten Lebensjahren" (Tab 40, Rubr 10), Krankheiten mit Beteiligung des zentralen Nervensystems (Tab 40, Rubr 11) und solche mit psycho-somatischem Charakter (Tab 40, Rubr 12) zeigten keinen Zusammenhang zum späteren Sozialverhalten. Damit bestätigte sich die Annahme der Ersten

Untersuchung, Umwelteinflüsse seien für die soziale Entwicklung bedeutsamer.

Beschränkt man sich bei der Suche nach Bedingungen für späteres Sozialverhalten zunächst auf die Prüfung einzelner Variablen, wie wir es getan haben, so entsteht erstens die Frage, wie weit diese Variablen untereinander korrelieren und durch übergreifende Definitionen ersetzt werden können, und zweitens, ob und in welchem Ausmaß negativ einzuschätzende frühere Lebensbedingungen und damit im Zusammenhang stehende Verhaltensstörungen vorlagen, wenn es im späteren sozialen Verhalten zu Schwierigkeiten kam.

Von einer Prüfung der ersten Frage, mittels Regressionsanalyse etc., haben wir wegen der geringen Fallzahl und der für den Einzelnen stark variierenden Aufwuchsbedingungen in Elterfamilien, Heimen etc. abgesehen.

Die zweite Frage wollen wir jedoch, wiederum bezogen auf die Gruppierungen der "sozialen Einordnung", beantworten. Dabei haben wir zwischen sog. Bedingungs-Variablen (z.B. Wechsel der Erziehungsstelle, soziales Milieu etc.) und den sog. Auswirkungs-Variablen (Störungen der Persönlichkeitsentwicklung) unterschieden, in der Annahme, sowohl die Anzahl der Bedingungs- als auch der Auswirkungsvariablen würde in Beziehung stehen zum späteren Sozialverhalten. Die folgende Tabelle 42 gibt den Sachverhalt wieder.

Tabelle 42

Zusammenhang zwischen der Häufigkeit des Auftretens sozial negativer Bedingungen und sozial negativer Auswirkungen in früher Kindheit und Schulzeit und dem späteren sozial-auffälligen Verhalten

		Anzahl der Variablen	(473) Soziale Einordnung									
			N		1		2		3		4	
			n	%	n	%	n	%	n	%	n	%
1	Bedingungs-Variablen 1)	0 - 2	89	70,6	35	83,3	36	70,5	11	68,7	7	41,2
		3 - 6	37	29,3	7	16,6	15	29,4	5	31,2	10	58,8
			126	99,9	42	99,9	51	99,9	16	99,9	17	100,0
2	Auswirkungs-Variablen 2)	0 - 2	79	62,7	31	73,8	32	62,7	10	62,5	6	35,3
		3 - 6	47	37,3	11	26,2	19	37,3	6	37,5	11	64,7
			126	100,0	42	100,0	51	100,0	16	100,0	17	100,0

1) s. Tab 39, Rubr 1 - 7
2) s. Tab 39, Rubr 8 - 13

Personen, die nur wenige Beeinträchtigungen in den Lebensbedingungen im Kindesalter erfahren mußten, sind im Erwachsenenalter besser sozial integriert als solche, die eine Reihe sehr ungünstig einzuschätzender Bedingungen vorfanden (Rubr 1). Noch eindeutiger ist die Beziehung zwischen der Anzahl früher beobachteter Verhaltensstörungen (Rubr 2) und dem späteren Sozialverhalten: Je häufiger das Kind solchen Störungen ausgesetzt war, desto weniger sozial integriert erschien es im Erwachsenenalter. Dieser Befund, der nicht retrospektiv gewonnen wurde, sondern von Materialien und Ergebnissen der longitudinalen Verlaufsanalyse ausgeht, ist eine deutliche Bestätigung unserer generellen Annahme über den großen Einfluß nicht heriditär oder biologisch bedingter Faktoren.

Es ist aber auch nicht zu übersehen, daß etliche Personen trotz Belastungen in den Aufwuchsbedingungen und trotz früherer Verhaltensauffälligkeiten dennoch im Erwachsenenalter sozial integriert sind. Dies bedeutet, daß zwar die untersuchten Faktoren insgesamt von Bedeutung gewesen sind, aber im Einzelfall Lebensumstände eine Rolle gespielt haben (und in einer qualitativen Analyse u.U. herausgearbeitet werden können, s. dazu die im Abschnitt III vorgestellte Interpretation), die mit quantitativen Untersuchungsmethoden nicht erfaßt werden. Es muß noch einmal daran erinnert werden, daß die durchgeführte Verlaufsanalyse nicht auf beobachtenden oder anderen längerwährenden direkten Kontaktformen basiert, sondern auf Aktenanalysen und Intensivinterviews. Damit standen auch nur bestimmte Daten in einer beschränkten Aussagekraft zur Verfügung. Zwar wurden durch die Tiefeninterviews die Informationen angereichert, zumal aus der Sicht der Personen, über die Aussagen gemacht werden sollten, jedoch blieb das Übergewicht der Aktendaten bestehen. (133) Dabei war uns deutlich, daß außer den "harten Fakten" (z.B. Datum des Schulantritts, Durchführung einer Lehre, Heirat) alle anderen Aktendaten aufgrund unbekannt gebliebener Interaktionen zwischen den untersuchten Personen und Vertretern der unterschiedlichen Instanzen sozialer Kontrolle bzw. zwischen den Instanzenvertretern selbst entstanden waren. Die Daten beruhten in der Regel auf Einstellungen der Institutionen. Nur selten wurde dabei die Interaktion als Geschehen oder die Sichtweise des Betroffenen dargestellt. (134)

Bei durch Aktenberichte teilweise erst geschaffenen Fakten (z.B. bestimmte Verhaltensauffälligkeiten, Entwicklungsschwierigkeiten, Erziehungsqualitäten der Bezugsperson etc.) ist also große Vorsicht hinsichtlich ihrer Auswertug angebracht. Wir sind der Auffassung, daß sich die offensichtlich geringe Bedeutung etlicher Aktendaten für die Verlaufsanalyse zum Teil darauf zurückführen läßt. Damit gewinnt eine Fragestellung an Bedeutung, die - im Gegensatz zur vorwiegend ätiologisch orientierten Forschung - in den Theorieansätzen des labeling approaches eine große Rolle spielt, ob und in welchem Ausmaß bestimmte Akteninformationen Zuschreibungs- oder Stigmatisierungscharakter haben und ob Auswirkungen auf die Lebensentwicklung der davon betroffenen Personen zu erkennen sind. Diese in der Ersten Untersuchung zwar berücksichtigte, aber nicht explizit herausgearbeitete Fragestellung haben wir in die Zweite Untersuchung einbezogen. Im folgenden Kapitel stellen wir die in diesem Zusammenhang interessierenden Annahmen und Ergebnisse der Analyse zur Diskussion.

6. Stigmatisierung

6.0. Vorbemerkungen

Die wissenschaftliche Diskussion über den labeling approach - in Deutschland erst in den siebziger Jahren geführt - hat zu Kontroversen und Modifikationen dieses Ansatzes geführt. Unumstritten ist aber auch für Wissenschaftler, die dem labeling approach zurückhaltend gegenüberstehen, (135) die Aussagefähigkeit des Ansatzes für die Analyse gesellschaftlicher Reaktionen, insbesondere derjenigen formaler Kontrollinstitutionen auf abweichendes Verhalten.

Schlüsselbegriff des labeling approach ist die Stigmatisierung, d.h. die Zuordnung von negativen Eigenschaften zu als abweichend definierten Verhaltensweisen bestimmter Personengruppen im Verlauf von Interaktionsprozessen. Diese Zuschreibung und die daraus folgenden Definitionen (z.B. kriminell, verwahrlost, trunksüchtig etc.) mit sozial negativen Rückwirkungen auf die davon betroffenen Personen (Chancenverengung, Reduktion von Handlungsmöglichkeiten, Wandel der Identität etc.) sind wichtige theoretische Voraussetzungen für die weitergehenden Annahmen des labeling approach, z.B. über die Selektivität von Stigmatisierung und die damit verbundene Diskriminierung bestimmter sozialer Gruppen sowie über deviante Karrieren. (136)

Die Einführung des Begriffs "Stigmatisierung" und einiger damit verbundender Annahmen in die hier vorgelegte Verlaufsanalyse ist methodologisch nicht unproblematisch. Wir machten in der Einleitung darauf aufmerksam, daß die 1960 begonnene Studie sozialisationstheoretisch zu vermutende Zusammenhänge zwischen bestimmten Lebensbedingungen einer unterprivilegierten Gruppe von Kindern und ihren Sozialisationschancen mit einem bestimmten Forschungsdesign prüfen wollte, und daß diese Anlage der Verlaufsanalyse zu einem großen Teil auch das Design der sog. follow-up-study, also der Zweiten Untersuchung, prägen mußte. Die Konzeption der follow-up-study wurde durch die labeling-approach-Diskussion beeinflußt, vor allem in den Annahmen über das Auftreten abweichenden Verhaltens, jedoch ohne den Anspruch zu erheben, wesentliche Theorieansätze des labeling approach prüfen zu können, wie es bei einer eigens dazu durchgeführten empirischen Untersuchung der Fall sein kann. (137)

Unser Beitrag beschränkt sich deshalb auf Untersuchungen zu den Fragen,

- ob und in welchem Umfang sich stigmatisierende Äußerungen in den Aktenberichten auffinden lassen;
- ob ein Zusammenhang zwischen Stigmatisierung und der "Fallbearbeitung" durch Institutionen besteht (bei Pflegestellenwechsel, Heimwechsel, Verhaltensauffälligkeiten des Kindes etc.);
- ob Anlaß besteht zu der Vermutung, daß die stigmatisierenden Äußerungen die Wahrnehmung der davon betroffenen Personen erreichen;
- ob Anzeichen zu finden sind, daß es dadurch zu Veränderungen im Selbstbild der betroffenen Personen kommt (Wandel der sozialen Identität), und schließlich
- ob sich Auswirkungen der Stigmatisierung in Form von Chancenverengung, Verhaltensstörungen etc. nachweisen lassen.

So einfach diese Forschungsfragen klingen, so schwierig ist einerseits ihre theoretische Begründung (138) und damit die präzise Hypothesenformulierung und Operationalisierung und andererseits die Überprüfung anhand der uns zur Verfügung stehenden Daten.

Bevor wir unsere Ergebnisse darstellen, wollen wir zunächst diese Schwierigkeiten der theoretischen Begründung verdeutlichen und unsere Fragestellungen bzw. Annahmen auf unser Forschungsmaterial hin präzisieren.

Zunächst ist festzuhalten: Die Annahmen des labeling approach, in ihren unterschiedlich differenzierten Ausprägungen, haben ihren besonderen Stellenwert in der Kriminologie als Erklärung für die gesellschaftliche Konstitution von kriminellem Verhalten und sind dort auch am ausführlichsten diskutiert worden. (139) Besonders das Theorem der abweichenden Karriere - und in diesem Zusammenhang: der Stigmatisierung - ist auf weitere Bereiche des abweichenden Verhaltens ausgedehnt worden, so auf psychische Behinderung, Obdachlosigkeit, Prostitution, Drogen- und Alkoholsucht etc. (140)

Wir beziehen uns in unserer Verlaufsanalyse im wesentlichen auf diesen klassischen Stigmatisierungsansatz und die damit verbundenen Annahmen über die Prozesse der Selbstveränderungen und deren Auswirkungen (Modell der abweichenden Karriere). (141)

Der Begriff "Stigma" bezieht sich bei Goffman auf die Eigenschaft einer Person, die zutiefst diskreditierend ist, (142) und in Erweiterung (oder Präzisierung) des Begriffs bei Hohmeier, der wir im wesentlichen zustimmen können, auf die negative Definition der Eigenschaft selbst: "Ein Stigma ist danach der Sonderfall eines sozialen Vorurteils gegenüber bestimmten Personen, durch das diesen negative Eigenschaften zugeschrieben werden. Es beruht auf Typifikationen, d.h. Verallgemeinerungen von teils gewonnenen, teil übernommenen Erfahrungen, die nicht mehr überprüft werden." (143)

Bei der von uns untersuchten Personengruppe, nämlich den Kindern von Frauen, die der Prostitution nachgingen, lag es nahe, anzunehmen, daß dieser Umstand schon bei der Geburt in den Akten festgehalten wurde. (144) Weiter war anzunehmen, daß sich mit dem Begriff "Prostitution" bei einem Großteil der Personen, die mit dem Kind entweder institutionell (Sozialarbeiter, Heimerzieher) oder privat (Pflegeeltern, Nachbarn etc.) zu tun hatten, nicht nur negative Erwartungen im Hinblick auf das Verhalten der Mutter, sondern auch auf die Entwicklung des Kindes verbinden würden. Dabei ist es nach dem labeling approach charakteristisch, daß "über das (negativ definierte - d.V.) Merkmal hinaus dem Merkmalsträger weitere ebenfalls negative Eigenschaften zugeschrieben werden, die mit dem tatsächlich gegebenen Merkmal objektiv nichts zu tun haben. Die Wahrnehmung des Merkmals ist dann mit Vermutungen über andere, vorwiegend unvorteilhafte Eigenschaften der Person gekoppelt. Es findet eine Übertragung von einem Merkmal auf die gesamte Person, von den durch das Merkmal betroffenen Rollen auf andere Rollen der Person, den tatsächlich eingenommenen wie den potentiell einzunehmenden statt. Diese Zuschreibung weiterer Eigenschaften kennzeichnen Stigmatisierungen als Generalisierungen, die sich auf die Gesamtperson in allen ihren sozialen Bezügen erstrekken." (145) Tatsächlich fanden sich in den Akten, vor allem bei Adoptionsvermittlungen der Kinder, aber auch bei Inpflegegabe, Hinweise auf die Prostitution der Mutter, die - ähnlich wie bei Alkoholsucht, Kriminalität oder Geisteskrankheit der Mutter oder des Vaters - Rückschlüsse auf eine mögliche negative Persönlichkeitsentwicklung des Kindes nahelegten. Auf diese Weise entwickelte soziale Vorurteile treffen dabei Personen, die keine ausreichende Handlungskompetenz haben, sich dagegen zu wehren. (146) "Das Etikett der Devianz kann nur demjenigen erfolgreich angehängt werden (so Scott und Lyman), der nicht in der Lage ist, sich von einer negativen Interpretation seiner Intention zu befreien." (147)

Bei der Ersten Untersuchung war diese Annahme mitbestimmend, die Sozialisation einer Personengruppe zu untersuchen, die nicht nur durch objektive Benachteiligungen in ihren Aufwuchsbedingungen gekennzeichnet war und als unterprivilegiert in diesem Sinne angesehen werden muß, sondern möglicherweise auch durch Stigmatisierungen einer besonderen Beeinflussung ihrer Entwicklung unterlag (Erste Untersuchung S. 4 f). Diese Etikettierung, die vom Status der Mutter abgeleitet auf das Kind übergeht, liegt vor einer von der Umgebung als abweichend definierten Handlung (primäre Abweichung). Hier wird also eine Personengruppe mit negativ besetzten Erwartungen belegt, bevor es zu einer als abweichend definierten Handlung der einzelnen Personen kommt. (148)

Ob diese Stigmatisierung von Bedeutung war, müßte sich im weiteren Verlauf der Entwicklung des Kindes zeigen, z.B. wenn bei dem Kind als abweichend definierte Verhaltensweisen auftraten, z.B. Schulschwierigkeiten, neurotische Störungen oder Störungen im sozialen Kontaktbereich und darüber berichtet wird. Dann kann geprüft werden, ob das Verhalten selbst mit stigmatisierenden Äußerungen belegt und zur Erklärung auf die "Abstammung" zurückgegriffen wird. (149) Damit würde der sequentielle Charakter der Etikettierung deutlich begründet, den besonders Becker und Lemert vertreten, und die damit verbundene "Veränderung der symbolischen und interaktionistischen Umgebung der betreffenden Person, wodurch die Sozialisation des Kindes- oder Erwachsenenalters entscheidend beeinflußt wird." (150) Diese Beeinflussung der Sozialisation soll als entscheidende Auswirkung neben akuter materieller Beeinträchtigung - z.B. inadäquate Schul- und Berufsausbildung - oder dem Abgeschnittensein von der Interaktion mit Nichtstigmatisierten (151) zu einer Veränderung der sozialen Identität führen. (152)

Mit sozialer Identität ist bei Krappmann gemeint: "Die vom Individuum für die Beteiligung an Kommunikation und gemeinsamem Handeln zu erbringende Leistung ... Damit das Individuum mit anderen in Beziehung treten kann, muß es sich in seiner Identität präsentieren; durch sie zeigt es, wer es ist. Diese Identität interpretiert das Individuum im Hinblick auf die aktuelle Situation und unter Berücksichtigung des Erwartungshorizontes seiner Partner." (153) Krappmann unterstreicht damit den dynamischen Aspekt von Identität. "Identität ist nicht mit einem starren Selbstbild, das das Individuum für sich entworfen hat, zu verwechseln; vielmehr stellt sie eine immer wieder neue Verknüpfung früherer und anderer Interaktionsbeteiligungen des Individuums mit den Erwartungen und Bedürfnissen, die in der aktuellen Situation aufgetreten sind, dar." (154) Für die empirische Forschung entstehen aus einer solchen Definition von Identität allerdings erhebliche Schwierigkeiten der Operationalisierung, wie Krappmann selbst konzidiert. (155)

Zwischen den Begriffen Identität und Selbstbild scheint eine Abgrenzung schwierig zu sein. (156) Steinert sieht eine Verbindung zwischen Identität und Selbstbild: "Wenn man das Gewinnen einer Identität als eine der Aufgaben versteht, die im Laufe der Entwicklung (und immer wieder neu) gelöst werden müssen, wird das Selbstbild als eigenes Motivsystem aufgefaßt..." und "Identität bezeichnet allgemein einen Zielzustand, der als Ausgleich zwischen Selbstbild und Handeln herzustellen ist." (157)

Bei sich verändernder Identität (oder sich veränderndem Selbstbild) wird, bewirkt durch die Annahme des label und als Folge der Stigmatisierung die erhöhte Chance zum abweichenden Verhalten und/oder eine Reduktion von Handlungsmöglichkeiten im sozialen Bereich angenommen. (158) Fraglich dabei ist, wie Schumann feststellt, "ob die Stigmatisierung zur erhöhten Chance, abweichend zu handeln, durch Identitätsänderung beiträgt oder ob dies infolge ihrer Konsequenzen - nämlich durch die Reduktion der Handlungsmöglichkeit - bedingt wird." (159) Denkbar ist dann aber auch, daß Stigmatisierung "nur" zu einer Reduktion der Handlungsmöglichkeiten führt, es zu keinerlei Verhalten kommt, das als abweichend definiert wird, weil die stigmatisierte Person sogenannte Gegenstrategien entwickelt hat, z.B. durch Verbergen der Herkunft, Abbrechen sozialer Kontrollmaßnahmen etc.(160)

Als letztes wollen wir noch einmal die oben gestellten Fragen aufgreifen und ihnen zuzuordnende Annahmen formulieren, die auch die zu diskutierenden Ergebnisse strukturieren sollen.

1. Wenn bei Personen besondere Umstände der Herkunft (uneheliche Geburt; Erzeuger unbekannt; Mutter in der Prostitution) vorliegen und sie aufgrund dieser Umstände von öffentlichen Institutionen betreut werden, dann besteht die Gefahr, daß darüber Informationen mit einer negativen Wertung der Person in die Akte gelangen (Mutter führte unehrenhaftes Leben; Mutter kann keinen Erzeuger angeben; Mutter geht der Prostitution nach, war früher in der Fürsorgeerziehung etc.), und die Gefahr einer stigmatisierenden Ausdehnung der negativen Bewertung auf das Kind.

   Dabei kann davon ausgegangen werden, daß bei den mit dem Kind interagierenden professionellen Gruppen (Sozialarbeiter, Amtsvormund, Heimerzieher, Heimleiter etc.) möglicherweise das soziale Vorurteil über Prostitution weniger ausgeprägt ist als in der Bevölkerung (Pflegeeltern, Nachbarn), (161) aber doch (noch) vorhanden ist. Ein Indiz dafür sind die in etlichen Fällen immer wieder auftauchenden und für den Sachverhalt unnötigen Rückgriffe auf die Herkunft, z.B. bei der Pflegestellenvermittlung, bei Verlegung in andere Heime, bei Aktenzusammenfassungen und ähnlichem. Akten neueren Datums, d.h. solche von den Kindern der hier untersuchten Personen, ließen erkennen, daß besonders bei von Sozialarbeitern gefertigten Berichte negative Bewertungen vermieden werden. (162) Stigmatisierende Äußerungen finden sich häufiger in den Akten, wenn weitere Besonderheiten in der Entwicklung des Kindes auftraten, oder bei organisatorischen Maßnahmen der Behörden im Zusammenhang mit dem Aufenthalt des Kindes.

2. Wenn sich stigmatisierende Äußerungen indirekt oder direkt, bezogen auf abweichendes Verhalten des Probanden,

in den Akten finden lassen, ist davon auszugehen, daß das Stigma über die verschiedenen Interaktionen mit Instanzenvertetern, Pflegeeltern, Nachbarn etc. zum Tragen kommt, d.h. das Kind oder den Jugendlichen "erreicht". (163) Nur dann sind die Voraussetzungen für eine Veränderung der Identität oder des Selbstbildes gegeben. (164) Solche Veränderungen festzustellen und damit die Annahme des labeling approach zu überprüfen, bedeutet aber eine Beobachtung der dieser Veränderungen zugrundeliegenden Interaktionsprozesse. Diese Überprüfung konnten wir, wie bereits ausgeführt, im Rahmen dieser Untersuchung nicht vornehmen. Wir haben deshalb in den Interviews Fragen nach Benachteiligungen im Lebensverlauf, nach Chancenbeschneidung, Abgelehntsein und Außenseiterstatus thematisiert sowie einen Selbstbildfragebogen eingeführt. Diese uns (teils retrospektiv) vermittelten Eindrücke der Probanden können keine eigens zur Erforschung der sozialen Identität in Zusammenhang mit Stigmatisierung angelegte Untersuchung ersetzen, lassen aber eine auf den begrenzten Aussagewert der Daten abgestellte Analyse zu.

3. Wenn Stigmatisierungen "erfolgreich" waren, d.h. wenn die stigmatisierte Person (oder Personen in ihrer Umgebung wie Eltern, Pflegeeltern, Adoptiveltern etc.) das Stigma nicht abwehren konnten (165) und das label annahmen, dann müßte auch eine Veränderung des Selbstbildes eintreten. Dies ist vermutlich ein sukzessiver und komplizierter sozialer Prozeß, in den die restrospektive Interpretation der Abweichung eingeht und der mit der Übernahme der abweichenden Interpretation in das "neue" Selbstbild bzw. der "neuen" sozialen Identität (vorläufig) endet. (166) Die so veränderte Identität wiederum ist eine der Voraussetzungen für weiteres (sekundäres) abweichendes Verhalten, weil sie im Einklang steht mit dem angemuteten und dann auch gewollten abweichenden Verhalten. "Die Neubestimmung des Ich führt zu einer Umdeutung vergangener Erfahrungen, was seinerseits innere Spannungen und Konflikte reduziert. Zwecke und Mittel werden leichter ausgesucht und persönliche Anpassungen aufgebaut, soweit das notwendig ist, um von den erreichbaren Alternativen Gebrauch machen zu können." (167) Daß ein solcher Wandel tatsächlich stattgefunden hat, wird in einigen Untersuchungen unterstellt, wenn Stigmatisierung durch Aktenberichte, Gerichtsverfahren, Gefängnisaufenthalt etc. angenommen werden konnte und sich der Stigmatisierte später delinquent verhielt. (168)

4. Wenn es infolge von Stigmatisierung bei den davon betroffenen Personen zu einer Selbstbildveränderung gekommen ist, dann ist mit weiterem abweichenden sozialen Verhalten zu rechnen. Wir ziehen zur Prüfung dieser Annahme die in den Aktenberichten (und Strafregisterauszügen) genannten Auffälligkeiten heran, - z.B. kriminelle Handlungen,

Alkohol-, Drogen- und Tablettenmißbrauch, die Tätigkeit als Prostituierte oder Strichjunge -, wie wir sie unter anderen Gesichtspunkten bereits im Kapitel 5 diskutiert haben. Auch wenn es infolge von Gegenstrategien etc. zu keiner negativen Selbstbildentwicklung gekommen ist, gehen wir davon aus, daß Stigmatisierungen zur Chancenverengung (oder Reduktion der Handlungsmöglichkeiten) - z.B. in der Schul- und Berufsausbildung, der sozialen Plazierung und in Bereichen der sozialen Kommunikation - führt.

6.1. Stigmatisierende Äußerungen in den Akten

Für die meisten der 140 Kinder unserer Untersuchungspopulation wurde bereits bei der Geburt eine Akte angelegt, weil sie unehelich geboren waren oder andere Umstände eine Betreuung des Kindes durch Institutionen erforderlich machten. (169) Zu diesem Zeitpunkt fanden sich Hinweise auf die "unsolide" Lebensweise der Mutter - zumeist in Zusammenhang mit der Frage, wo das Kind leben soll -, oft verbunden mit einer ausführlichen Vorgeschichte der Mutter. Mütter, die der Prostitution im Bordell oder in ihrer Wohnung in einem bestimmten Quartier nachgingen, durften ihr Kind nicht bei sich behalten, sondern mußten eine Pflegestelle nachweisen oder als Zwischenlösung das Kind in ein Mütter- oder Säuglingsheim geben. (170)

In den Aktenberichten wurde es stets als sehr negativ bewertet, wenn die Mutter das Kind im Mütterheim - oft abrupt - verließ oder nach Ablauf der sechswöchigen Stillperiode zurückließ, um wiederum der Prostitution nachzugehen. Über Kinder, die zunächst in einem Heim leben mußten, wurden regelmäßig Berichte angefertigt, aber auch über alle Kinder, die bei der Mutter (oder den Eltern) lebten, fanden sich zumindest in den ersten Jahren nach der Geburt Aktenberichte der die Familie betreuenden Institution. 85% der in die Untersuchung einbezogenen Kinder hatten Aktenvorgänge bis zum 14. Lebensjahr; bis zum 18. Lebensjahr waren es 72%; bis zum 21. Lebensjahr noch 54% (Var 836). Ob ein Kind weiterhin durch Institutionen betreut wurde oder nicht, hing z.T. vom Verhalten der Mutter (oder der Eltern) ab. Führten sie ein "einwandfreies" Leben, konnte die Betreuung aufgehoben werden. Pflegekinder unterstanden grundsätzlichh der Pflegestellenaufsicht bis zum 16. Lebensjahr. (171) Berichte im Rahmen der Pflegekinderaufsicht speicherten ebenfalls in regelmäßigen Abständen Informationen über die Versorgung und Entwicklung des Kindes. Kamen keine ungewöhnlichen Situationen vor, wurde die Herkunft des Kindes gewöhnlich nicht aktualisiert. Wurde aber z.B. ein Wechsel der Pflegestelle angestrebt, kam es beinahe regelmäßig zu Berichtsteilen, die sich ebenfalls auf die Lebensweise der Mutter etc. bezogen. Auch wenn aus organisatorischen Gründen das Kind in ein anderes Heim verlegt werden sollte, z.B. weil es dem Säuglingsheim entwachsen war, oder wenn erwogen wurde, das Kind zu den Eltern zurück- oder in eine Pflegestelle zu geben, fanden sich in den Berichten diskriminierende Bemerkungen über die Mutter.

Die Tatsache, daß nicht in allen Aktenberichten so verfahren wurde, deutet auf ein bei den beteiligten Berichterstattern unterschiedlich ausgeprägtes Verständnis solcher Stereotypisierungen und damit Stigmatisierungen hin.

Stigmatisierende Äußerungen über die Herkunft des Kindes betrafen nicht nur die Prostitution der Mutter. Veränderte die Mutter ihre Verhältnisse (z.B. durch Heirat), blieb aber im sog. asozialen Milieu, oder war der Vater oder Stiefvater vorbestraft oder Alkoholiker, lebte die Familie im Wohnlager, bezog sie Sozialhilfe, befanden sich Geschwisterkinder in Heimerziehung, traten Äußerungen über das gesamte asoziale Milieu (masterstatus), für das die Prostitution nur ein Merkmal zu sein scheint, in den Vordergrund.

Wir unterschieden deshalb zwischen solchen stigmatisierenden Äußerungen, die sich direkt auf die Mutter als Prostituierte (pp-Stigma) bezogen und solchen, die sich auf die Zugehörigkeit der Mutter oder der Eltern zum sog. asozialen Randgruppenmilieu bezogen (Wohnen im Lager, Vater kriminell, Mutter Alkoholikerin, Geschwister verwahrlost etc.). Diese zweite Form der stigmatisierenden Äußerungen bezeichneten wir als Unterschichtenstigma (US-Stigma). Auch beim US-Stigma mußten wir davon ausgehen, daß Äußerungen über die Herkunft aus einem solchen Milieu Projektionen, d.h. negativ besetzte Vorstellungen über das Verhalten und über die Entwicklung des Betroffenen, bei den interagierenden Gruppen freisetzen.

Wir haben davon abgesehen, alle in den Akten festgehaltenen stigmatisierenden Äußerungen auszuwerten, sondern verwendeten nur solche, die in den Berichten nach Schulbeginn zu finden waren, in der Annahme, alle früheren Eintragungen verlören an Gewicht, wenn sie nicht zu einem Zeitpunkt wiederholt würden, zu dem das Kind die ersten und stärker bewußt wahrgenommenen Außenbeziehungen erlebte. Vermutlich können auch frühere stigmatisierende Äußerungen Wirkungen entfalten, so z.B. wenn Pflegeeltern von der von ihnen negativ bewerteten Herkunft des Kindes wissen und diese Eindrücke sich später im Erziehungsverhalten niederschlagen, ohne daß darüber Informationen in den Akten vorlagen. (172) Wir ließen diesen Gesichtspunkt mangels ausreichend gesicherter Informationen außer Betracht.

Nun zu unseren Ergebnissen:

Die Annahme, in fast allen Fällen würden stigmatisierende Äußerungen in den Aktenberichten enthalten sein, bestätigte sich nicht. Von 130 Fällen (173) fanden sich in 48 Akten

(37%) keine stigmatisierenden Äußerungen. Aber auch in den 82 Fällen (63%) mit diskriminierenden Berichtsteilen handelte es sich in der Mehrzahl nicht um häufig wiederkehrende Äußerungen, sondern um einmalige oder sich selten wiederholende Hinweise dieser Art (52%). In 39 Akten (30% des Gesamtmaterials) konnten vermehrt auftretende Stigmatisierungen festgestellt werden. In der Unterscheidung der Stigmaarten ergibt sich ein Bild, wie Tabelle 43 zeigt.

Tabelle 43

Arten der Stigmatisierung

(411) Stigmatisierende Äußerungen in den Aktenberichten		N	
		n	%
1	keine	48	36,9
2	pp-Stigma[1)]	32	24,6
3	US-Stigma[2)]	23	17,7
4	beide Stigmaarten	27	20,8
5	Alle	130	100,0

1) stigmatisierende Äußerungen über die Herkunft des Kindes; davon n = 7: häufige

2) stigmatisierende Äußerungen über sogenanntes asoziales Milieu (Vater kriminell etc.); davon n = 5: häufige

In jeder vierten Akte fanden sich nur stigmatisierende Äußerungen über die Herkunft des Kindes (Zl 2): Bei jedem sechsten Kind wurde die Herkunft nicht mehr negativ angeführt, sondern nur noch das negativ bewertete soziale Milieu (Zl 3). Häufigere stigmatisierende Äußerungen, die sowohl auf die Herkunft (pp-Stigma) wie auf das sog. asoziale Milieu (US-Stigma) hinwiesen, fanden sich in 21% aller Fälle (Zl 4). (174)

Für die Häufigkeit der Äußerungen spielte die Dauer der Aktenführung eine Rolle: Bei langer Aktenführung waren zwar überproportional häufiger stigmatisierende Äußerungen zu finden, jedoch wurden auch für zahlreiche Fälle bis zum 21. Lebensjahr Akten geführt, in denen Bewertungen dieser Art fehlten (s. dazu die Tab 44, Zl 3, Sp 2 und 8).

Tabelle 44

Zusammenhang zwischen Dauer der Aktenführung und stigmatisierenden Äußerungen in den Akten

(836) Dauer der Aktenführung				(411) Stigmatisierende Äußerungen in den Aktenberichten							
		N		kein Stigma		pp-Stigma		US-Stigma		beide Stigmaarten	
		n	%	n	%	n	%	n	%	n	%
				1	2	3	4	5	6	7	8
1	bis zum 14. Lj	18[1)]	13,9	13	27,6	3	9,4	0	0,0	2	7,4
2	bis zum 18. Lj	36	27,9	12	25,5	14	43,7	6	26,1	4	14,8
3	bis zum 21. Lj bzw. bis zum 25. Lj	75	58,1	22	46,8	15	46,9	17	73,9	21	77,8
4	Alle	129	99,9	47[2)]	99,9	32	100,0	23	100,0	27	100,0

1) nb = 10
2) nb = 1

Wichtiger erschien uns die Frage, ob ein Zusammenhang mit stigmatisierenden Äußerungen besteht, wenn es im Einzelfall für die Institutionen besondere Anlässe gab, tätig zu werden. Tatsächlich fanden sich vermehrt stigmatisierende Äußerungen, wenn Kinder häufig das Heim oder die Pflegestelle wechselten oder zwischen Heim und Elternhaus hin und her pendelten (z.B. wegen Störungen in den Familienverhältnissen), aber auch bei Probanden, in deren Akten Belastungen der Familie (z.B. durch Auffälligkeiten einzelner Familienmitglieder oder auch nur ökonomisch schlechte Lage) erkennbar waren, und bei Kindern, die schon zu Beginn des Schulalters (und während des Schul- und Jugendalters) durch Verhaltensstörungen aufgefallen waren (s. dazu im einzelnen die Tab 45, Rubr 1 - 5).

Dagegen zeigte sich kein Zusammenhang zwischen dem Auftreten von stigmatisierenden Äußerungen und Daten aus der frühen Kindheit, wie sich am Beispiel der Variablen "Komplikationen im Aufwuchs der Kinder in den ersten Lebensjahren" zeigen läßt (Rubr 6). Insgesamt waren die sog. Heimkinder am stärksten durch stigmatisierende Äußerungen belastet, also Kinder, die sich bis zum 18. Lebensjahr überwiegend in Heimen aufhielten, weniger häufig Kinder, die bis zum 18. Lebensjahr bei Eltern oder Stiefeltern lebten, und am geringsten die Pflege- und Adoptivkinder (Rubr 7).

Tabelle 45

Zusammenhang zwischen besonderen Vorkommnissen im Lebenslauf der Kinder und stigmatisierenden Äußerungen in den Aktenberichten

	Besondere Vorkommnisse im Lebenslauf der Kinder	(411) Stigmatisierende Äußerungen in den Aktenberichten									
		Alle		keine		pp-Stigma		US-Stigma		beide Stigmaarten	
		n	%	n	%	n	%	n	%	n	%
		130		48		32		23		27	
1	(772) Anzahl der durchlaufenen Heime bis zum 21. Lj										
	kein Heim o. bis 2 Heime	54	41,5	31	64,6	12	37,5	7	30,4	4	14,8
	3 - 6 Heime	55	42,3	17	35,4	15	46,9	10	43,5	13	48,1
	mehr als 6 Heime	21	16,2	-	-	5	15,6	6	26,1	10	37,0
2	(810) Pflegestellenwechsel 1)										
	kein Wechsel	51	68,9	27	84,4	8	57,1	9	64,3	7	50,0
	Wechsel	23	31,1	5	15,6	6	42,9	5	35,7	7	50,0
3	(471) Aufenthaltswechsel vom 8. - 16. Lj (insgesamt)										
	kein Wechsel und bis 2 Wechsel	100	76,9	44	91,7	27	84,4	14	60,9	15	55,5
	3 u. mehr Wechsel	30	23,1	4	8,3	5	15,6	9	39,1	12	44,5
4	(557) Belastungen d. Familiensituation während Schul- u. Jugendzeit 2)										
	keine Belastungen	52	53,6	30	71,4	8	34,8	9	56,3	5	31,2
	Belastungen verschiedener Art	45	46,3	12	28,6	15	65,2	7	43,7	11	68,8
5	(408) Verhaltensstörungen bis zum 8. Lj										
	keine Störungen	37	46,8	17	68,0	8	38,1	7	53,8	5	25,0
	viele Störungen	42	53,2	8	32,0	13	61,9	6	46,2	15	75,0
6	(463) Komplikationen in der körperlichen u. geistigen Entwicklung in den ersten 2 Lebensjahren										
	keine Komplikationen	26 3)	21,0	12	25,5	6	20,0	5	25,0	3	11,1
	Komplikationen	98	79,0	35	74,5	24	80,0	15	75,0	24	88,9
7	(640) Überwiegender Aufenthalt										
	PflElt, AdElt u. Verw	48	36,9	27	56,2	8	25,0	8	34,8	5	18,5
	Eltern	39	30,0	15	31,3	13	40,6	5	21,7	6	22,2
	Heim	43	33,1	6	12,5	11	34,4	10	43,5	16	59,3

1) nur PK 2) nur EK u. PK 3) nb = 6

Zusammenfassend läßt sich sagen:

Stigmatisierende Äußerungen fanden sich in einer großen Anzahl von Akten der Kinder unserer Untersuchung (63%), häufig wiederkehrende Stigmatisierungen wurden bei jedem vierten Kind beobachtet, vor allem bei Kindern, deren Lebensverhältnisse durch besondere Vorkommnisse (z.B. Wechsel der Erziehungsstellen, Störungen in den Familienverhältnisse und Störungen im Verhalten) gekennzeichnet waren.

6.2. Wahrnehmung des Stigmas durch die Betroffenen

Wir waren in unserer Annahme zu der Frage, ob eine durch stigmatisierende Äußerung bedrohte Person dieses Stigma auch wahrnimmt, davon ausgegangen, daß neben direkten Informationen (z.B. durch die Pflegeeltern, Sozialarbeiter, Heimerzieher etc.) sich den Personen ihr "Anders-Sein" auch indirekt durch das Verhalten der Kommunikationspartner mitteilen müßte. (175) In den Interviews wurde die Frage der Herkunft nicht ausdrücklich thematisiert, aber von etlichen Interviewten selbst aufgegriffen und diskutiert. So wurde verdeckt davon gesprochen, daß man die Mutter ja nicht habe kennenlernen können, weil sie aus der Familie verstoßen worden sei, oder direkt gesagt, daß die Mutter in der Prostitution gewesen ist, weil sie die Kinder nicht habe ernähren können. Wie sich das Problem der Herkunft und seiner eingeschränkten Thematisierbarkeit auf die Entwicklung der Kinder psychodynamisch auswirken kann, hat Peter von Rönn exemplarisch an einem Einzelfall in seiner qualitativen Analyse eines Interviewausschnitts deutlich zu machen versucht.

Das Wissen um von der Umwelt negativ bewertete Umstände der Herkunft oder die Zugehörigkeit zur untersten Sozialschicht war offensichtlich bei einem großen Teil der Probanden vorhanden, auch bei denen, in deren Aktenberichten stigmatisierende Äußerungen später nicht mehr vorkamen. Offensichtlich fehlte hier der akute Anlaß dazu, weil frühere Umstände der Mutter, die zu Maßnahmen der Behörden und intensiven Berichten geführt hatten, weggefallen waren. Das traf auf Fälle zu, in denen die Kindesmutter die Prostitution verlassen hatte, unauffällig lebte, die Kinder versorgte oder den Kontakt zu dem Kind, das bei Pflegeeltern oder in Aoptionspflege lebte, abgebrochen hatte und neuere Anlässe wie z.B. Verhaltensstörungen des Kindes nicht vorlagen. Bei Personen mit häufigerer Stigmatisierung kam es offenbar nur in seltenen Fällen zu direkten Abwehrstrategien (176) (z.B. durch bewußtes Verbergen und Täuschen) durch die Erziehungspersonen oder die Betroffenen selbst (Var 847). Nur in wenigen Fällen haben die Mutter oder Eltern z.B. eine weitere "formlose Betreuung" der Jugendbehörde energisch abgewehrt oder sich Nachfragen über das Verhalten des Kindes in der Schule oder dem Kinderhort durch andere Institutionen verbeten.

Als Abwehr der Stigmatisierung kann es auch angesehen werden, wenn neben stigmatisierenden Äußerungen (überwiegend) positive Einschätzungen des Probanden in den Akten abgegeben werden. Dies kommt in einer relativ großen Zahl aller stigmatisierten Fälle vor, wie die folgende Tabelle 46 ausweist.

Tabelle 46

Zusammenhang zwischen positiven Beurteilungen der Probanden und stigmatisierenden Äußerungen in den Akten

(848) Positive Beurteilungen der Probanden in den Aktenberichten		(411) Stigmatisierende Äußerungen in den Aktenberichten									
		N		kein Stigma		pp-Stigma		US-Stigma		beide Stigmaarten	
		n	%	n	%	n	%	n	%	n	%
				1	2	3	4	5	6	7	8
1	positive Beurteilungen	87	75,0	31	86,1	30	93,7	14	60,9	12	48,0
2	keine positiven Beurteilungen	29	25,0	5	13,9	2	6,3	9	39,1	13	52,0
3	Alle[1)]	116	100,0	36	100,0	32	100,0	23	100,0	25	100,0

1) zuzüglich n = 24: zu geringe Dauer der Aktenführung

In 24 Fällen sind die Aktenberichte in der Tendenz ausschließlich negativ, d.h. fallen stigmatisierende Äußerungen und negative Beurteilungen zusammen (Zl 2, Sp 3, 5, 7). Dies betrifft - bis auf zwei - nur Probanden mit sog. Unterschichtenstigma (Sp 5) oder mit beiden Stigmaformen (Sp 6). Jedoch in der Mehrzahl der durch stigmatisierende Äußerungen gekennzeichneten Akten kam es zu positiven Einschätzungen der Entwicklung des Probanden. Ob und wieweit diese positiven Beurteilungen die stigmatisierenden Äußerungen relativiert haben könnten, ist schwer einzuschätzen. (177) Wir werden die Frage noch einmal aufgreifen, wenn wir uns mit der Veränderung des Selbstbildes befassen (s. Kap 6.3.).

Für die Probanden ergab sich das Problem, wie in den Interviews gelegentlich angedeutet wurde, ihr Wissen um die Herkunft zu verbergen (178) oder zu verdrängen (179), besonders wenn sie bei Pflegeeltern lebten, adoptiert worden waren oder durch Heirat in eine Sozialgruppe kamen, die von ihrer Herkunft nichts wußte. Unabhängig davon, ob sich stigmatisierende Äußerungen in den Akten fanden oder nicht, berichtete jeder zweite Proband, der bei Pflegeeltern (oder Adoptiveltern) aufgewachsen war, von Vorurteilen der Pflegeeltern ihm gegenüber hinsichtlich seiner Entwicklung. (180) Anders stellten sich diese Probleme für Personen dar, die anscheinend erst später etikettiert worden waren: als "Kriminelle", "Homosexuelle" oder "Prostituierte". Bei ihnen beobachteten wir im Interview ein Desinteresse an der Verheimlichung der Herkunft. Dabei müssen wir offenlassen, ob bereits eine Selbstbildveränderung stattgefunden hatte, die Personen sich also mit der Etikettierung identifizierten.

Ob ein Stigma sich in der Gesellschaft durchsetzt oder nicht, erscheint zeitbedingt. Bestimmte Lebensformen, wie sie früher speziell unteren Schichten zugeschrieben und für sie als charakteristisch angesehen wurden (z.B. unverheiratetes Zusammenleben, uneheliche Geburt, wechselnde Sexualpartner, unorthodoxe Wohnformen, Gewohnheiten des Freizeitverhaltens, der Kleidung, der Musik) werden heute auch von anderen Gruppen der Gesellschaft bevorzugt, so daß vor 20 Jahren noch diskriminierte Lebensformen weitgehend toleriert werden. Diese Verschiebungen mögen für Personen unserer Untersuchungsgruppe mit dazu beigetragen haben, daß sich frühere Stigmatisierungen nicht nachteilig auf das Selbstbild ausgewirkt haben (s. dazu Kap 6.3.).

Wir haben im Interview eine Reihe von Themen angesprochen, die sich auf die Stellung der Interviewten in der Gesellschaft, z.B. auf ihr Ansehen in der Gleichaltrigengruppe und im weiteren Kommunikationsfeld von Schule und Beruf bezogen, sowie auf die Einschätzung der eigenen Lebensentwicklung (begünstigende bzw. benachteiligende Faktoren). Viele Interviewte brachten dabei empfundene Benachteiligungen, Gefühle des Abgelehntseins und der Außenseiterposition zum Ausdruck. (181)

Vermutlich wird es in jeder gesellschaftlichen Gruppe Personen geben, die annehmen, nicht die ihrer Meinung nach richtigen Entwicklungsmöglichkeiten gehabt zu haben. (182) In einer von Stigmatisierung betroffenen Gruppe müßte diese Personenzahl größer sein, weil die objektiven Bedingungen um vieles schlechter waren, und es müßte sich eine Beziehung zur Stigmatisierung zeigen, wenn das Stigma die davon betroffene Person "erreicht" hat.

Für die nun folgende Analyse dieses Zusammenhangs bleiben wir bei der in Tabelle 43 vorgenommenen Einteilung in pp-Stigma, US-Stigma und beide Stigmaarten, weil wir außer auf die bestehenden Unterschiede zwischen Stigmatisierten (37%) und Nichtstigmatisierten (63%) auch auf regelhafte Unterschiede zwischen den einzelnen Stigmaarten aufmerksam machen wollen.

6.2.1. Stigma und Außenseiterrolle

Personen, denen stigmatisierende Eigenschaften zugeschrieben wurden, hatten signifikant häufiger den Eindruck, sich in einer gesellschaftlichen Außenseiterrolle zu befinden. Dementsprechend äußerten Personen, in deren Akten sich keine stigmatisierenden Äußerungen befanden, sehr viel häufiger den Eindruck, sich nicht als Außenseiter in der Gesellschaft zu fühlen oder gefühlt zu haben (s. die Tab 47, Zl 1, Sp 4).

Tabelle 47

Zusammenhang zwischen stigmatisierenden Äußerungen in den Aktenberichten und dem Gefühl des Probanden, Außenseiter gewesen zu sein

(411) Stigmatisierende Äußerungen in den Aktenberichten		(860) Gefühl des Pb, Außenseiter gewesen zu sein			
		ja[1]		nein	
		1	2	3	4
		n	%	n	%
1	keine	6	16,7	21	52,5
2	pp-Stigma	12	33,3	8	20,0
3	US-Stigma	7	19,4	4	10,0
4	beide Stigmaarten	11	30,5	7	17,5
5	Alle[2]	36	99,9	40	100,0

1) starkes Außenseitergefühl
2) zuzügl. leichtes Außenseitergefühl: n = 35 u. nb = 29

Besonders ausgeprägt war das Gefühl bei Personen, die häufiger Stigmatisierungen ausgesetzt waren (s. Zl 4, Sp 2). Überraschend hoch war jedoch in der gesamten Untersuchungspopulation die Gruppe der Personen, die sich als Außenseiter fühlten (64%, s. Var 860). Dabei bezog sich das Gefühl des Außenseiterdaseins auf mehrere Bereiche des gesellschaftlichen Lebens, vor allem auf die Schule, weniger auf die Familie oder die Arbeitsstelle (s. Var 861).

6.2.2. Stigma und Stellung in der Gleichaltrigengruppe

Mit dem Gefühl, Außenseiter zu sein, korrespondiert das Ansehen, das stigmatisierte Personen glaubten, in ihrer Gleichaltrigengruppe als Jugendliche gehabt zu haben (s. Tab 48).
Nicht-Stigmatisierte hielten sich durchaus für beliebt, Stigmatisierte (vor allem Personen mit einem pp-Stigma) für

Tabelle 48

Zusammenhang zwischen stigmatisierenden Äußerungen in den Aktenberichten und dem Grad des Ansehens und der Beliebtheit in der Gleichaltrigengruppe (im Erleben der Probanden)

(411) Stigmatisierende Äußerungen in den Aktenberichten	(857) Grad des Ansehens und der Beliebtheit in der Gleichaltrigengruppe (im Erleben der Pb)					
	hoch bis mittel		niedrig		keine Einschätzung[1]	
	n	%	n	%	n	%
keine	29	46,0	2	12,5	8	25,0
pp-Stigma	15	23,8	6	37,5	8	25,0
US-Stigma	10	15,9	4	25,0	8	25,0
beide Stigmaarten	9	14,3	4	25,0	8	25,0
Alle[2]	63	100,0	16	100,0	32	100,0

1) fühlt sich keiner Gleichaltrigengruppe zugehörig
2) nb = 16

weniger beliebt und von geringerem Ansehen.

6.2.3. Stigma und Abgelehntsein

Ähnlich hoch wie bei den Ergebnissen über die Außenseiterrolle (und in zwei Drittel der Fälle identisch, s. Tab 51 im Anhang 3, Zl 4, Sp 8) ist die Zahl der Personen, die in der Kindheit und im Jugendalter die Erfahrung gemacht haben, in ihrer Familie und der weiteren Umwelt (Schule, Nachbarschaft etc.) abgelehnt worden zu sein (67%, s. Var 876). Unter den Stigmatisierten, die diese Erfahrung im Interview besonders betonten, waren in erhöhter Zahl Personen mit beiden Stigmaarten (s. Tab 49).

Probanden, die sich abgelehnt fühlten, führten dies auf mehrere Gründe zurück, vor allem auf die Tatsache, daß sie in der Heimerziehung gewesen waren, und auf unangenehme persönliche Eigenschaften, die sie sich selbst zuschrieben. Weniger häufig wurden Gründe genannt, die in der Herkunft lagen

Tabelle 49

Zusammenhang zwischen stigmatisierenden Äußerungen in den Aktenberichten und der Erfahrung des Abgelehntwerdens in Familie und/oder Umwelt

(411) Stigmatisierende Äußerungen in den Aktenberichten	(876) Erfahrung des Abgelehntwerdens in Familie und/oder Umwelt					
	keine		ja, schwach		ja, stark	
	n	%	n	%	n	%
keine	21	56,7	16	35,5	4	12,9
pp-Stigma	5	13,5	14	31,1	11	35,5
US-Stigma	4	10,8	9	20,0	6	19,3
beide Stigmaarten	7	18,9	6	13,3	10	32,2
Alle[1)]	37	99,9	45	99,9	31	99,9

1) nb = 17

oder der Kleidung und besonderem Sprachverhalten (s. Var 877).

6.2.4. Stigma und Benachteiligung

Schließlich bezogen wir in die Analyse Gesprächsteile des Interviews mit ein, in denen die Interviewten Gefühle der Benachteiligung, des "Zu-kurz-gekommen-Seins" thematisierten (63%, s. Var 863). Sie glaubten, daß sie bestimmte Chancen nicht hatten, um sich erfolgreicher entwickeln zu können, z.B. weil sie in keiner Familie aufgewachsen waren oder in einer Familie, in der es ökonomische und erzieherische Schwächen gab, oder weil sie zu wenig Förderung in der Schule erfahren oder überhaupt schlechte Startbedingungen gehabt haben. Diese Defizite in ihrem sozialen Umfeld wurden in der Regel von den Interviewten als individuelle Defizite eingeschätzt und nicht als solche, die sie als Angehörige einer bestimmten Sozialgruppe betrafen (s. Var 864). Personen mit dem Gefühl der Benachteiligung sind wiederum zu einem hohen Prozentsatz identisch mit denen, die sich als Außenseiter fühlten, und auch mit denen, die sich abgelehnt fühlten (s. Tab 51 im Anhang 3).

Bevor wir den Zusammenhang zwischen Gefühlen der Benachteiligung und stigmatisierenden Äußerungen darstellen, soll noch einmal darauf hingewiesen werden, daß es sich bei allen Kategorien um retrospektive, subjektive Einschätzungen der Interviewten handelt, die nicht der Realität entsprechen müssen. So wurde von den Codierern z.B. aufgrund der Aktenberichte die Benachteiligung (im Sinne von Chancenverengung) in den einzelnen Fällen eingeschätzt; sie lag deutlich unter der von den Betroffenen empfundenen Benachteiligung (34% : 63%, s. dazu Var 854, 864). Diese Diskrepanz ist vermutlich nicht auf eine falsche Wahrnehmung der Probanden zurückzuführen, sondern auf die selektive Berichtsform, die unzureichende Informationen bietet, um gerade eine solche Einschätzung in einem dem Institutionsziel zuwiderlaufenden Punkt vornehmen zu können. In der Tendenz der Aussagen bestand eine relativ gute Übereinstimmung: Die von den Codierern festgestellte Benachteiligung stimmte in 78% mit der von den Probanden benannten überein; wo von den Interviewten keine Benachteiligung benannt worden war, stellten das in 81% der Fälle auch die Codierer fest (s. dazu Tab 52 im Anhang 3).

Betrachten wir die Ergebnisse zum Zusammenhang zwischen den in den Interviews wahrgenommenen Benachteiligungen und den stigmatisierenden Äußerungen in den Akten anhand der Tab 50.

Tabelle 50

Zusammenhang zwischen stigmatisierenden Äußerungen in den Aktenberichten und dem Gefühl des Probanden der Benachteiligung (im Sinne von Chancenbeschneidung)

(411) Stigmatisierende Äußerungen in den Aktenberichten		(864) Gefühl des Pb der Benachteiligung			
		nicht benachteiligt		benachteiligt	
		1	2	3	4
		n	%	n	%
1	nein	22	53,6	18	26,5
2	ja	19	46,3	50	73,5
3	Alle[1)]	41	99,9	68	100,0

1) nb = 21

Personen ohne Gefühle der Benachteiligung waren häufiger in der Gruppe der Nicht-Stigmatisierten vertreten (Zl 1, Sp 2), dagegen Personen mit Wahrnehmung der Benachteiligung häufiger in der Gruppe der Stigmatisierten (s. Zl 2, Sp 4). Unterschiede in den Stigmaarten ließen sich nicht nachweisen.

Fassen wir noch einmal die Ergebnisse des letzten Kapitels 6.2. zusammen: In einer relativ hohen Anzahl von Aktenberichten fanden sich in der Schul- und Jugendzeit stigmatisierende Äußerungen über die Herkunft des Kindes speziell auf das Vorleben der Mutter bezogen (pp-Stigma) oder allgemeiner auf das asoziale Milieu (US-Stigma) oder auf beide Stigmaarten. Die durchgeführten Interviews mit den inzwischen 25 Jahre alten Probanden wiesen sehr deutlich auf Erlebnisse, Gefühle, Wahrnehmungen usw. hin, die als Benachteiligung und Ablehnung im sozialen Umfeld und als Außenseiterstatus gedeutet werden müssen.

- Personen, bei denen sich stigmatisierende Äußerungen in den Akten fanden, sahen sich häufiger als die Nicht-Stigmatisierten in einer Außenseiterposition. Andererseits gibt es aber sowohl Personen, die nicht stigmatisiert worden waren und sich trotzdem als ausgesprochene Außenseiter sahen (6 von 40), sowie - umgekehrt - Personen, bei denen sich stigmatisierende Äußerungen fanden, die sich aber nie als Außenseiter gefühlt haben (19 von 71).
- Auch das von den Interviewten beschriebene Ansehen in der Gleichaltrigengruppe korreliert mit stigmatisierenden Äußerungen in den Akten: Von den Nicht-Stigmatisierten hatten - bis auf zwei - alle das Gefühl, beliebt in der Gleichaltrigengruppe gewesen zu sein. Von den (insgesamt wenigen) Personen, die ihr Ansehen für niedrig hielten, waren alle - bis auf zwei - stigmatisiert worden.
- In engem Zusammenhang mit dem Gefühl, Außenseiter zu sein (oder gewesen zu sein), stehen Gesprächsäußerungen der Interviewten, auch in der Schul- und Jugendzeit Ablehnung erfahren zu haben. Von allen Nicht-Stigmatisierten glaubten dagegen nur wenige Personen, definitiv abgelehnt worden zu sein (4 von 41), von allen Stigmatisierten fühlten sich nur 16 von 76 nicht abgelehnt.
- Eine schwächere Beziehung bestand zwischen den Formen der sozialen Benachteiligung (Beschneidung von sozialen Chancen) und stigmatisierenden Äußerungen, dennoch: mehr Stigmatisierte als Nicht-Stigmatisierte hatten auch Gefühle der Benachteiligung.

So kann vorläufig gesagt werden, daß offenbar ein Großteil der in den Akten enthaltenen stigmatisierenden Äußerungen entweder nicht handlungsleitend für die sich in der Interaktion mit dem Probanden befindlichen Personen (Sozialarbeiter, Lehrer etc.) gewesen war oder sich über stigmatisierende Interaktionen nicht nachteilig ausgewirkt hat, so daß die

Einstellung der heute erwachsenen Personen davon nicht tangiert bzw. von anderen Erlebnissen geprägt wurde. Andererseits wurde aber auch deutlich, daß Personen, in deren Akten sich häufigere und umfassendere Stigma-Äußerungen fanden, verstärkt Gefühle der Inferiorität äußerten.

Wir wollen zum Schluß des Kapitels 6.2. versuchen, die bisherigen Befunde mittels eines konstruierten Index "Soziale Identität" im Jugendalter der weiteren Analyse zugänglich zu machen (s. dazu auch Kapitel 6.4.)

> Bei der Konstruktion des Index gehen wir von der Annahme aus, daß eine Übereinstimmung von positiver (bzw. negativer) Selbst- und Fremdzuschreibung auf tatsächlich vorhandene Gefühle, Außenseiter etc. gewesen zu sein oder nicht, schließen läßt. Als in diesem Sinne Personen mit positiver sozialer Identität bezeichneten wir solche, die sagten, keine Außenseiterposition gehabt, keine Ablehnungen erfahren zu haben und in deren Akten sich auch keine häufigeren stigmatisierenden Äußerungen fanden (n = 30). Die negative soziale Identität ist dagegen durch folgende Merkmale gekennzeichnet: Bestimmende Gefühle der Außenseiterposition und des Abgelehntseins und häufigere stigmatisierende Äußerungen in den Akten (n = 30). (183)

Mittels des Index und der Bildung von (dichotomen) sozialen Identitäts-Gruppen erscheinen die zuletzt genannten Befunde über den Zusammenhang zwischen Selbst- und Fremdzuschreibung noch eindeutiger: Personen der Gruppe mit negativer sozialer Identität fühlten sich - bis auf drei Probanden - in ihren sozialen Chancen beschnitten und beeinträchtigt; in der gleichen Gruppe war auch der Anteil derer, die glaubten, ein niedriges Ansehen in der Gleichaltrigengruppe gehabt zu haben, hoch (s. dazu im einzelnen die folgende Tab 53).

Es handelt sich also um Personen, deren Umgebung (aus der Sicht der Probanden) offensichtlich negativ auf ihre Bedürfnisse und Lebenserwartungen reagiert hat, so daß diese Personen sich selbst auch "negativ" sahen. Dieser Eindruck verstärkt sich noch, wenn man die Einschätzung der Interviewten über ihren bisherigen Lebensverlauf und Äußerungen, die Rückschlüsse auf den wichtigen kommunikativen Bereich zulassen, mit einbezieht: Bei negativer sozialer Identität war auch der Anteil der mit dem Verlauf ihres bisherigen Lebens Unzufriedenen und mit unbefriedrigenden Sozialbeziehungen groß; dagegen korrespondierte eine positive soziale Identität mit Zufriedenheit über den bisherigen Lebensverlauf und befriedigende Sozialbeziehungen (s. Rubr 3 und 4). Ob bei den mit einer negativen sozialen Identität behafteten Personen auch von einer Veränderung des Selbstbildes aufgrund von Stigmatisierung gesprochen werden kann, muß offen bleiben.

Tabelle 53

Zusammenhang zwischen Einstellungen der Probanden zu bestimmten Lebensituationen und sozialer Identität (Jugendalter)

	Var	Einstellungen zu bestimmten Lebenssituationen	(412) Soziale Identität (Jugendalter)	
			I positiv	II negativ
			30	30
1	864	Gefühl des Pb der Benachteiligung - keine Benachteiligung - Benachteiligung	 18 12	 3 1) 26
2	857	Grad des Ansehens u. der Beliebtheit in der Gleichaltrigengruppe - sehr beliebt - eher nicht so beliebt	 29 1	 18 1) 11
3	479	Soziale Beziehungen - viele befriedigende Kontakte in mehreren sozialen Bereichen - wenige unbefriedigende oder nur flüchtige Kontakte	 21 2) 2	 8 2) 14
4	720	Zufriedenheit mit dem bisherigen Leben - sehr gut - gut - teilweise - nicht	 7 15 8 -	 - 8 12 10

1) nb = 1
2) nb = 7 rsp. 8

6.3. Stigmatisierung und Selbstbild

Bei der im letzten Abschnitt diskutierten "Sozialen Identität" handelt es sich um positive oder negative Selbst- und Fremdzuschreibungen, die sich auf die Kindheit und Jugendzeit des Probanden bezogen und aufgrund der Aktenberichte und Interviews als Konstrukt eingeführt worden waren. Wir bedienten uns dieses Index, weil für diesen Zeitraum kein Selbstbildprofil- oder ähnliches Verfahren angewendet werden konnte. Zum Zeitpunkt des Erwachsenenalters verfügen wir dagegen über einen von Probanden (und zum Vergleich von Studenten) ausgefüllten Selbstbildfragebogen (184), den wir in der folgenden Analyse zum Selbstbild und zur Veränderung des Selbstbildes durch Stigmatisierung einbeziehen wollen.

Die neuere Literatur zur Selbstkonzept-Forschung konzentriert sich auf theoretische Fundierungen der bis jetzt heterogenen Grundpositionen und auf die Klärung methodischer Probleme. (185) Für die hier interessierenden Fragen, vor allem zum Einfluß von Stigmatisierungen auf das Selbstbild und zur Umsetzung der Einstellungen auf das Handeln (welche Handlungsrelevanz kann dem Selbstbild zugesprochen werden?), stehen differenzierte Untersuchungen noch weitgehend aus. Insbesondere wird der zu vermutende generelle Zusammenhang zwischen Stigmatisierungen und Selbstbild kaum thematisiert. (186)

Wir können hier nicht in eine Diskussion der Forschungsergebnisse eintreten, wollen aber für unsere Untersuchung folgendes festhalten:

1. Man kann nach neuerer Forschung nicht mehr von einem stabilen Selbstkonzept ausgehen, d.h. "daß das Individuum im Normalfalle im Zuge des Sozialisationsprozesses ein verhältnismäßig stabiles überdauerndes Selbstkonzept erwirbt". (187) Man nimmt vielmehr an, daß das Selbstkonzept sich nicht nur in der Aufbruchphase des Jugendalters sondern auch im Erwachsenenalter durch unterschiedliche Einflüsse, wie sie in sozialen Interaktionen stattfinden, aber auch durch gesellschaftlichen Wandel und Ereignisse flüchtiger Art, verändert. (188) Es sind also auch Einflüsse der aktuellen Interviewsituation zu berücksichtigen. Befragt nach Ereignissen des Lebensverlaufs fließen auch bei hoher Eigenkontrolle der Interviewer Einschätzungen über Fakten mit in das Gespräch ein, die, aufgegriffen von dem Interviewten, sich im Selbstbild positiv oder negativ niederschlagen mögen. (189)

2. Eine generelle Übereinstimmung zwischen Selbstbild und Handlungsvollzügen war nicht zu erwarten und besteht auch nach neueren Forschungsergebnissen nicht. Offenbar korreliert der Grad der sog. Selbstaufmerksamkeit (hervorgerufen von anderen Personen durch die Beobachtung bestimmter Merkmale) mit dem beobachteten Verhalten. (190) Personen mit höherer Selbstaufmerksamkeit wiederum richten ihr Verhalten auch stärker auf internalisierte Normen aus. Forschungsergebnisse zeigen aber auch, daß "persönliche Probleme, emotionale Zustände und subjektive Entscheidungslagen (...) ein höheres Maß an Einzigartigkeit für das Individuum als inter-

nalisierte soziale Verhaltensnormen (besitzen). Dementsprechend wird selbstzentrierte Aufmerksamkeit dann, wenn ein Individuum solche einzigartigen Zustände und subjektiven Befindlichkeiten durchlebt, diese in ihrer Intensität und Bedeutsamkeit erhöhen, internalisierte Verhaltensregeln hingegen in ihrer Wertung abschwächen." (191)

Für einen Großteil unserer Untersuchungspopulation können wir von erheblichen Schwankungen der Umweltbedingungen und damit von verschiedenen Einflüssen auf die Entstehung des Selbstbildes ausgehen und von der Annahme, daß für das Zustandekommen des Selbstbildes möglicherweise bei dieser Personengruppe internalisierte Verhaltensnormen zurücktreten gegenüber der Bedeutung, die persönliche Probleme und subjektive Befindlichkeiten haben.

Wir berichten im folgenden zunächst über die Ergebnisse zum Selbstbild (Erwachsenen-Alter) und dann über den Vergleich zwischem dem von uns konstruierten Index zur sozialen Identität (Jugend-Alter) und dem Selbstbild, um Aufschlüsse über allgemeine Identitätsveränderungen und Veränderungen in der Beziehung zur Stigmatisierung zu prüfen.

Die erhobenen Selbstbild-Daten (Erw.-Alter) der Probanden entsprachen nicht den Erwartungen und den Ergebnissen, zu denen Soziologen und Sozialpsychologen in ihren Untersuchungen zum Selbstbild bei Personen mit abweichendem Verhalten kommen; (192) es war insgesamt positiv und entsprach dem Selbstbild von Studenten und Studentinnen gleichen Alters. Auf einer Skala von 1 - 7 betrug der Mittelwert bei den Studenten 2,9 Punkte, bei den Probanden insgesamt 2,8 Punkte (s. dazu Schaubild Nr. 1, im Anhang 3). Auch das Selbstbild und das Fremdbild differieren bei beiden Gruppen kaum. Das Idealbild war bei beiden Gruppen deutlich (noch) positiver als das Selbstbild. (193) Da die von Trautner für eine Sekundäranalyse herangezogenen Untersuchungen sich vor allem auf Jugendliche und Gruppen von Straftätern und Delinquenten bezogen, (194) während wir das Selbstbild bei Erwachsenen und zum größten Teil sozial nicht auffälligen Personen erhoben hatten, überrascht das Ergebnis nicht. Dennoch wurden im Vergleich zu den Studenten Unterschiede erwartet, vor allem in der Annahme, daß sich der relativ unterprivilegierte Status unserer Population gegenüber dem der Studenten auch im Selbstbild niederschlagen würde. Solche leichten Unterschiede bestanden nur in den Subskalen, so zeigten z.B. im Bereich kognitiver Funktionen und im Leistungsvermögen Studenten ein positiveres Selbstbild als die Personen unserer Population, im Bereich sozialer Interaktion und moralischer Entwicklung dagegen ein negativeres Selbstbild. Innerhalb der Probandengruppe zeigten sich erwartungsgemäß Unterschiede im Selbstbild zwischen stärker negativer und stärker positiver Ausprägung, die aber angesichts des relativ guten Selbstbildes insgesamt in ihrer Unterscheidungsrelevanz nicht überbewertet werden dürfen.

Ein Vergleich zwischen den "positiven" und "negativen" Selbstbildgruppen (195) und den positiven und negativen Gruppen der sozialen Identität im Jugendalter zeigt keine Übereinstimmung, die Daten weichen erheblich voneinander ab (s. dazu Tab 54).

Tabelle 54

Zusammenhang zwischen sozialer Identität (Jugendalter) und dem Selbstbild (Erwachsenenalter)

(412) Soziale Identität (Jgd.alter)	N		(413) Selbstbild (Erw.alter) positiv 34		mittel 58		negativ 35	
	n	%	n	%	n	%	n	%
I: positiv	30	50,0	9	62,3	17	54,8	4	26,7
II: negativ	30	50,0	5	35,7	14	45,2	11	73,3
Alle	60	100,0	14	100,0	31	100,0	15	100,0

Nur bei neun Personen (von 30) ist die frühere positive soziale Identität auch in dem späteren positiven Selbstbild wiederzufinden, umgekehrt zeigten nur 11 (von 30 Personen) ein durchgehend negatives Selbstbild. (196) Dies entspricht zwar den Erwartungen hinsichtlich einer durchaus möglichen Fluktuation, d.h. einem Wandel des Selbstkonzepts, jedoch bezogen auf Annahmen des labeling approach, die von einem Zusammenhang zwischen erfolgter Stigmatisierung und negativer Selbstzuschreibung ausgehen, war eine größere Übereinstimmung zu erwarten. Diese "Nichtübereinstimmung" kann bedeuten, daß frühere stigmatisierende Äußerungen (in den Akten) und Gefühle sozialer Benachteiligung nicht (wie erwartet) das aktuelle Selbstbild bestimmt haben. Auch wenn man vom Index der "Sozialen Identität" absieht und das Selbstbild (Erw. Alter) direkt mit der Variable "stigmatisierende Äußerungen" (Var 411) korreliert, bleibt das Ergebnis negativ (s. Tab 55).

Dagegen besteht ein enger Zusammenhang zwischen dem Selbstbild (Erw. Alter) und der aktuellen sozialen Situation der Probanden. So war z.B. das Selbstbild positiv, wenn sich die Interviewten auch positiv über ihre heutige soziale Situa-

Tabelle 55

Zusammenhang zwischen stigmatisierenden Äußerungen in den Aktenberichten und dem Selbstbild

(411) Stigmatisierende Äußerungen in den Aktenberichten	(413) Selbstbild (Erw.alter)							
	N		positiv 34		mittel 58		negativ 35	
	n	%	n	%	n	%	n	%
keine	39	36,8	10	35,7	20	40,0	9	32,1
pp-Stigma	27	25,5	11	39,3	12	24,0	4	14,3
US-Stigma	19	17,9	2	7,1	10	20,0	7	25,0
beide Stigmaarten	21	19,8	5	17,8	8	16,0	8	28,6
Alle	106	100,0	28	99,9	50	100,0	28	100,0

tion äußerten. (197) Ebenfalls positiv war das Selbstbild, wenn Zufriedenheit über die Arbeitssituation geäußert wurde bzw. negativ, wenn der Interviewte mit seiner Arbeit unzufrieden war (s. Tab 56 im Anhang 3). Dies kann als Beweis dafür angesehen werden, daß die Einstellungen der Probanden, die sich im Selbstbild (Erw. Alter) ausdrücken, nur noch einen lockeren Zusammenhang zu den früheren Lebensbedingungen und Aufwuchsbedingngen in den ersten Lebensjahren aufwiesen (s. Tab 57 im Anhang 3); beides Variablen, die noch mit dem Index "Soziale Identität" in der Jugendzeit positiv korrelierten.

Als wichtigstes Ergebnis bleibt festzuhalten, daß das Selbstbild der von uns untersuchten Personengruppe insgesamt relativ positiv ausfällt und mit dem Selbstbild von einer als Vergleich herangezogenen Gruppe von Studenten identisch ist. Eine Beziehung zwischen der "Sozialen Identität" im Jugendalter und dem späteren Selbstbild ist nicht festzustellen; auch ein Zusammenhang zwischen stigmatisierenden Äußerungen in den Akten und dem Selbstbild (Erw. Alter) zeigt sich nicht. Wir ziehen daraus den Schluß, daß frühere Stigmatisierungen und sich daraus möglicherweise ergebende Außenseiterspositonen und Benachteiligungsgefühle ihre Bedeutung im Erwachsenenalter verlieren bzw. daß andere soziale Ereignisse in den Vordergrund treten und das Selbstbild stärker mitprägen.

6.4. *Auswirkungen einer negativen sozialen Identität (Jugend-Alter) und eines negativen Selbstbildes (Erwachsenen-Alter)*

Im letzten Abschnitt unserer Untersuchung über Annahmen des labeling approach kommen wir nun zu der Frage, ob Zusammenhänge bestehen zwischen einer durch Stigmatisierung veränderten Identität und dem abweichenden Verhalten. Bisher konnten wir Beziehungen zwischen stigmatisierenden Äußerungen und bestimmten Lebensbedingungen von solchen Personen aufzeigen, die stärker als andere der öffentlichen Kontrolle unterlagen durch Heim- und Pflegestellenwechsel, langjährige Betreuung durch Institutionen etc. (s. Kap 6.1.). Außerdem ließ sich nachweisen, daß ein Zusammenhang zwischen stigmatisierenden Äußerungen und der eigenen Einschätzung der sozialen Situation im Jugendalter besteht, d.h., daß auf diese Weise stigmatisierte Personen das Stigma auch wahrnehmen (s. Kap. 6.2.).

Analysen des Untersuchungsmaterials, die sich schließlich mit der Frage beschäftigen, ob ein Zusammenhang zwischen stigmatisierenden Äußerungen und einer (negativen) Veränderung der Identität besteht - eine der wichtigsten Prämissen des labeling approach -, kamen zu dem Ergebnis, daß zwar eine Beziehung zwischen Stigmatisierung und "Sozialer Identität" im Jugendalter besteht, jedoch das im Erwachsenenalter erhobene Selbstbild weder mit Stigmatisierungen noch mit Aussagen über positive oder negative "Soziale Identität" korreliert (s. Kap. 6.3). Hier entstand die aus unserem Material nur indirekt beantwortbare Frage, ob das heutige positive oder negative Selbstbild durch andere Ereignisse als die im labeling approach in bezug auf abweichendes Verhalten angenommenen Stigmatisierungen geprägt worden ist. Die sich mit diesen Fragen beschäftigende Selbstkonzeptforschung kann zur Klärung noch wenig beitragen.

Über den Stellenwert der Selbstbildkonzeption zur Erklärung von (abweichendem) Verhalten bestehen infolge mangelhafter Erforschung und stringenter theoretischer Ableitungen große Unsicherheiten. (198) Die relativ geringe Zahl von Untersuchungen kommt zu unterschiedlichen Ergebnissen und ist überwiegend an Personen im Jugendalter durchgeführt worden. Zur Einordnung unserer Ergebnisse fehlen zum einen Vergleichsdaten, bzw. bleibt der Vergleich beschränkt auf die von uns erhobene "Soziale Identität" im Jugendalter; zum anderen erscheint angesichts der generellen Unsicherheit in der wissenschaftlichen Diskussion über die Bedeutung des Selbstbildes eine vorsichtige Einschätzung der von uns gewonnenen Befunde angebracht. Es ist außerdem zu berücksichtigen, daß ein - bis dahin undiskutierte Inhalte des Lebensverlaufes thematisierendes - Interview Abwehr-, Verdrängungs- und Legitimationsmechanismen beim Interviewten wachruft, die sich auch im Selbstbild niederschlagen können. Wir werden deshalb nicht nur Beziehungen zwischen dem Selbstbild im Erwachsenenalter und früherem oder heutigem abweichendem Verhalten und andere dafür relevante Sozialdaten betrachten, sondern auch den von uns konstruierten Index über die "Soziale Identität" der Probanden im Jugendalter mit einbeziehen.

Wir greifen für die nun folgenden Analysen auf Ergebnisse zur Auffälligkeit im Sozialverhalten zurück, die wir unter anderen Gesichtspunkten bereits in Kapitel 5.3. behandelt haben, und auf solche Daten, die Aussagen über die soziale Kommunikation der Probanden und ihren Status in der Gleichaltrigengruppe zulassen (s. Kap. 5.2.).

6.4.1. Auffälliges Sozialverhalten im Jugendalter und "Soziale Identität" der Probanden im Jugendalter

Aus der gesamten Untersuchungspopulation zeigte eine relativ große Gruppe während der Schul- und Jugendzeit Auffälligkeiten im Sozialverhalten: Bei 40% der Probanden im Alter von 16 Jahren resp. 34% im Alter von 12 Jahren waren solche Auffälligkeiten in den Akten verzeichnet (s. Var 624-626). Darunter waren vor allem bestimmte Formen des Weglaufens und des Umherstreunens, Formen aggressiver Handlungen, kriminelle Handlungen (zumeist Eigentumsdelikte, Sachbeschädigung etc.), Alkohol-, Tabletten- und Drogenabusus. Wie aus der folgenden Tabelle 58 ersichtlich ist, besteht offensichtlich kein Zusammenhang zwischen den Verhaltensauffälligkeiten im Schul- und Jugendalter und der "Sozialen Identität" im Jugendalter.

Trautner fand in seiner Sekundäranalyse empirischer Befunde zum Selbstbild und abweichendem Verhalten sowohl Untersuchungen, in denen Delinquente weniger positive Selbstbilder hatten als Nicht-Delinquente, (199) als auch solche (darunter eine eigene Untersuchung), in denen Delinquente keine negativeren Selbstbilder hatten als Nicht-Delinquente. (200) Er weist bei der Nennung von Gründen für die unterschiedlichen Ergebnisse auf die Methodenabhängigkeit der Befunde hin, die hier aber wegen der anders gelagerten Datenbasis und der von uns als Meßinstrument benutzten Indexbildung nicht diskutiert werden kann. (201)

So bleibt zu fragen, welche Bedeutung den in den Akten genannten Verhaltensauffälligkeiten beigemessen werden kann. Die Ergebnisse über die leichteren und nur punktuell aufgetretenen Verhaltensauffälligkeiten im Schul- und Jugendalter im Zusammenhang mit der späteren sozialen Einordnung weisen bereits auf den peripheren Charakter dieser Auffälligkeiten hin (s. Kap. 5.3.2. und Tab 35, sowie Tab 40 im Anhang 3, Rubr 15-17). (202) Außerdem gehört ein Teil der in den Akten registrierten Verhaltensauffälligkeiten (203) in den Bereich der Auseinandersetzung des Jugendlichen mit den Normen und Erwartungen der Erwachsenenwelt, die abklingen, wenn der Ju-

Tabelle 58

Zusammenhang zwischen Verhaltensauffälligkeiten im Jugendalter und sozialer Identität im Jugendalter

	Var	Verhaltensauffälligkeiten im Jugendalter			(412) Soziale Identität (Jgd.alter)			
			N		I positiv		II negativ	
			60		30		30	
			n	%	n	%	n	%
1	674	Weglaufen oder Umherstreunen						
		- ja	7	11,7	3	10,0	4	13,3
		- nein	53	88,3	27	90,0	26	86,7
2	657	Alkohol-, Drogen- o. Tablettenabhängigkeit						
		- ja	8	13,3	3	10,0	5	16,7
		- nein	52	86,7	27	90,0	25	83,3
3	679	Agressivität						
		- ja, leicht bis mittel			2		4	
		- ja, schwer	20	33,3	6 [8]	26,7	8 [12]	40,0
		- nein	40	66,7	22	73,3	18	60,0
4	666	Kriminalität						
		- leicht			5		5	
		- mittel bis schwer	17	28,3	2 [7]	23,3	5 [10]	33,3
		- nein	43	71,7	23	76,7	20	66,7
5	626	Dominierende Verhaltensstörungen						
		- neurotische Symptome			1		2	
		- Verhaltensauffälligkeiten	25 1)	42,4	9 [10]	33,3	13 [15]	51,7
		- keine	34	57,6	20	66,7	14	48,3
6	656 a	Verhaltensauffälligkeiten insgesamt zwischen 8 u. 16 Jahren						
		- eine			4		5	
		- 2 u. mehr	27 1)	45,8	7 [11]	37,9	11 [16]	53,3
		- keine	32	54,2	18	62,1	14	46,7

1) nb = 1

gendliche diese Phase überwunden hat. Darauf weist u.a. Brauneck besonders hin. (204) Das heißt aber auch, daß selbst bei Stigmatisierung solcher Handlungen es nicht wahrscheinlich ist, daß die sich ausbildende "Soziale Identität" davon tangiert wird. Wichtiger scheint für Jugendliche beim Ablösungsprozeß aus der Familie die Akzeptanz in der Gleichaltrigengruppe zu sein.

Wir konnten von unserem Material her nur generell, also unter systematischem und nicht unter zeitlichem Aspekt nach Beziehungen fragen. Ein Teil der von Trautner genannten Untersuchungen (205) ist entweder von einem dem abweichenden Verhalten vorausgehenden negativen oder positiven Selbstbild oder von einem durch abweichendes Verhalten und Stigmatisierung veränderten Selbstbild ausgegangen. In Verlaufsanalysen dürfte es nur über eine qualitative Analyse gelingen, im Einzelfall den von Quensel (206) idealtypisch beschriebenen "Aufschaukelungsprozeß" herauszuarbeiten und zu beweisen. In unserer quantitativen Analyse waren solche Stigmatisierungen, die einsetzten, bevor es zu Verhaltensstörungen kam, und Stigmatisierungen anläßlich von aufgetretenen "Schwierigkeiten", nicht ohne unvertretbare Aufsplitterung des Materials zu trennen.

Fragen wir nach dem Zusammenhang zwischen "Sozialer Identität" im Jugendalter und abweichendem Verhalten im Erwachsenenalter, ergibt sich die Richtung bereits aus der zeitlichen Distanz. Insgesamt hat sich die Zahl der Personen mit abweichendem Verhalten im Erwachsenenalter gegenüber dem Jugendalter nicht wesentlich erhöht (rd. 45% : 40%, s. Var 656 und 624 - 626). Die Korrelation zwischen "Sozialer Identität" im Jugendalter und abweichendem Verhalten im Erwachsenenalter zeigt einen positiven Trend, ist aber nicht signifikant ausgeprägt: Personen mit Alkohol-, Drogen- oder Tablettensucht, aggressivem und/oder kriminellem Verhalten und häufigeren Auffälligkeiten finden sich vermehrt in der Gruppe mit einer negativen "Sozialer Identität", Personen ohne Auffälligkeiten in der Gruppe mit positiver "Sozialer Identität" (s. Tab 59 im Anhang 3). Daraus kann zwar gefolgert werden, daß diese kleine Gruppe - mit gröberen Verhaltensauffälligkeiten im Erwachsenenalter - sich bereits im Jugendalter "negativer" sah als andere und häufiger stigmatisiert worden war, aber weitere Beweise (im Sinne einer "Karriere") lassen sich nicht finden: Das Selbstbild dieser Gruppe im Erwachsenenalter ist sowohl positiv als auch negativ geprägt. Auch von einer Gruppe von Personen, die durchgehend (im Jugend- wie auch im Erwachsenenalter) eine negative Selbsteinschätzung hatten, war die Hälfte durchaus sozial integriert.

6.4.2. Abweichendes Verhalten im Erwachsenenalter und Selbstbild

Der jetzt beschriebene Trend in der Beziehung zwischen "Sozialer Identität" (im Jgd. Alter) und abweichendem Verhalten im Erwachsenenalter setzt sich fort, wenn man den Zusammenhang zwischen Selbstbild und abweichendem Verhalten untersucht. Hier ist die Korrelation signifikant positiv bei auffälligem Sozialverhalten, z.B. Alkohol-, Drogen- oder Tablettensucht (s. die Tab 60, Rubr 2), oder aggressivem Verhalten (Rubr 3).

Damit stabilisiert sich der Eindruck, die gegenwärtige Situation der Probanden definiere das Selbstbild in stärkerem Maße als frühere soziale Situationen und Verhaltensformen. (207)

So muß noch einmal daran erinnert werden, daß sich beim Selbstbild im Erwachsenenalter kein Zusammenhang zu früheren stigmatisierenden Äußerungen in den Akten zeigte und auch keine Beziehung zum Index "Soziale Identität" im Jugendalter. Die Variable Selbstbild korreliert auch nicht mit den für die "Soziale Identität" relevanten Daten aus der Kindheit (s. Tab 53 im Anhang 3, Var 477 und 640). Wichtig ist auch der negative Befund über den Zusammenhang zwischen Selbstbild und Verhaltensauffälligkeiten im Schul- und Jugendalter; d.h. frühere Auffälligkeiten (und die darauf möglicherweise erfolgte Stigmatisierung) prägen nicht das Selbstbild im Erwachsenenalter. (208)

Dagegen zeigte sich ein weiterer positiver Zusammenhang zwischen der Art der sozialen Beziehung zum Zeitpunkt der Untersuchung: Personen mit vielen befriedigenden sozialen Kontakten hatten auch ein überwiegend positives Selbstbild (s. Tab 60, Rubr 7); Personen, die über keine Kontakte oder nur solche flüchtiger Art verfügten, hatten ein stärker negativ ausgeprägtes Selbstbild. (209)

Fassen wir die Ergebnisse noch einmal zusammen:

1. Nach den Befunden unseres Materials verstärkt sich der Eindruck, als bestünde kein Zusammenhang zwischen den in den Akten sich befindenden stigmatisierenden Äußerungen und der "Sozialen Identität" (im Jgd.Alter) sowie dem im Erwachsenenalter erhobenen Selbstbild.
2. Diese Unabhängigkeit des Selbstbildes von früheren Lebensbedingungen und Einstellungen läßt vermuten, daß sich zwischen dem Jugendalter und dem Erwachsenenalter für die Probanden durch das Herausgehen aus der Familie oder dem Heim und dem Hineingehen in eine eigene Bezugsgruppe veränderte Lebenssituationen ergeben haben, die das Selbstbild stärker prägen als Erfahrungen aus früheren Lebensabschnitten. Diese Annahme steht im Einklang

Tabelle 60

Zusammenhang zwischen auffälligem Sozialverhalten[1], negativen Sozialbeziehungen im Erwachsenenalter und dem Selbstbild

	Var	Auffälliges Sozialverhalten; negative Sozialbeziehungen	N[2]		(413) Selbstbild (Erw.alter) positiv		mittel		negativ	
			127		34		58		35	
			n	%	n	%	n	%	n	%
1	660	Unfähigkeit, einen Arbeitsplatz zu halten								
		- ja	12	11,4	2	6,2	5	11,9	5	6,1
		- nein	93	88,6	30	93,8	37	88,1	26	83,9
2	658	Alkohol-, Drogen- und Tablettenabhängigkeit								
		- ja	27	21,8	6	17,1	8	14,5	13	38,2
		- nein	97	78,2	29	82,8	47	85,5	21	61,8
3	708	Aggressivität								
		- ja	16	13,8	1	2,8	6	13,3	9	25,7
		- nein	100	86,2	35	97,2	39	86,7	26	74,3
4	667	Kriminalität								
		- ja	22	16,9	5	14,7	8	13,5	9	24,3
		- nein	108	83,1	29	85,3	51	86,5	28	75,7
5	670/671	HwG/Prostitution oder Strichjunge								
		- ja	11	8,5	1	2,8	5	8,8	5	13,9
		- nein	118	91,5	35	97,2	52	91,2	31	86,1
6	656 b	Verhaltensauffälligkeiten insgesamt zwischen 16. u. 23./25. Lj								
		- keine	69	55,2	22	64,7	36	64,3	11	31,4
		- eine	27	21,6	8	23,5	9	16,1	10	28,6
		- mehrere	29	23,2	4	11,8	11	19,6	14	40,0
7	479	Soziale Beziehun-en z. Zeitpunkt der Zweiten Untersuchung								
		- wenige unbefriedigende o. nur flüchtige Kontakte	32	28,8	5	16,7	15	28,8	12	41,4
		- wenige befriedigende Kontakte	26	23,4	7	23,3	11	21,2	8	27,6
		- viele befriedigende Kontakte in mehreren sozialen Bereichen	53	47,7	18	60,0	26	50,0	9	31,0

1) s. auch Tab 38

mit jüngeren Selbstkonzept-Theorien, die von einem fluktuierenden und wandelbaren Selbstbild ausgehen.

3. Auch wenn eine positive Korrelation zwischen negativem Selbstbild und abweichendem Verhalten im Erwachsenenalter angenommen werden kann, ist nicht zu übersehen, daß eine große Gruppe von Personen mit positivem Selbstbild sich abweichend verhält und umgekehrt.

Wir verstehen die Ergebnisse unserer Überprüfung einiger Annahmen des labeling approach, insbesondere des postulierten Zusammenhangs zwischen Stigmatisierungen, (verändertem) Selbstbild und abweichendem Verhalten aufgrund der im Datenmaterial liegenden Einschränkungen als vorläufig. Sie bedürfen in eigens darauf abstellenden Untersuchungen der Überprüfung. Jedoch im Rahmen unserer longitudinalen sozialisationstheoretischen Studie sind sie von Bedeutung. Sie zeigen an einer Gruppe von Kindern, die bei ihrer Geburt extrem unterprivilegierte Lebensbedingungen vorfand, daß bei einer positiven Veränderung dieser Aufwuchsbedingungen Auswirkungen früherer Stigmatisierungen und darauf basierende negative Einschätzungen abgebaut werden können.

III. Das Herkunftsthema im Sozialisationsverlauf

von Peter von Rönn

1. Protokoll eines Interviewausschnitts

Zum Zwecke nachfolgender Analyse wird exemplarisch ein Interviewausschnitt vorgeführt, der den Umgang mit dem Herkunftsthema in einer Pflegefamilie zum Inhalt hat. Der Text soll anschließend mit Hilfe von Verfahren einer qualitativen Methodologie interpretiert werden. Intendiert ist dabei eine gegenüber quantitativen Auswertungsmethoden differenziertere Behandlung derjenigen sozialpsychologischen Mechanismen, die in dieser Untersuchungsgruppe wirksam werden. Die Interpretation müßte um weitere Beispiele ergänzt werden, um das Gemeinsame in der Behandlung und Verarbeitung des Herkunftsthemas bei unterschiedlichen Sozialisationsverläufen herauszuarbeiten.

Frage:
War es eigentlich mal zu irgendeinem Zeitpunkt so, daß sie sich ein anderes Zuhause gewünscht hätten, als Sie mal so'n bißchen unglücklich waren?
Antwort:
*Ich hatte mit dem Gedanken gespielt, als meine Eltern mich adoptierten.**
F: Ja, wann war das denn?
A: Das war in der Lehrzeit mit 17, '71 muß das gewesen sein, und da mußten wir ja zur Schnellstraße, Lange Schnellstraße, zum Vormundschaftsgericht oder was das da ist, und haben das alles aufgenommen, und dann hatte ich ja auch gehört, was meine Mutter ist und daß sie wieder verheiratet ist, und da spielte ich mit dem Gedanken, hinzugehen und mal guten Tag zu sagen. Wo ich merkte, daß es meinen Pflegeeltern, oder bzw. da ja Adoptiveltern reichlich weh tat. Wo ich mir

* Der Text wurde an wenigen Stellen zur Wahrung der Anonymität geändert.

nach reichlicher Überlegung bzw. mit Besprechung meiner Fürsorgerin - wo ich sie gefragt hab', was sie davon hält, weil ich noch nicht so 'ne Meinung darüber hatte, und weil ich meinte, mit meiner Mutter könnte ich nicht darüber sprechen, und wo die dann sagte, Mädchen, also weißt du, so und so ist das. Daß sie sagte, die Frau ist wieder verheiratet, hat wieder Kinder, und wenn du da ankommst, vielleicht findest du es gut, vielleicht findest du es schlecht. Aber überleg auch mal, was machst du dabei bei dir zuhause kaputt. Wo ich das zuerst gar nicht begreifen wollte. Aber nachher hab' ich mir auch gedacht; Gehen wir davon aus, hab' ich immer gesagt, daß die Frau in asozialen Verhältnissen lebt, gehen wir davon aus. Ich würde da nicht hingehen, ich würde da wirklich nicht hingehen in dem Moment. Wenn sie mich auch mit Kußhand nehmen würde, natürlich weil ich ja eine Lehre hatte und Geld insofern, würde sie mich ja mit Kußhand nehmen. Aber davon habe ich ja nichts und habe denen mehr zu verdanken, hab' ein Elternhause, Elternzuhause, - na ganz langsam - Elternhaus, das praktisch harmonisch war, ne.

F: Also waren Sie auch dankbar, daß es so kam?

A: Ich hätte ja ein Heimkind werden können. Und wenn ich ein Heimkind werde oder gewesen wäre, dann hätte ich diesen Punkt, den ich heute hab', hätte ich vielleicht noch nicht, vielleicht schon ... Es kommt immer darauf an, wie man sich unterbuttern - unterbuddeln läßt im Heim und so, ne. Wo man dann so die Mißstände so sieht und so, dann gehe ich von dem Schlechtesten aus.

F: Und hätten Sie dann einen Punkt gehabt, der nicht so gut gelaufen wäre, wenn Sie nicht zu den Pflegeeltern gekommen wären?

A: Vor allen Dingen, weil sie sich ein Kind gewünscht hatten, da war ich erwünscht. Woanders war ich nicht erwünscht. Ich wurde zwar gezeugt, aber ich war nicht erwünscht.

F: Haben Sie es so empfunden, auch?

A: Erwünscht ja und nicht erwünscht. Aber wiederum habe ich auch nachher so gedacht, geldlich gesehen standen die vielleicht auf einem ganz anderen Punkt, vielleicht auch lebensmäßig, also berufsmäßig. Ich weiß damals nicht die Verhältnisse, '54 wie es da ungefähr war, bei meinen richtigen Eltern und so. Ich bin dann immer schon davon ausgegangen, vielleicht war sie auch eine Prostituierte.

F: Wie sind Sie darauf gekommen?

A: Weil meine Mutter mir damals sagte, meine Pflegemutter sagte zu mir, sie hätte vor mir und *nachher Kinder gehabt und die wären alle immer im Heim gewesen. Und da war mir igendwie so'n Licht aufgegangen, eine Kerze zündete sich an, wo ich dann sagte, vielleicht ist sie das. Ich will das nicht abwerten, jeder hat seinen Beruf, und wenn sie damit Geld machen konnte, dann bitte. Zu diesem Zeitpunkt vielleicht ja noch gutes Geld. Bloß in dem Moment gab es damals genausogut Verhütungsmittel wie heutzutage. Und da jedesmal Kinder in die Welt zu setzen, das finde ich schon ein bißchen hart, aber ich verurteile das nicht, ich akzeptiere es. Ich nehme es hin. Weil ich nicht die Probleme genau weiß zu dem Zeitpunkt. Ich gehe davon aus, was ich vermute jetzt.*

F: Haben Sie mit Ihrer Pflegemutter auch darüber gesprochen? Auch daß sie vielleicht Prostitutierte gewesen ist?

A: Nee. Da kann man nicht mir ihr darüber sprechen. Das sind Themen, die sind tabu für sie.

F: Haben Sie bei der Jugendbehörde mal nachgefragt, vielleicht wissen die irgendwas darüber?

A: Ja, diese Frau Sachs, die war sehr nett. Ich hatte denn auch so gefragt, wie ist es denn da und so. Ja, sagt sie, wie es denn so ist in einer Arbeiterfamilie. Sag ich, ja, ich bin ja auch ein Arbeiterkind insofern. Ja, sagt sie, aber der Mann kommt dann freitags nach Hause und ist stinkbesoffen und so. Und das sind dann schon so Punkte, wo ich mich langsam in mein Schneckenhaus zurückziehe.

F: Haben Sie denn mal nachgefragt, was früher war mit Ihrer Mutter?

A: Das konnte diese Frau Sachs mir auch nicht sagen, weil sie erst kurz ... ich weiß nicht. In Elsdorf wohnten ja meine Pflegeeltern und da muß sie auch gewohnt haben, die Mutter von mir. Und wie das da alles gelaufen ist, hat mich auch gar nicht mehr so interessiert, weil ich mir sagte, du machst dir da etwas mit kaputt. Zuerst hat es mich natürlich interessiert, das ist klar, man muß ja wissen so in etwa, was da los war und so, ne. Aber mir kam dann immer mehr der Gedanke, wie ich dann selber ein Kind bekam, hättest du es vielleicht auch so gemacht? Und ich bin davon ausgegangen, nee, warum?

F: Was meinen sie mit so gemacht?

A: Hättest du dein Kind auch weggegeben? Ich habe mir immer gesagt, das Kind hätte es genauso gut haben können bei Pflegeeltern wie bei der leiblichen Mutter, aber ich bin ja noch jung und ich weiß nicht wie alt damals meine Mutter war. Das weiß ich ja alles nicht. Wenn sie vorher Kinder hatte und nachher Kinder hatte und wieviel Kinder sie hatte, das weiß ich alles nicht. Meine Mutter sagt jedenfalls, zwei Hände voll soll es gewesen sein. Nun weiß ich nicht, vielleicht macht sie sie auch schlecht, und das hat mich auch zum Schluß gar nicht mehr interessiert, denn ich war ja insofern zufrieden mit meinem Elternpaar, was ich hatte.

F: Das war ja auch Ihr richtiges Zuhause?

A: Ich war ja so verstört, wie ich das mit zwölf wußte, durch die Pockenimpfung herausbekam, daß da nicht Ladiges drinne stand, sondern Erdmann.

F: Sie wußten bis dahin nicht, daß Sie ein Pflegekind waren?

A: Nee, das kam nur einmal zur Äußerung, da hatte mein Vater Krach mit 'ner Tante und die stellte sich ins Treppenhaus hin und sagte: Sybille ist ja doch nicht euer Kind. Da hab' ich erstmal gestutzt. Und da hab' ich erstmal gefragt, und dann sagte meine Mutter, nein, du bist unser Kind und du bleibst unser Kind. Und das war so'n ausschlaggebender Satz für mich, der prägte sich so richtig rein, und als ich dann mit zwölf in der Schule gegen Pocken geimpft wurde, da stutzte ich immer über meinen Impfschein, den alten da von der Geburt.

F: Sie liefen auch in der Schule unter dem Namen Ladiges?

A: Ja, das hatte sie mit dem Schulleiter besprochen, daß sie das Kind in Pflege genommen hätten, aber sie möchte doch, daß das Kind Ladiges hier genannt wird. Und dadurch bin ich ja nie darüber gefallen. Ich konnte ja nicht eingucken in die Papiere, das war ja alles unter Verschluß. Und wie ich das dann feststellte, bin ich ja nach Hause gekommen und hab' sie gefragt, warum denn da Erdmann steht, ich heiße doch Ladiges. Nein, sagt sie, du heißt nicht Ladiges. Und da ging mir ja die Muffe eins zu tausend. Da war aus, da hab' ich gedacht, jetzt bricht alles zusammen, so ungefähr. Und da hat sie mir dann eben gesagt, daß ich zehn Tage alt war und dann zu ihnen da hinkam und daß ich von einer anderen Mutter wäre. Da hat sie es mir so richtig lieb erzählt. Da hab' ich meine Mutter gar nicht wiedererkannt. In dem Moment wollte sie mir gar nicht weh tun und hat mir das ja alles so ganz lieb erzählt, und das war auch so ganz nett und daraufhin hab' ich mir auch gesagt, halt stop, das kann doch gar keine schlechte Frau sein, insofern, und deshalb verstehe ich auch die ganzen Fehler, die sie damals bei mir in der Erziehung gemacht hat. Denn da war sie in dem Moment so lieb und nett, da hab'ich sie kaum wiedererkannt.

F: *Zuerst war es ein Schock, sagten Sie vorhin. Was haben Sie sich gedacht, als Sie das gelesen haben und dann erfahren haben, daß Sie nicht das richtige Kind waren?*

A: *Ich weiß nicht, man fühlt sich auf einmal so alleine vielleicht, so verlassen praktisch. Obwohl da jemand sitzt und gut auf Sie einredet und so, ne. Aber irgendwie fühlte man sich so, als wenn man, - wenn man auch da 20 Jahre oder 10 Jahre drinne gewohnt hat in der Wohnung und alles - man fühlte sich auf einmal nicht mehr da ... hinein, und das Zimmer paßte einem nicht mehr. Praktisch wollte man richtig raus da, und ich weiß nicht, irgendwie war mir das einfach alles so kalt im ersten Moment, so'n kalter Schauer, so trostlos. Es war ein Knacks ganz gewiß, das war ein richtiger Sprung in der Schüssel, wie ich das hörte.*

F: *Wie sind Sie dann damit fertig geworden?*

A: *Wie ich damit fertig geworden bin? Ich glaube, ich hab' das dann auf die leichte Schulter genommen, hab' mich zwar bemüht und wollte gern wissen, wer meine Eltern nun wirklich sind und so, und hab' dann auch ab und zu mal nachgefragt, warum sie das gemacht hätten. Denn es muß ja irgendwo ein Grund gewesen sein. Wo meine Mutter mir dann sagte, daß sie schon ein Kind gehabt hätten und das mit sechs Jahren gestorben wäre an einer Blutübertragung, die verkehrt gelaufen war.*

F: *Und sie wollten dann gern wieder ein Kind?*

A: *... gerne wieder ein Kind und, da sie sich, meine Mutter war 42, wie ich, glaube ich, zu ihr kam, ja stimmt, 42, in dem Moment war sie, fühlte sie sich schon irgendwie, glaube ich, oder ich weiß es nicht, ob schon die Wechseljahre - jedenfalls sagte sie damals, sie wollte ja auch was Gutes tun. Und wie ich das dann auch noch hörte, daß sie was Gutes tun wollte - und sie hat ja was Gutes getan, indem sie ein Kind genommen hat, daß ihr völlig fremd war, hätt' ja auch schiefgehen können alles -, und, da hab' ich irgendwie das Gefühl gehabt, daß es doch Idealeltern sind, obwohl sie praktisch nur Oma - Tochter-Verhältnis war, eigentlich, ne.*

F: *Sie haben es dann auch als gut empfunden, daß die Eltern sich dann auch so für Sie eingesetzt hatten, und dadurch war es leichter für Sie.*

A: *Ja, vor allen Dingen war das meine Mutter, so wie sie mir das damals erzählt hatte, mein Vater wußte von Tuten und Blasen gar nichts, so ungefähr, sie hatte in der Nachbarschaft gehört, daß da ein*

Kind zur Welt kommt, oder irgendwie sowas hat sie da gehört, und das wollte sie unbedingt haben. Ob ich nun ein Junge oder Mädchen gewesen wäre, das wäre ihr egal gewesen in dem Moment. Hauptsache ein Kind. Und als es dann soweit war, da mußten sie noch Papiere unterschreiben. Die ganze Verwandtschaft hat da nichts von gewußt. Bis sie dann ein' Tag mit einem Kinderwagen bei ihrer Mutter da ankam und bei ihrem Vater und umgekehrt, genauso bei ihren Schwiegereltern, und da lag ich dann drinne. Und ich wurde gleich von allen Leuten akzeptiert, das war das Schöne vielleicht daran, wie sie mir das erzählt hatte. Daß da gar nicht erst lange rumgewirbelt wurde und daß da jemand schlecht gesprochen hat, daß jeder das verstand, daß meine Eltern ein Kind haben wollten. Und daß ich praktisch wie eine Püppi aufgezogen worden bin, so von den Kinderbildern her gesehen.

F: *Sind Sie auch so verwöhnt worden und so?*

A: *Ja, als kleines Mädchen bestimmt, denn so Locken und Strickröckchen an und dann Spitzenhöschen raus und 'ne Schleife ins Haar und im Korbwagen. So richtig wie Püppi praktisch, ne.*

F: *Und als Sie es nun erfahren hatten, hat es noch länger gedauert, bis Sie sich damit beschäftigt haben, daß Sie nicht das leibliche Kind waren?*

A: *Ja doch. Was ich einmal gelernt habe, Mama und Papa zu sagen, das konnte ich nicht auf einmal wieder umschmeißen. Und das blieb, das blieb immer. Obwohl ich im ersten Moment, beim ersten Mal wieder sagen: Mama, da mußte ich schlucken. Aber dieser Schluck hat gut getan insofern, ne. Da konnte ich, wie ich das wieder sagen konnte auf einmal: Mama, da ging es auch, also ...*

F: *Also haben Sie es irgendwie bewältigen können?*

A: *Ja, ich sag ja, so, praktisch so'n Lebenskünstler war man denn schon in der Beziehung, wenn man so etwas schon durchgemacht hat. Dadurch bin ich auch mit den Problemen mit meinem Kind vielleicht so gut fertig geworden. Überhaupt mit so Problemen, denn wenn Probleme sind, in unserem Bekanntenkreis, die Leute kommen zu mir. Ich weiß nicht warum.*

F: *Wie war es denn bei Ihnen selbst? Wenn Sie mal Probleme hatten oder Problemchen als Kind oder Jugendlicher, zu wem sind Sie dann gegangen?*

A: *Ich hab' keinen gehabt.*

F: *Auch mit Ihrer Mutter nicht?*

A: *Nee, ich konnte mit meiner Mutter über Probleme nicht sprechen. Sonst wäre ich ja gleich zu ihr gegangen und hätte gesagt, du, ich glaube, ich bin schwanger, da müssen wir was tun. Ich bin eigentlich so'n Mensch, der denkt über seine Probleme selber nach und wiegt das Gute und das Schlechte ab. Ich sehe es immer von zwei Seiten, immer. Das ist vielleicht mein Vorteil, - wenn ein Mensch selber von sich sagt, er sieht es nur von einer Seite und so: Ich sehe es meistens doch von zwei Seiten. Mein Mann denkt auch immer nur geradeaus, so ungefähr. Und dadurch komme ich eigentlich am besten mit meinen Problemen selber klar. Bloß wenn ich jetzt so davon ausgehe, manchmal habe ich mich dann schon mal einer Freundin oder diesen Mädchen anvertraut, versucht zumindestens. Aber wenn es nicht ging irgendwie, wenn die lachte oder was weiß ich, dann hab' ich mich sofort zurückgezogen. Ich versuchte es jedenfalls.*

F: Also war manchmal schon das Bedürfnis da?

A: Es war da, aber ich mußte es immer wieder doch vielleicht im Keim ersticken. Aufgrund dessen, weil sich die Leute dann so blöd benommen haben, oder ...

F: Hat es Sie sehr belastet, daß Sie da vielleicht keinen hatten?

A: Heute würde ich sagen nein, vielleicht damals ja, wenn ich gerade in so einer Krise gewesen wäre und sie hätten mich dann angetroffen. Dann vielleicht ja, denn man macht sich ja doch seine Gedanken.

F: Fanden Sie das auch bei anderen Kindern, daß die niemanden hatten, zu dem sie gehen konnten?

A: Ich glaube ja, daß in jedem Elternhaus irgendetwas nicht stimmte; denn bei einem Mädchen weiß ich, daß die Eltern geschieden waren und so, daß die dann auch reichlich Probleme hatten. Und daß die dann auch nicht damit fertig wurden. Das konnte man an den Leistungen in der Schule sehen, daß man denn bergab ging. Das war bei mir eigentlich auch ebenso.

F: Hat es sich auch so ausgewirkt?

A: Doch, es ging auch einmal 'ne Zeit, wo ich dann praktisch nachgelassen hatte. Das blieb irgendwie nicht aus. Irgendwo muß man es dann ja weglassen.

2. Vorbemerkung zur Methode

Der hier wiedergegebene und nachfolgend interpretierte Textausschnitt eines Leitfadeninterviews wurde aus zwei Gründen ausgewählt. Der erste Auswahlschritt erfolgte nach der "Regel der maximalen strukturellen Variation der Perspektiven" (210), d.h. auf den konkreten Anwendungsfall bezogen: In der Gesamtmenge der Interviews lassen sich im Hinblick auf Aufwuchsbedingungen, Verhaltensweisen etc. extrem unterschiedliche Lebensgeschichten identifizieren. Für Zwecke einer möglichst "objektiven" Bestimmung der Struktureigenschaften eines Forschungsgegenstandes ist es nützlich, ihn zunächst "von allen Seiten" zu betrachten, was für den hier vollzogenen Untersuchungsschritt bedeutet, die Auswertungsperspektive durch Auswahl möglichst unterschiedlicher Sozialisationsschicksale zu variieren. Das hier ausgewählte Interviewprotokoll bot sich insbesondere deshalb an, weil es vom Interviewer selbst als "extrem" typisiert wurde. In einer Protokollzusammenfassung merkte der Interviewer an: "Vermutlich ist unter allen von uns untersuchten Kindern S. die einzige, bei der es durch eine Inpflegegabe sofort nach der Geburt und sonstiger günstiger Umstände zu einer völlig normalen Entwicklung kam." Was genau die Konstitutionsbedingungen einer derart qualifizierten Normalität sind und wie vielleicht darüber hinaus dennoch Gemeinsamkeiten mit weniger positiv erlebten Sozialisationsschicksalen in der Untersuchungsgruppe beschaffen sein mögen, sind deshalb mögliche forschungsleitende Fragen der Interpretation.

Aus diesen Überlegungen ergeben sich auch schon zwanglos Kriterien für die Auswahl des zu interpretierenden Textabschnitts innerhalb des Interviewprotokolls. Denn das Problem der Bearbeitung der Herkunft bzw. des Herkunftsmilieu dürfte zentral sowohl für die Konstitution von "Normalität" wie auch für mögliche Gemeinsamkeiten mit anderen Forschungssubjekten der Untersuchungsgruppe sein. Deshalb wurde ein zusammenhängender Textabschnitt gewählt, der genau diese Fragen thematisiert.

Zur Interpretation des nach diesen Überlegungen zugrundegelegten Interviewausschnitts lassen sich vorab Konstrukte sowohl aus dem interpretativen Paradigma wie aus der psychoanalytischen Hermeneutik heranziehen. Beide interessieren sich für die besonderen Konstitutionsbedingungen des Alltagsbewußtseins sowie dessen fragwürdige Stabilität. Wählt man ersteres, so werden Strategien der Normalitätsherstellung im Vordergrund stehen, wählt man das zweite, so steht die Frage an, welche Folgen die spezifische Form des Gelingens oder Nichtgelingens der Thematisierung der Herkunft für das Pflegekind hat. Das Textdokument gibt durch die Methode des Leitfadeninterviews keine zwingende Entscheidung für eine der beiden Theorierichtungen vor, da die interpretative Schule methodisch eher das narrative Interview (211), die psychoanalytische Schule eher eine Form themenzentrierten Interviews (212) bevorzugen würde.

Versucht man einmal, unter gegebenen Materialvoraussetzungen von spezifischen Erkenntnisinteressen abzusehen (etwa Handlungskompetenz vs. Sprachzerstörung, Normalisierung vs. Regression), so bleibt für qualitative Forschung die Frage nach Gemeinsamkeiten aller Forschungssubjekte der Untersuchungsgruppe. Die Auswertungsstrategien zielen dann auf eine Heuristik im Sinne der Entwicklung einer "grounded theory", wie sie von Strauss und Glaser entwickelt wurde. (213) Dabei geht es um das Herausfiltern gegenstandsadäquater Konzepte, die zunächst möglichst materialnah, d.h. auch in kontinuierlicher Interpretation des Textes, entwickelt werden. Allerdings kann man im vorliegenden Fall wohl kaum so tun, als seien die oben genannten Theorien nicht bekannt. Die aufgrund der Auswertung gewonnenen Konzepte und ihre Verknüpfungen werden deshalb in unterschiedlicher "Nähe" zum Material wie zu den genannten Theorierichtungen stehen (bzw. in der Sprache von Glaser und Strauss: schwankend zwischen substantieller und formaler Theorie). Sie können letztere korrigieren bzw. erweitern. Dabei vernachlässige ich zunächst aus pragmatischen Gründen die besondere Kommunikationsstruktur des Leitfadeninterviews und die in diesem Zusammenhang auftretenden Auswertungsprobleme (vgl. C. Hopf) (214). Anzumerken ist noch, daß der Text möglichst vollständig interpretiert wurde, dies um theoretische Vorurteile zu korrigieren und um die im Interview angesprochenen Perspektiven in bezug auf das Thema zu erfassen (vgl. G. Kleining). (215)

3. "Erwünscht ja und nicht erwünscht" - Textinterpretation

Der Text wird eingeleitet mit einem auffälligen Widerspruch: S. "spielte" ausgerechnet zu jenem Zeitpunkt mit dem Gedanken an ein anderes Zuhause, als von seiten der Pflegeeltern eine konsequentere, rechtlich verbindlichere Form von Normalisierungsstrategie ihres Familienmodells eingeleitet wurde. (216) Der Versuch der Normalitätsherstellung per "Adoption" löst bei S. den Wunsch aus, die wiederverheiratete leibliche Mutter kennenlernen zu wollen. Der rechtlichen Setzung von Normalität von seiten der Pflegeeltern versucht S. also, in eigener Interpretation und eigenem Handlungsentwurf mindestens die Möglichkeit eines "natürlichen" Familienmodells entgegenzuhalten. Dieser Versuch aktiver Selbststeuerung begegnet aber einer dreifachen Schranke: den (antizipierten?) Gefühlen der Pflegeeltern (es würde ihnen weh tun), der Unmöglichkeit, den Wunsch gegenüber der Pflegemutter verbalisieren zu können (was allerdings auf Einschränkungen der beanspruchten Normalität im kognitiven und affektiven Bereich hinweist) sowie der selektiven Informationspolitik von seiten der Behörde. Letzteres läßt sich begreifen als institutionelle Abwehr (217) des Wunsches nach "natürlicher" Normalitätserzeugung sowie als Verstärkung der "faktischen" Normalitätssetzung: S. würde mit der Verwirklichung des Wunsches zuhause etwas "kaputt machen".

Für diese Abwehr ihres eigenen Handlungsentwurfs hat S. deutlich keine Erklärung. Sie kann sie also nicht akzeptieren, andererseits aber ihren Entwurf ohne Gefahr des Zerbrechens ihrer biographisch vorgegebenen Alltagswelt auch nicht durchführen. Was folgt, ist eine Demontage des Entwurfs selbst. S. "stellt sich vor", ihre leibliche Mutter könne in asozialen Verhältnissen leben und würde sie deshalb bei ihrer möglichen Rückkehr finanziell ausnutzen. Jetzt steht ihr Entschluß fest: sie würde da nicht hingehen. Der ursprüngliche Wunsch hat sich in sein Gegenteil verkehrt. Dazu waren folgende Schritte nötig: Das gewünschte Objekt erhält einen (sogar gegenüber der in diesem Kontest "neutralen" behördlichen Information) negativen Prädikator ("asoziale Verhältnisse"), der emotionale Bezug wird in eine instrumentelle Konstellation (finanzielle Abhängigkeit) umgedeutet, gleichzeitig können Schuldgefühle gegenüber den signifikanten Anderen abgebaut werden (sie habe den Pflegeeltern mehr zu verdanken) - die Familiensituation läßt sich harmonisieren. Vom äußeren Druck auf die Entscheidung ist nichts mehr zu spüren (ein praktisch harmonisches Elternhaus) - es sei denn, man empfindet die sprachliche Fehlleistung: "Elternhause" über "Elternzuhause" bis "Elternhaus" als unbewußtes Echo auf die Eingangsfrage nach einem gewünschten anderen "Zuhause".

Zu fragen ist schon an dieser Stelle, wie weit im Zusammenhang der Aufdeckung des Problems doppelter Elternschaft Reduktions- bzw. Abwehrmechanismen des Alltagsbewußtseins greifen, dies zunächst im Sinne der Übertragung alltagspraktischer Regeln. (218) In der Terminologie von Leithäuser et al. ließen sich Versuche der Abdichtung ("Ausgrenzung von Themen", "Nivellierung von Widersprüchen") wie der Verschiebung des Bewußtseinshorizonts ("Instrumentalisierung") plausibel machen.

Darüber hinaus finden sich aber Andeutungen für die Erklärung der Entstehung und Funktionsweise derartiger Mechanismen. S. bewegt sich mit ihren Wünschen und Vorstellungen vorübergehend in zwei Bezugsfeldern: der Herkunfts- und der Pflegefamilie. Im Text erfolgt ein auffälliger Wandel der Prädikationen in beiden Bereichen. Bezogen auf die Pflegefamilie strukturiert sich eine aufsteigene Linie: Vom Wunsch nach einem anderen Zuhause über den noch labilen Prädikator des schließlich akzeptierten Eltern(zu)haus(e) zum praktisch harmonischen Elternhaus. Umgekehrt wird aus der leiblichen Mutter, die S. kennenlernen möchte, eine verheiratete Frau, die wieder Kinder hat, und schließlich eine Frau in asozialen Verhältnissen. Diese Veränderungen deuten auf "Manipulationen der Objektrepräsentanzen" (219) hin, wie sie zunächst als Übertragsungsreaktionen im psychoanalytischen Setting als Mechanismus intrapsychischer Angsbewältigung beobachtet wurden. Nun läßt sich aber unter bestimmten Bedingungen auch eine Veränderung von Prädikatoren in kollektiven Settings beobachten. Solche "Sprachzerstörung" hat nach Leithäuser und Volmerg (220) ihren Grund allerdings primär in gesellschaftlichen Faktoren. Aus dem Text läßt sich vermuten, welche Faktoren es sind, die als Bedrohung der Gruppenstabilität empfunden werden und deshalb der Verdrängung unter die Bewußtseinsschranke anheimfallen. Neben dem für Adoptivfamilien allgemein geltenden Problem "doppelter Elternschaft" geht es um die differentia specifica des tabuisierten Herkunftsmilieus der biologischen Mutter. Diese doppelt determinierte Tabuzone ließ S. erkennen, "mit meiner Mutter könnte ich nicht darüber sprechen", über den Wunsch nämlich, ihre leibliche Mutter kennenzulernen. An die Stelle der Thematisierung tritt ein deutlicher Abwehrmechanismus, auf den S. dann schließlich selbst einschwenkt.

Eine weitere, in der Phantasie von S. auftauchende Negativfolie stabilisiert in den folgenden Textpassagen die Sicherheit gewährende Vorstellung des harmonischen Elternhauses. Im reflexiven Rückblick auf die Konstruktionsweise ihrer Aufwuchsbedingungen erscheint nämlich die ihr zugefallene Form der Pflegefamilie keineswegs rational einsehbar, die gesellschaftlichen Bestimmungsmomente, die an die Stelle "natürlicher" Filiation treten, erlangen nicht die gleiche Legitimationskraft, scheinen gar willkürlich. So wäre für S. durchaus auch ein Heimeinweisung vorstellbar gewesen, eine Imagination, die gegenüber anderen denkbaren Aufwuchsmöglichkeiten einen eindeutig negativen Prädikator erhält: "Gehe ich von dem Schlechtesten aus". Hier, so scheint es, läßt sich für die "Manipulation von Objektrepräsentanzen" sogar ein gesellschaftlicher Hintergrund, nämlich die mangelnde Rationalität und Transparenz von Entscheidungsregeln im Hinblick auf sozial hergestellte Aufwuchsbedingungen, angeben. Daß die Pflegefamilie beim Abwägen mit potentiell schlechteren Aufwuchschancen positiver bewertet wird, hindert S. aber nicht an Assoziationen von Abhängigkeit (von externen Entscheidungen) bis hin zur Ohnmacht ("untergebuddelt", "gehe ich von dem Schlechtesten aus").

Wie realistisch eine solche Vorstellung ist, soll hier nicht diskutiert werden (zwei ihrer Halbgeschwister sind tatsächlich ins Heim gekommen). Auffälliger scheint etwas anderes: Dem Setzen externer Schranken gegen den Wunsch, die eigene Mutter kennenzulernen, antwortet S. nun spiegelbildlich mit der Aufrichtung innerer Schranken - durch negative Prädikation alternativ denkbarer Aufwuchsmöglichkeiten (leibliche Familie, Heim) - gegen eine mögliche Verunsicherung des Pflegeverhältnisses. Vom Nachgeben gegenüber möglicherweise konflikterzeugenden Handlungsimpulsen scheint S. jetzt entlastet, allerdings unter Aufgabe ihres ursprüngliches Wunsches.

Wie drängend der Thematisierungswunsch allerdings weiterhin bleibt, zeigt ihre Formulierung: "... da war ich erwünscht. Woanders war ich nicht erwünscht. Ich wurde zwar gezeugt, aber ich war nicht erwünscht." Deutlich sind die Objektrepräsentanzen der Pflegefamilie gegenüber dem zunächst eingeführten Prädikator "praktisch harmonisch" noch weiter ins

Positive verschoben. Ihnen ist die emotionale Qualität des Erwünschtseins hinzugefügt, eine Prädizierung, die sich allerdings nicht auf die aktuelle Situation, sondern auf das vermutete vorvergangene Motiv der Annahme des Kindes bezieht. Die eingangs eingeführte bedrohliche Entstabilisierung der Familienkonstellation im Kontext juristischer Normalisierungsstrategien (Adoption) wird von S. zusätzlich durch Hinzufügen einer emotionalen Dimension aufgefangen. Ihr ursprünglicher Wunsch könnte damit neutralisiert sein.

Allerdings läßt sich dieser, wie sich zeigt, durch logische Rekonstruktion des Gegensatzes "bei den Pflegeeltern erwünscht, bei der leiblichen Muter unerwünscht" nicht ganz abweisen. Eine Identitätskonstruktion unter dem Vorzeichen des "Nicht-Erwünscht-Seins" bei der leiblichen Mutter, zu der die rationalen Überlegungen (Rationalisierungen?) von S. geführt haben, läßt sich offenbar nur schwer durchführen. Die Legitimationskraft natürlicher Filiation und der damit assoziierten emotionalen Bindungen wirkt nach. Auf erneutes Nachfragen schreckt S. nämlich vor der Konsequenz des Nicht-Erwünscht-Seins bei der leiblichen Mutter zurück und verlegt den oben konstruierten Gegensatz zwischen der emotionalen Qualität des Pflegeelternverhaltens und derjenigen des Kindesmutter in die Herkunftsfamilie selbst: "Erwünscht ja und nicht erwünscht". Diese zunächst ungewöhnlich erscheinende Formulierung erinnert nun an eine narzißtische Abwehrfigur, die geradezu den Schlüssel zur Auflösung vieler Prädizierungsbemühungen von S. liefern könnte. Der Versuch der Herstellung komplementärer Identität kann nämlich zu einem "Splitting" führen, "durch den zwei miteinander unvereinbare Selbst - oder Objektimagines ... durch eine 'Spaltung' auseinandergehalten werden, so daß sie nur alternativ, sukzessiv bewußt erlebt werden können". (221) Daß diese Übertragungsform auch in realen Interaktionsbeziehungen als kollektiver Abwehrmechanismus übernommen werden kann, macht sie möglicherweise für Konstellationen mit doppelter Elternschaft anwendbar. Das "Splitting" könnte hier in dem Versuch bestehen, die nicht erreichbare Herkunftsfamilie mit einem negativen, dafür aber die Aufwuchsfamilie mit einem besonders positiven Wert zu versehen. Allerdings, wie schon erwähnt, mit nachteiligen Folgen für die Identitätskonstruktion. Diese führen möglicherweise zu dem Versuch, den beschriebenen Gegensatz in die Herkunftsfamilie selbst zu verlegen und damit das Splitting aufzulösen. Unvorhergesehenerweise hat aber auch dieser Lösungsversuch negative Konsequenzen. Aus den weiteren Überlegungen von S. wird nämlich deutlich, wie sich der Gegensatz "erwünscht ja und nicht erwünscht" bei inhaltlicher Ausfüllung des Prädikators mit Interaktionsfiguren zum Widerspruch verschärft.

Die Bedingung der Möglichkeit für die Formulierung des Widerspruchs ist überraschenderweise die Thematisierung der Ursprungsszene selbst. Es handelt sich allerdings um ein

Phantasma der Ursprungsszene, durch gedankliche Entfaltung des Gegensatzes in Privatheit erschlossen, nicht in lebendiger Kommunikation entfaltet. Die Kommunikation selbst verharrt nämlich im Rahmen selektiver Informationspolitik von seiten der Pflegemutter: Die leibliche Mutter habe "vor mir und nachher Kinder gehabt und die wären alle immer im Heim gewesen". Damit sind wiederum die drei denkbaren Aufwuchsmöglichkeiten konstelliert und kurzgeschlossen: Herkunftsfamilie - Heim - Pflegefamilie. Kundgabe und Deutung (Ausdrucks- und Interpretationsschema) dieser Konstellation sind aber nur partiell identisch. Verfolgt die Pflegemutter das Interesse der Stabilisierung der bestehenden Aufwuchsbedingungen durch Abwertung der Alternativen, so kann S. im Interesse ihrer Identitätsbildung dabei nicht stehenbleiben. Sie stößt in gedanklicher Rekonstruktion zum Kern des Problems vor, benennt die leibliche Mutter adäquat als "Prostituierte" und hat damit auch den oben als Splitting bezeichneten Gegensatz "erwünscht ja und nicht erwünscht" mit einem Interaktionsmuster gefüllt. Plastisch kennzeichnet sie diese gelungene Spurensicherung als Evidenzerlebnis. "Und da war mir irgendwie so'n Licht aufgegangen, eine Kerze zündete sich an ..."

Zur Rekonstruktion des Interaktionsmusters gehört nun aber eine Rekonstruktion der Motive, um emotionale Qualität und Ursprungsszene zur Deckung zu bringen, und dies ist es, was den gekennzeichneten Gegensatz zum Widerspruch verschärft. Die Verschränkung von beruflicher und Intimsphäre in der Prostituiertenarbeit macht der S. zwar den emotionalen Gegensatz von "erwünscht ja und nicht erwünscht" verstehbar und entlastet sie damit vom Gefühl des Nicht-Erwünscht-Seins, gleichwohl entwirft sie in Identifikation mit der leiblichen Mutter ein rationales Handlungsmuster, das dieses Problem gar nicht erst hätte aufkommen lassen: Es habe damals "genauso gut Verhütungsmittel wie heutzutage" gegeben. Diese Orientierung an zweckrationalem Handeln würde nun aber die Existenz der S. in noch radikalerer Weise infragestellen, so daß sie zu dem Schluß gezwungen ist: "Ich verurteile das nicht (d.i. die Austragung des Kindes), ich akzeptiere es. Ich nehme es hin".

Es wurde oben darauf hingewiesen, welche Überlegungen möglicherweise die Konstitutionsbedingungen für die Thematisierung der Ursprungsszene gewesen sind. Jedenfalls ergaben sie sich nicht aus umweltlicher Kommunikation mit den signifikanten Anderen, insbesondere der Pflegemutter. Im Gegenteil, der Thematisierung durch "einsame" Rekonstruktion steht schroff ein umweltliches Kommunikationsverbot gegenüber: "Das sind Themen, die sind tabu für sie (d.i. die Pflegemutter)". Die Chance thematischer Orientierung, die S. für sich selbst leistet, ist also für Zwecke der Umstrukturierung des Alltagsbewußtseins, hier der Herstellung biografischer Identität, vertan. Es kommt nicht zu eine Reziprozität der Perspektiven in der Aufwuchsfamilie.

Dabei wirkt die Abwehrschranke, wie S. anhand der behördlichen Informationspolitik noch einmal deutlich macht, in zwei Richtungen: Dequalifizierug der Herkunftsfamilie zum Zweck der Vermeidung von Identifikationsmöglichkeiten (Identifikation mit Arbeiterfamilie: ja, mit "stinkbesoffenem" Ehemann: nein) einerseits, Verweis auf die affektiven Bindungen zur Aufwuchsfamilie und deren Zerbrechlichkeit andererseits. Die eingangs von der Vertreterin der Behörde gegebene Warnung, mit dem Versuch aktiver Selbststeuerung etwas "zu Hause kaputt zu machen" erscheint nun als von S. internalisiert: "... weil ich mir sagte, du machst dir da etwas mit kaputt".

Die Thematisierung der Ursprungsszene in biografischer Selbstauslegung der S. ist also auf der Ebene des Alltagsbewußtseins begleitet von einer schroffen Ausgrenzung des Themas mit den sie begleitenden Abwehrmechanismen (Verschiebung, Verleugnung, Diskriminierung etc.) von seiten der signifikanten Anderen. Was hier greift, sind möglicherweise Mechanismen aufgrund "gesellschaftlich unbewußter Struktur", die adäquate Thematisierung unmöglich machen. Prostitution und Mutterschaft erscheinen als zwei sich ausschließende Interaktionsformen, die unter gegebenen gesellschaftlichen Bedingungen nicht mit einem gemeinsamen Prädikator werden versehen können. Bei S. führt jedenfalls der nicht auflösbare Gegensatz über nachlassendes Interesse an ihrer Herkunft ("hat mich auch gar nicht mehr so interessiert", "hat mich auch zum Schluß gar nicht mehr interessiert") zu deutlichem Rückzugsverhalten ("und das sind dann schon so Punkte, wo ich mich langsam in mein Schneckenhaus zurückziehe"). Die interaktionelle Abwehr produziert Passivität statt der ursprünglich gewünschten Aktivität. Zusätzlich erzeugt die selektive Informationsstrategie mit dem Ziel der Diskriminierung der Herkunftsfamilie, die "partielle" Öffnung des Bewußtseinskontextes (222), Mißtrauen gegenüber der Pflegemutter ("vielleicht macht sie sie auch schlecht"), was durch neuerliche Normalisierungsleistungen von seiten der S. abgefangen werden muß ("ich war ja insofern zufrieden mit meinem Elternpaar, was ich hatte"). Eine Argumentationsfigur wird resignativ geschlossen, die dem Deutungsmuster vom "harmonischen Eltern(zu)haus(e)" in einem oben beschriebenen Textabschnitt ähnelt.

Daß es sich bei der Wiederherstellung eingeschliffener Normalität nicht um einen einmaligen dramatischen Vorgang handelt, der bei deutlich asymmetrischer Ressourcenverteilung zu resignativer Anpassung auf seiten von S. führt, wird aus den folgenden Textabschnitten deutlich. In der Geschichte der Familie gab es nämlich mehrfach Anlässe für Verschiebungen des Bewußtseinshorizonts der S. in Richtung der Thematisierung der Herkunft. Die jeweiligen Aufstufungen sowie die zugehörigen Strategien zur Wiederherstellung des Gleichgewichts in der Pflegefamilie sind nun zu betrachten. Es fällt auf, daß die Anstöße für derartige "Störungen" stets externer Natur waren, die sich historisch sozusagen in konzentrischen Kreisen um das Familiensystem herumlagern.

Auf der ersten berichteten Stufe äußert eine Tante: "S. ist ja doch nicht euer Kind". Reaktion der S.: Sie stutzt zum ersten Mal. Der Auffangmechanismus der Pflegemutter: Der Bewußtheitskontext kann noch geschlossen gehalten werden, es genügt die Versicherung der kontinuierlichen Bindung ("du bist unser Kind und du bleibst unser Kind"), um Zweifel der S. an ihrer Identität zu zerstreuen ("das war so'n ausschlaggebender Satz für mich").

Auf der zweiten Stufe läßt sich die Identität der S. nicht mehr so leicht durch Schließung des Bewußtheitskontextes wiederherstellen, denn jetzt ist der Zweifel daran aufgrund mitweltlicher Dokumentation festgeschrieben: Ein behördlicher Impfschein enthält einen anderen Nachnamen. Waren bisher Institutionen wie z.B. die Schule in die Schließungsstrategien einbezogen, so läßt sich eine solche Strategie nicht länger aufrechterhalten. Diese Festschreibung produziert auf seiten der S. nicht mehr nur ein Stutzen, sondern einen Schock: "... da ging mir ja die Muffe eins zu tausend. Da war aus, da hab' ich gedacht, jetzt bricht alles zusammen, so ungefähr". Nimmt man die näheren Qualifizierungen dieses Erlebnisses im folgenden Abschnitt hinzu, so ergibt sich: Der Identitätsverlust wird konkret als Verlust aller eingelebten Orientierungspunkte erlebt, und zwar so sehr, daß die S. zum Zeitpunkt des Interviews immer noch nicht wagt, das Wort "Zuhause" in den Mund zu nehmen. Sie umschreibt: "Man fühlte sich auf einmal nicht mehr da (Pause) hinein (wohl: statt "Zuhause"), und das Zimmer paßte einem nicht mehr". In dem hier beschriebenen Erlebnis läßt sich also der Grund für die oben erwähnte sprachliche Fehlleistung "Elternhause, Elternzuhause, - na, ganz langsam - Elternhaus" vermuten. Das Zimmer, das nicht mehr paßt, also nicht mehr angemessen ist, das gleichzeitig einem nicht mehr paßt, also zuwider ist, läßt eine unproblematische Prädizierung des Elternhauses als Zuhause nicht mehr zu. Die sprachlichen Fehlleistungen in beiden eben genannten Fällen verdienen jedenfalls vermerkt zu werden, sie indizieren, daß die Problematik bis zum Zeitpunkt des Interviews jedenfalls nicht überwunden ist, trotz aller Normalisierungsanstrengungen.

Das Abschneiden aller Orientierungspunkte ist weiter gleichbedeutend mit existenzieller Verunsicherung: "Man (!) fühlt sich auf einmal so alleine vielleicht, so verlassen praktisch", was zu dem diffusen Wunsch führt, die Situation aktiv durch Flucht zu verändern ("praktisch wollte man richtig raus da"), wobei aber die Vorstellung eines möglichen Ziels offenbleibt (und hier scheint ja auch der strategisch günstige Anknüpfungspunkt für die beteiligten Informationsträger, durch Manipulation am alternativ möglichen Wunschziel konservativ daran mitzuarbeiten, die eingelebten Strukturen wiederherzustellen).

Für die Pflegefamilie kann nun die Konstatierung weiter bestehender emotionaler Bindung, also die Herstellung von Symmetrie zur Wiederherstellung der Familienstruktur sowie zur Rekonstruktion der Identität des Pflegekindes nicht mehr ausreichen. Einerseits muß der Bewußtheitskontext mindestens partiell im Hinblick auf die leibliche Herkunft geöffnet werden, andererseits tritt neben den Versuch emotionaler Stabilisierung ("... hat sie mir so richtig lieb erzählt ... da hab ich meine Mutter gar nicht wiedererkannt") eine reflexive Blickwendung auf die eigenen Motive bei der Übernahme des Kindes. Daß S. im Hinblick auf diese, für sie anscheinend nicht selbstverständliche affektive Zufuhr der Pflegemutter derselben nun doch den Prädikator "keine schlechte Frau" zubilligt, deutet zumindest darauf hin, daß sie nicht immer dieser Meinung war. Fehler in der Erziehung (die übrigens im restlichen Interview u.a. als Mangel an affektiver Zuwendung expliziert werden) behauptet sie allerdings nach wie vor. Wie weit die emotionale Zuwendung nur situationsspezifisch empfunden/gegeben wird, läßt sich an dieser Stelle nicht weiter auflösen. Der Text wendet sich vielmehr der Rekonstruktion der Motive für die Aufnahme des Kindes zu. Diese Begründung erfolgt auf zwei Ebenen. Die eine verläuft im Rahmen des normativen Kontextes einer vollständigen Familie. Da die Pflegeeltern ein Kind verloren hatten, zudem kein weiteres bekommen konnten, wurde durch die Übernahme eines Pflegekindes Normalität hergestellt. Auffälligerweise scheint nun aber diese Orientierung am Normalfall die Aufnahme nicht stabil genug gegenüber dem Kind zu legitimieren. Eine zweite Ebene wird eingezogen: Ein moralisch begründetes Motiv dient der Verstärkung des ersten (sie, die Pflegemutter, "wollte ja auch was Gutes tun"). Zumindest für S. scheint erst diese Begründung die "biologische Fremdheit" (223) ("ein Kind ..., das ihr völlig fremd war") überwindbar zu machen ("wie ich das dann auch noch hörte"). Indem so das Problem als ein moralisch zu bearbeitendes erscheint, steigert sich die ja noch zunächst etwas unsichere Prädizierung der "nicht schlechten Frau" zu dem Urteil "Idealeltern" (allerdings folgt auch hier sofort die "realistische" Einschränkung: "praktisch nur Oma-Tochter-Verhältnis").

"Moralische Qualität" ist also die Währung, der bei bedrohter emotionaler Bindung das familiäre Interaktionsmuster neu zu fundieren zugetraut wird. Dazu einige Vermutungen: Im Laufe des Textabschnitts wurde immer wieder deutlich, wie stark das Interesse von S. an eindeutiger Beurteilung des Handelns der leiblichen wie der Pflegemutter ihr gegenüber in den Kategorien "gut/schlecht" ist und wie sehr das strategische Filtern von Informationen und Handlungsbewertungen (vgl. "etwas kaputtmachen") dieses Interesses verstärkt bzw. gelenkt hat. Dabei wird nicht hinreichend deutlich, ob sich solche Bewertungsanstregungen von S. auf das jeweilige soziale Handeln (Weggabe vs. Annahme) oder auf die Qualität der emotionalen Zuwendung beziehen (nicht erwünscht/erwünscht). Beide Ebenen scheinen für die Identitätskonstruktion der S. von Bedeutung. Indem diese Ebenen aber praktisch nicht hinreichend getrennt werden können, liegt die Möglichkeit einer kategorialen Vertauschung der Dimensionen aufgrund der Äquivokation im Maßstab "gut/schlecht" ständig nahe. Wie weit diese Schwierigkeit strategisch bei der Selektion von Informationen systematisch genutzt wird, muß hier offenbleiben.

Ein weiteres: In der Interpretation wurde schon angedeutet, daß man die an dieser Stelle greifende Strategie, die ja auch eine Interaktionspraxis generiert, psychoanalytisch möglicherweise als interpersonalen Abwehrmechanismus einstufen kann. Die Pflegefamilie mit ihrer gefährdeten Stabilität, die dazu noch durch "unbewußte gesellschaftliche Struktur" in der Thematisierbarkeit des Hergabemotivs der leiblichen Mutter (vgl. oben: Mutterschaft vs. Prostitution) eingeschränkt ist, enthüllte sich dann als Ort, an dem kollektive Abwehrformen ausgebildet werden. (224) In sie wären die Familienmitglieder "nicht nur als eine psychische Repräsentanz, sondern als reale Person mit realem Verhalten in die Abwehrorganisation eingebaut". (225) Bedenkt man die spezifische soziale und emotionale Abhängigkeit des Pflegekindes von der Aufwuchsfamilie, so scheint eine solche (unbewußte) Manipulationsmöglichkeit besonders plausibel. Analysiert werden müßten Mechanismen wie Rollenzuweisung, Delegation oder unbewußte Verführungen, es müßte gezeigt werden, wie soziale Situationen sich durch mangelnde Reziprozitätsherstellung zu "Konstellationen" verfestigen, so daß die Beteiligten auf bestimmte Reaktionsweisen festgelegt werden. All dies ist in der bisherigen Analyse bereits ansatzweise versucht worden. Dabei ist streng zu beachten, daß es sich bei den im Text geschilderten Ereignissen nur um Mechanismen der sekundären Sozilisation handeln kann. Die besondere Form der Abwehrmechanismen erscheint hier nicht als intrypsychisch verfestigt, sondern muß durch ständige Wiederholung ritualisierten Verhaltens neu aufgebaut werden. Die besonderen Reduktions- und Abwehrregeln zur Stabilisierung des Thema-Horizont-Schemas (226) in der Alltagswelt sind von Phänomenologen und Ethnomethodologen beschrieben worden, psychoanalytisch orientierte Theoretiker haben versucht, ihre Entstehungsbedingungen zu rekonstruieren. Dabei fiel eine Strukturgleichheit zwischen den interpersonellen Abwehrformen in sozialen Gruppen und den Übertragungsfiguren narzißtischer Konflikte auf.

So hat etwa Bion aus seinen Erfahrungen mit sozialpsychologischen Settings bestimmte "Grundannahmen" herausgearbeitet, "stillschweigende Annahmen" der Gruppenmitglieder, die dem Verhalten der Gruppe insgesamt Sinn geben und als Schutz-Erhaltungsmechanismen in restriktiven sozialen Situationen funktionieren. (227) Solche "Grundannahmen" der "Paarbildung", der "Abhängigkeit" und der "Kampf-Flucht-Gruppe" entsprechen genau den gruppenspezifischen Abwehrformen der "symmetrischen", "komplementären" und "externalisierenden" Konfliktabwehr und diese wiederum den typischen Abwehrkonstellationen narzißtischer Persönlichkeitsstörungen.

Heinz Kohut andererseits hat bei narzißtischen Persönlichkeitskonflikten die Formen der Spiegel- oder Zwillingsübertragung sowie der idealisierenden Übertragung herausgearbeitet. (228) In der Richterschen Typologie werden sie von den neurotischen Konfliktlösungen dadurch unterschieden, daß letztere dem Kind die Rolle des Ersatzes für einen anderen Partner zuweisen, während erstere dem Kind die Rolle eines Substituts für einen Aspekt des eigenen Selbst zuschreiben (s.u.). Von Leithäuser et al. wird nun vermutet, daß in typischen Alltagssituationen zur Aufrechterhaltung und Stärkung bedrohter "Gruppenkultur" individuelle Abwehrmechanismen "vergesellschaftet" werden. Teils lassen sich die neurotischen Strukturen des Einzelnen in die kollektiven Abwehrformen integrieren - sie dienen damit ihrer Festigung -, teils werden sie als private Pathologie "abgespalten". (229) Daraus folgt auch, daß kollektive Abwehrmechanismen nicht universellen Gesetzmäßigkeiten unterliegen, sondern abhängig von den Veränderungen des "subjektiven Faktors" in den Vergesellschaftungsformen des Spätkapitalismus sind.

Entstehungsbedingungen und Struktur der Abwehrformation des "kollektiven Narzißmus" sollen hier nicht näher entfaltet werden. Der Exkurs dient eher der Einführung theoretischer Annahmen, die im interpretativen Paradigma "nicht Deduktionsbasis, sondern Interpretationsfolie" darstellen. (230) Der konzeptuelle Bezugsrahmen konnte nur soweit entwickelt werden, daß einige Interpretationen zumindest einen Plausibilitätsgrad gewinnen, der durch methodische Variationen des Settings sich möglicherweise weiter verstärken ließe. Ausgangspunkt dieser Überlegungen war die auffällige Argumentationsstruktur der Pflegemutter, die die Motive zur Übernahme des Kindes auf zwei Ebenen rekonstruierte, einer pragmatischen (Verlust eines eigenen Kindes und dessen "Substitution") und einer moralischen ("etwas Gutes tun"). Das zunächst gebrochen prädizierte Eltern(zu)haus(e) wird in Reaktion auf diese Äußerungen von S. auf die Ebene eines "Ideals" gehoben. Im Lichte der Theorie des "kollektiven Narzißmus" als Abwehrmechanismus ließe sich nun vermuten, daß die Pflegemutter unter Aussparung der emotionalen Dimension ein Übertragungsangebot macht, das S. ganz im Sinne idealisierender Übertragung aufgreift (in einem hier nicht analysierten Textabschnitt kennzeichnet die Pflegemutter übrigens ihre - kinderlose - Ehe sowie ihren Ehemann in ähnlicher Weise). Die Erklärung für das Funktionieren eines derartigen Mechanismus wäre deutlich: S., die eben noch aufgrund einer massiven Störung der Identität dem entfremdeten Elternhaus entfliehen wollte, kann durch das narzißtische Übertragungsangebot des "magischen Helfers" in die gewohnte Alltagswelt der Aufwuchsfamilie reintegriert werden - allerdings, und darin liegt die Ambivalenz einer solchen Lösung -, nur durch die Unterdrückung von Widersprüchen. Die Thematisierung des Herkunftsmilieus wird verhindert, die Idealisierung der Pflegeeltern produziert und unterdrückt zugleich Gefühle der Abhängigkeit und Ohnmacht. Sie müssen abgespaltet werden.

In der Logik der Theorie kollektiver Abwehrmechanismen tritt an dieser Stelle die externalisierende Konfliktabwehr in Kraft. Mit ihrer Hilfe wendet sich "das Größen-Selbst ... verächtlich von einer Außenwelt ab ..., der alle Unvollkommenheiten zugeschrieben werden." (231) Diese Struktur läßt sich anhand des Textes zumindest in bezug auf die leibliche Mutter nachvollziehen, die S. ja zunächst kennenzulernen wünscht, für die sie sich aber dann immer weniger interessiert. Aber auch gegenüber der Pflegemutter gibt es zeitweilig starke Tendenzen der Abwendung, insbesondere in der Pubertät. Sie werden allerdings auffälligerweise im Interviewprotokoll nicht dokumentiert. S. wollte derartige Vorfälle, die man im Nachhinein als klischeebestimmtes Verhalten kennzeichnen kann (232), nicht bei laufendem Tonband erzählen, war aber bereit, sie dem Interviewer außerhalb der Interviewsituation mitzuteilen. (233)

Mit den bisherigen Analysen sind andeutungsweise zwei Typen narzißtischer Übertragungsformen herausgearbeitet, die Richter als "Rolle des idealen Selbst" sowie als "Rolle des negativen Selbst" (234) bezeichnet (bzw. Leithäuser: komplementäre sowie externalisierende Konfliktabwehr). Allerdings erlaubt das Textmaterial kaum mehr als Vermutungen, die durch methodische Variation und kompetente Interpretation zu erhärten wären. Dann ließe sich auch folgender Schluß ziehen: Der Grad und die Strategie der Öffnung des Bewußtheitskontextes entscheiden auch über Modus und Schwere der Abwehrmechanismen in der sekundären Sozialisation und damit über die Handlungskompetenz des Kindes. Denn kollektive Abwehrmechanismen sind Interaktionsformen, die klischeebestimmtes Verhalten produzieren und so zur Desymbolisierung von Wünschen, Bedürfnissen und ihrer adäquaten Bearbeitung führen. Sie tendieren dahin, daß sich Verhalten nicht durch Reziprozitätsherstellung, sondern nach dem Reiz-Reaktions-Schema aufbaut. Sollte sich in der Analyse weiterer Fälle herausstellen, daß das spezifische Herkunftsthema als "gesellschaftlich unbewußte Struktur" in Sozialisationskontexten prinzipiell der Abwehr unterliegt, so müßten in jedem Fall Schädigungen der Untersuchungssubjekte im Identitätsbereich, die sich als narzißtische Übertragungsfiguren kennzeichnen ließen, zu erwarten sein. Sie wären in synchroner Analyse als "Verengung" bzw. "Abdichtung" bzw. "Verschiebung" des Bewußtseinshorizonts auffindbar.

Die folgenden Textpassagen reflektieren zwar weiterhin das bis hierhin entfaltete Dilemma von S., ihre Identität unter Bedingungen sozial konstruierter Elternschaft und schwer thematisierbarer Herkunft zu strukturieren, beleuchten aber darüber hinaus ihre Verhaltensweisen in einem weiteren Umkreis von Alltagssituationen. In einem gewissen Kontrast zur bisherigen Schilderung der vorsichtigen Öffnung des Bewußtheitskontextes gegenüber dem Pflegekind steht das Verhalten der Pflegemutter gegenüber den näheren Verwandten der Kernfamilie. Der Entschluß zur Aufnahme eines Pflegekindes wird zunächst ohne Mitwissen der signifikanten Anderen gefaßt und durchgeführt. Es scheint sich hier um jene Art "kurzen Entschlusses" (235) zur alternativen Familiengründung zu handeln, die Hoffmann-Riem in ihrer Studie als Endpunkt einer längeren Verlaufskurve weg vom Normalfall der natürlichen Familie kennzeichnet. Dabei fällt nur auf, daß der Handlungsverlauf als allein von der Pflegemutter ausgehend dargestellt wird. Nach Durchlaufen der Statuspassage durch Aufnahme des Kindes werden die Verwandten dann in einer Weise informiert, die die Qualität des "Vor vollendete Tatsachen Stellens", hat. S. deutet die Erzählungen der Pflegemutter als gelungenen Versuch der Normalitätsherstellung gegenüber der näheren Umwelt ("von allen Leuten akzeptiert", "gar nicht erst lange `rumgewirbelt"). Warum S. sich im Rahmen dieser Szenen als "Püppi" typisiert, läßt sich nur vermuten. Hoffmann-Riem verweist darauf, daß Adoptiv-Eltern dazu neigen, das fehlende Filiationsprinzip durch eine "neue natürliche Einstellung" zu überwinden. An die Stelle "biologischer Fremdheit" tritt der Versuch, emotionale Bindung durch "soziale Vertrautheit" herzustellen. (236)

Nach der Blickwendung auf den historisch-genetischen Aspekt der Konstruktion des Pflegeverhältnisses erwähnt S. ihre Schwierigkeit, eine angemessene umweltliche Prädikation gegenüber den Pflegeeltern zum Zeitpunkt der (partiellen) Öffnung des Bewußtheitskontextes aufrechtzuerhalten. Die eingeschliffenen Namen "Mama" und "Papa", durch Aufklärung der nicht-leiblichen Elternschaft fragwürdig geworden, müssen bewußt akzeptiert werden. S. muß ihre Interaktionen mit den engsten Bezugspersonen anders interpretieren, von einem "natürlichen" in einen "sozialen Rahmen" wechseln, was man den Namen allerdings nicht ansieht. Das gelingt nicht ohne zu "schlucken". Die Frage bleibt offen, auf welche Weise die beibehaltene Prädikation sich stabilisiert. Auch S. kann sich dies offensichtlich nicht erklären, denn ihre Selbsttypisierung als "Lebenskünstler" im Hinblick auf das Durchgemachte läßt zwar auf praktische, nicht aber auf reflexiv durchgedrungene Bewältigung schließen.

Welche Auswirkungen die spezifischen Bewältigungsmechanismen von S. auf ihre aktuellen alltäglichen Interaktionen haben, deuten die sich anschließenden Textpassagen an. Es wäre sicher von erheblichem soziologischen Interesse, eine Verbindungslinie zwischen den zur Bewältigung des Herkunftsthemas mobilisierten Abwehrmechanismen und der umweltlichen Handlungskompetenz von S. zu ziehen. Dies läßt sich hier aufgrund der mangelnden Reichweite des gewählten Interviewausschnitts nicht leisten. Aber einige Auffälligkeiten sollen doch notiert werden.

Die Typisierung als "Lebenskünstler" läßt sich etwa als "Versuch zur Selbststeuerung im Kontext einer unausweichlichen Situation" interpretieren. Sie bildet eine Gelenkstelle insofern, als sie nach dem Selbstverständnis von S. sowohl auf die Form der Problemlösung im familiären Kontext zurückverweist wie auch auf die daraus generierten Kompetenzen in Alltagssituationen. Diese Kompetenzen werden nicht nur für den Umgang mit dem eigenen Kind in Anspruch genommen, sie befähigen nach eigener Darstellung darüber hinaus zu einer generalisierten Rolle als Problemlöser für andere in Alltagssituationen. Dies allerdings erscheint als nicht unproblematisch: Die so konstruierte Asymmetrie in alltäglichen Interaktionssituationen ("die Leute kommen zu mir") wird in vielen hier nicht analysierten Textpassagen angesprochen und negativ bewertet. S. empfindet sich dann als "Gebende", die anderen sind die "Nehmenden". Derartige Asymmetrien lassen sich nun ebenfalls (nach Mentzos) als Kennzeichen interpersonaler Abwehrmechanismen ("komplementäre Abwehrkonstellation") darstellen. S. stilisiert sich in eine Helferrolle, der sie aber (wie ebenfalls aus anderen Textstellen deutlich wird) häufig nicht gewachsen ist.

Die Begründung für diese Kompetenz erfolgt auffälligerweise in einer widersprüchlichen Argumentationslinie (die sich möglicherweise mit Hilfe des Abwehrmechanismus "Umschlag von Aktivität in Passivität", bzw. hier umgekehrt, auflösen läßt). Gerade weil S. mit ihrer Mutter "über Probleme nicht sprechen" konnte und sie deshalb mit ihren "Problemen selber klar" kommen mußte, fühlt sie sich nun besonders befähigt, anderen, die anscheinend mit ihren Problemen gerade nicht allein "klar kommen", zu helfen. Ihr Argument: Es sei ihr "Vorteil", daß sie "das Gute und das Schlechte" abwiegt, es "meistens doch von zwei Seiten" sieht. Die "anderen" denken "nur geradeaus", sind also im gewissen Sinne borniert bzw. befangen. Dies also scheint die inhaltliche Füllung der Kompetenz des "Lebenskünstlers", der nicht in eingeschliffenen Bahnen denkt. In dieser Selbstauslegung einer dominierenden Interaktionsstruktur ist wohl ein Nachklang des Ringens um die Beherrschung gegensätzlicher Handlungsimpulse bzw. um die Schwierigkeit der Zuordnung "guter" und "schlechter" Handlungsmotive spürbar.

Auf die Skizzierung der Struktur folgt die anschauliche Beschreibung der Genese dieser Praxis. Die ursprüngliche Asymmetrie bestand nämlich in der gerade umgekehrten Konstellation, daß S. sich bei nach ihrer Meinung unangemessener Reaktion auf ein Hilfeersuchen ihrerseits "sofort" zurückzog. Sie mußte ihr Bedürfnis "im Keim ersticken". Die Erfahrung des Rückzugs, das Schneckenhaus, das "Hinunterschlucken", welches sich in den vorherigen Textpassagen auf die Problembewältigung im familiären Rahmen bezog, generalisierte also schon früh auf außerfamiliäre Aktionen. Heute erscheint die Rollenkonstellation umgekehrt, was mindestens die Funktion erfüllten könnte, daß S. sich nicht mehr hilfsbedürftig vorkommen muß, gleichzeitig aber die anderen als weniger kompetent zur Lösung ihrer Pläne erscheinen als sie. In Kategorien der psychoanalytischen Hermeneutik ließe sich an diesem "Umschlag" möglicherweise der Abwehrmechanismus der "Verkehrung ins Gegenteil" identifizieren.

Ein weiterer Mechanismus zur Bewältigung unangenehmer Situationen tritt hinzu: Die Nivellierung einer erlebten bedrohlichen Praxisfigur durch Einbettung ins Übliche, ins "Man": "Ich glaube ja, daß in jedem Elternhaus irgendetwas nicht stimmte". Durch diese Verschiebung des individuellen Betroffenseins in die abstrakte Allgemeinheit einer sozialen Kategorie läßt sich möglicherweise Entlastung erreichen und Symmetrie herstellen. Sprachlich ist diese Bearbeitungsform an verschiedenen Stellen des Interviews zu beobachten, insbesondere dann, wenn S., die von einer als unangenehm empfundenen Situation zunächst in der Ich-Form berichtet, unvermittelt ins verallgemeinernde "Man" überwechselt. Leithäuser et al. sprechen angesichts dieses Mechanismus davon, daß der Rückzug ins "Subjekt der Alltäglichkeit" (d.i. das "Man") als "Reduktion auf das Diffuse und Verschwommene" (237) zu interpretieren sei und insofern gerade nicht als Reflexion und distanzierende Überlegung.

Blickt man also auf die Handlungskompetenz von S. in alltagsweltlichen Situationen, so zeigt sich ein doppeltes Ergebnis. Einerseits lassen sich bestimmte Defizite einigermaßen mühelos auf das im familiären Interaktionsfeld erzeugte Problemlösungsverhalten zurückführen (die Dimension Rückzug - Lebenskünstler - Ratgeber), andererseits greifen komplementär die sozialpsychologischen Mechanismen des Alltagsbewußtseins (Nivellierung von Unterschieden). Nun stellt sich aber dieser Sachverhalt komplizierter dar als im Modell von Leithäuser et al. dargestellt. Für die Analyse läßt sich nicht einfach ein "individualpsychologisches Bezugsfeld" von einem "sozialpsychologischen" unterscheiden. (238) Zwar handelt es sich bei dem als "typisch" herausgearbeiteten Problemlösungsverhalten von S. um ein in der Sozialisationsagentur Familie erzeugtes, ist also insofern "individuell". Es läßt sich aber kein individuelles Unbewußtes ausmachen, das die Thematisierung der Herkunft prinzipiell unmöglich machte. Vielmehr wirken innerhalb der Familie ebenfalls Mechanismen des "Alltagsbewußtseins", die das Herkunftsthema vor einer adäquaten Symbolisierung abschotten. Die Frage bleibt dann nur noch, wie weit sich solche Abwehrmechanismen der individuellen psychischen Dynamik bedienen, eine Frage, die aber in der hier verfolgten Analyserichtung deshalb nicht primär zur Debatte steht, weil das Erkenntnisziel ja gerade die Suche nach Gemeinsamkeiten bei individuell unterschiedlichen Strukturen innerhalb der Untersuchungsgruppe ist.

Deutlich geworden scheint, daß die Thematisierung der Herkunft nicht zwanglos möglich ist, die Inkongruenz von Prostitution und Mutterschaft wird Teil "gesellschaftlich unbewußter Struktur", sie ist nur abgespalten, "privat", in den einsamen Rekonstruktionsversuchen von S. möglich. Das Thema unterliegt damit den Abwehr- und Reduktionsregeln des Alltagslebens, die der Stabilisierung eingelebter Strukturen dienen. Da es aber immer wieder als unerledigt an die Oberfläche drängt, lassen sich die selektiven Informationsstrategien, Blockierungen von Handlungsimpulsen etc. in immer neuen Aufstufungen verfolgen. Neben den bekannten Abwehrmechnismen (Verschiebung, Verdichtung, Verkehrung ins Gegenteil etc.) fällt vor allem die Strategie der Moralisierbarkeit auf, die die Bedürfnisse und Wünsche von S. im Spannungsfeld von Sicherheit und Aufklärung zu einer Manipulationsmasse der beteiligten Bezugspersonen herabsetzt. Manche Strukturen, die in diesem Interviewausschnitt nur andeutungsweise erkennbar sind, ließen sich in der Analyse anderer Textteile weiter verfolgen und schärfer fassen, so im Verhältnis zur Pflegemutter, zum Ehemann oder zu Freunden und Berufkollegen. Die eingehende Analyse des vorstehenden Ausschnitts aber dürfte schon deutlich gemacht haben, daß die aus dem Kontext des Interviews selbst gewonnene Einschätzung der "völlig normalen Entwicklung" allenfalls im Sinn psychischer Auffälligkeiten oder Verhaltensstörungen verstanden werden kann. Die Problembelastung jedenfalls, die aus der Herkunft von S. und dem abgewehrten Wunsch nach ihrer Thematisierung folgt, konnte nie in freier Kommunikation abgebaut werden, mit den gezeigten Folgen für die Struktur der Interaktionspraxis. Hier nämlich werden jene narzißtischen Übertragungsformen wirksam, die durch kollektive Abwehr in typischen, sich ständig wiederholenden Situationen ein verengtes Alltagsbewußtsein produzieren und stabilisieren. Dies konnten auch die unter gegebenen gesellschaftlichen Verhältnissen äußerst günstigen Aufwuchsbedingungen eines bereits kurz nach der Geburt einsetzenden Pflegeverhältnisses nicht verhindern.

IV. Schlußbemerkungen

Wir haben in dem vorliegenden Forschungsbericht einen Teil der Ergebnisse vorgestellt, die über einen Zeitraum von rund 20 Jahren vornehmlich den Entwicklungsverlauf der zum Zeitpunkt der Ersten Untersuchung achtjähriger Kinder prostituierter Mütter charakterisieren. Zu den Stationen dieser Entwicklung gehören

die spätere Kinder- und Jugendzeit mit der Schul- und Berufsausbildung (Kapitel 2 und 3),

die Zeit der jungen Erwachsenen mit Partnersuche und Familiengründung (Kapitel 4)

und die des Erwachsenenalters mit den sozioökonomischen Bedingungen, der Entwicklung des sozialen Beziehungsgeflechts und des Sozialverhaltens (Kapitel 5).

Dabei wurden sowohl Hypothesen und Ergebnisse der Ersten Untersuchung überprüft, als auch - durch eine Einbeziehung des labeling approach - Annahmen der Stigma-Forschung an unserem Material getestet (Kapitel 6). Diese im wesentlichen auf quantitativer Auswertung beruhenden, jedoch bei kleinen Zahlen sehr detaillierten Ergebnisse des umfangreichen Materials wurden durch eine qualitative Interviewtext-Interpretation zum Herkunftsthema ergänzt (Kapitel 7).

Wir wollen im folgenden versuchen - ohne die bereits im Text jeweils zusammengefaßten Ergebnisse hier im einzelnen nachzuzeichnen - anhand der wichtigsten Ergebnisse ein Resümee zu ziehen.

Die Ergebnisse der Ersten Untersuchung haben gezeigt, daß zwar Aufwuchsbedingungen im Frühkindalter für die weitere Entwicklung der Kinder prostituierter Mütter von Bedeutung waren, aber solche des Vorschulalters - z.B. Familienerziehung versus Heimerziehung, kontinuierliche Beziehungsstrukturen versus Beziehungsstrukturen, die durch Diskontinuität gekennzeichnet waren - einen offenbar entscheidenden Einfluß auf die soziale Entwicklung hatten, und damit auf die durch Schule und Berufsausbildung häufig vorbestimmte soziale Plazierung in der Gesellschaft. Besonders positiv entwickelten sich die (früh) in Pflege vermittelten und adoptierten Kinder, am wenigsten positiv erschienen die durch große Unstetigkeit der Aufwuchsbedingungen gekennzeichneten Entwicklungsverläufe, wie sie vor allem bei den sog. Heimkindern und bei Kindern mit häufigem Wechsel zwischen Heim- und Familienpflege anzutreffen waren.

Diese Ergebnisse der Ersten Untersuchung bildeten - zusammen mit neueren Erkenntnissen der Sozialisations- und Stigma-Forschung - den Ausgangspunkt für die Hypothesen der Zweiten Untersuchung. Für die meisten Kinder wurde eine weitgehend störungsfreie Entwicklung im Schul-, Jugend- und Erwachsenenalter erwartet. Von Schwierigkeiten in der Phase der sekundären Sozialisation, also des Schul- und Jugendalters, gingen wir bei solchen Kindern aus, bei denen sich die Aufwuchsbedingungen nicht stabilisiert, sondern durch weitere Wechsel der Erziehungsstellen, durch Instabilität der Familienverhältnisse etc. zunehmend kompliziert hatten. Dies nahmen wir vor allem bei Kindern an, die bis zum Schulalter keinen Dauerpflegeplatz gefunden hatten, Kinder, die wegen schlechter Versorgung im Elternhaus (wieder) in ein Heim gegeben wurden und vor allem bei den Heimkindern immer dann, wenn sie nicht in einem Heim bleiben konnten, sondern von Heim zu Heim verlegt worden waren.

Schwierigkeiten in der weiteren Sozialisation antizipierten wir aber auch, wenn schlechte ökonomische Bedingungen und gravierende kommunikative Konflikte in den Eltern-, Pflege- oder Adoptivfamilien aufgetreten waren. Ein häufiger Wechsel der Erziehungsstelle und, oft damit zusammenhängend, die mangelnde Zuwendung von Erziehungspersonen mit daraus resultierenden mangelndem Aufbau von tragfähigen Kommunikationsstrukturen waren in der Ersten Untersuchung Faktoren, die eng mit im Vorschulalter aufgetretenen sozialen Verhaltensstörungen zusammenhingen. Behinderungen in der sekundären Sozialisation nahmen wir deshalb auch dann an, wenn sich die den diesen Störungen zugrundeliegenden Aufwuchsbedingungen nicht entscheidend verbessert hatten.

In der Zweiten Untersuchung galt unser Augenmerk nicht zuletzt aus den oben genannten Gründen den weiteren Aufwuchsbedingungen der Kinder nach dem achten Lebensjahr. Wir untersuchten sehr eingehend, in welchen Verhältnissen sie während der Schul- und Jugendzeit lebten, ob sie die Erziehungsstellen wechseln mußten, ob sich die Eltern-, Pflege- oder Adoptivfamilien in Schwierigkeiten befanden, usw. Dabei zeigte sich, daß alle Kinder während der Schulzeit relativ häufig die Erziehungsstellen wechseln mußten. Dies betraf vor allem wiederum die Heimkinder, Kinder, die sich aus unterschiedlichsten Gründen seit der Geburt im Heim aufhielten und bis zum ca. achten Lebensjahr nicht in eine Pflegestelle vermittelt worden waren. Sie hatten praktisch kaum noch eine Chance, für einen längeren Zeitraum eine familienähnliche Erziehungssituation zu erleben, wechselten aber häufig die

Heime. Jedoch waren auch Kinder betroffen, die aus Pflegefamilien zurück ins Heim gegeben wurden oder aus den Elternfamilien heraus (z.B. wegen mangelnder physischer und psychischer Versorgung) wieder in ein Heim eingewiesen werden mußten.

Befanden sich zwei Monate nach der Geburt 55 % aller 140 Kinder in Heimerziehung, so waren es bei Schulbeginn 26 %, jedoch bei Schulende rd. 40 %. Die soziographische Darstellung der Entwicklungsverläufe (Anlage 6) läßt eine ausgeprägte Tendenz von Unstetigkeit im Lebensverlauf dieser Kindergruppe erkennen. Einen häufigen Wechsel der Erziehungsstelle und den zumeist damit einhergehenden Abbruch von emotionalen und sozialen Beziehungen erlebte während der Schulzeit noch jedes zweite Kind. Besonders häufigem Wechsel waren die schon mehrfach erwähnten Heimkinder ausgesetzt. 35 % der Heimkinder wechselten vom achten bis zum sechzehnten Lebensjahr mehr als dreimal die Erziehungsstelle gegenüber rund 20 % der Eltern-, Pflege- oder Adoptivkinder (siehe dazu Kapitel 1.2.).

Wir haben in der Zweiten Untersuchung die Kategorie des "Aufwuchsplatzes" (Elternfamilie, Pflege- Adoptivfamilie oder Heim), charakterisiert vor allem durch Erziehungsstellenwechsel, neben Faktoren der sozio-ökonomischen Lage, des spezifischen Erziehungsverhaltens, der Erziehungspersonen, der Schul- und Berufsausbildung als entscheidende, unabhängige Variable benutzt. Der insgesamt unterprivilegierte Status der Kinder zu Beginn der Ersten Untersuchung wurde zwar durch die Vermittlung in Pflege- und Adoptionsstellen etwas verbessert, aber keineswegs aufgehoben. Dies zeigen die Ergebnisse über die Schulausbildung und den Schulabschluß.

Die Schullaufbahn eines großen Teils der Kinder begann mit großen Schwierigkeiten: Zurückstellung, Ausschulung, Überweisung in die Sonderschule betrafen rund 45 % aller Kinder (s. Seite 78 ff. der Ersten Untersuchung). Auch die weitere Schulausbildung hob sich entschieden von anderen Kindern vergleichbaren Alters ab. Nur sieben Kinder besuchten eine Realschule, kein Kind ein Gymnasium. Jedes vierte Kind befand sich in der Sonderschule, jedes fünfte Kind verließ die Volksschule ohne Abschluß. Aber auch häufiger Schulwechsel (bedingt vor allem durch Wechsel der Erziehungsstellen) und Schulprobleme kennzeichneten ihre schulische "Karriere". Sucht man dafür nach Gründen, fallen zwar die engen Beziehungen zwischen den vorhin genannten Faktoren auf: die Komplikatonen der Aufwuchsbedingungen durch Wechsel in den frühen Lebensjahren, die Belastungen der Familiensituation und die sog. Stigmatisierungen wegen der speziellen Herkunft oder (und) des allgemein niedrigen sozialen Status, aber die Bedeutung der frühen Kindheit - die sich z.B. im Zusammenhang mit dem Wechsel der Erziehungsstellen in der Ersten Untersuchung linear nachweisen ließ - trat zurück gegenüber

Komplikationen in den Aufwuchsbedingungen, die unmittelbar die Zeit des Schulalters selbst betrafen.

Wenn die Stellung im Berufsleben u.a. abhängig ist von der Art der Schulausbildung und des Schulabschlusses, müßten die Probanden, aufgrund der hohen Zahl der Sonderschüler und der Volksschüler ohne Abschluß in unserer Untersuchungspopulation, auch überproportional häufig ungelernte oder angelernte Tätigkeiten ausgeübt haben. Tatsächlich wurden - vermutlich aufgrund der günstigen Arbeitsmarktsituation - neben den Volksschülern(innen) mit Abschluß auch Schüler und Schülerinnen mit Sonderschulbesuch oder Volksschulbesuch ohne Abschluß in eine Lehrstelle vermittelt. Dies betraf vor allem die Jungen (82 % der Jungen und 68 % der Mädchen begann eine Lehre). Hinsichtlich des Lehrabschlusses aber (51 % der Jungen und 47 % der Mädchen beendeten eine Lehre) wurde die geschlechtsspezifische Bevorzugung der Jungen wieder ausgeglichen, weil etliche der in eine Lehrstelle vermittelten Jungen die Lehre nicht beendeten. In der Zeit zwischen dem 16. und dem 25. Lebensjahr hatten 33 % der Mädchen und 46 % der Jungen überwiegend eine ungelernte bzw. angelernte Tätigkeit ausgeübt.

Obwohl 1969/1970 die Chance groß war, in eine Lehrstelle vermittelt zu werden, machte sich schon nach Lehrbeendigung und in den ersten Berufsjahren (1975) die wirtschaftliche Rezession in der Bundesrepublik bemerkbar. Die beruflichen Aussichten verschlechterten sich durch Arbeitslosigkeit. Zum Zeitpunkt der Zweiten Untersuchung (1980) war jeder fünfte Proband ohne Arbeit, teils aus Gründen der Arbeitslosigkeit, aber auch wegen seines Heim- oder Gefängnisaufenthaltes. Unter ihnen waren besonders die ungelernten Arbeiter und Arbeiterinnen vertreten (s. Kapitel 3.2.). Ergänzt man diesen Querschnittbefund durch Längsschnittangaben und berücksichtigt die Zahl der Arbeitslosen insgesamt zwischen dem 16. und 25. Lebensjahr, ist jeder zweite Proband kürzere oder längere Zeit arbeitslos gewesen. Gegenüber der Normalbevölkerung gleichen Alters sind das deutlich überhöhte Zahlen. Es waren wiederum vor allem die Ungelernten von Arbeitslosigkeit betroffenen (s. Kapitel 3.3.).

Die Untersuchungen über Partnerschaft und Ehe weisen, bis auf die offenbar frühere Herauslösung der Probanden aus dem Elternhaus und des frühree Heiratsalter der Mädchen gegenüber Personen der gleichen Altersgruppe in der Bevölkerung, keine Besonderheiten auf. Auffallend gering (im Vergleich zur eigenen Kindheitssituation der Probanden) war die Zahl der Kinder der Probanden, die in einem Heim oder eine Pflegestelle untergebracht waren. Es betraf nur sechs von 52, alle anderen lebten bei Eltern oder beim alleinstehenden Elternteil. Die darin zum Ausdruck kommenden besseren Lebensbedingungen der Probanden fanden sich auch in der deutlich verbesserten ökonomischen Situation und den Wohnbedingungen wieder, die zum Teil als Folge der allgemein verbesserten Lebensbedingungen anzusehen sind, aber auch als Folge der für einen Teil der Kindergruppe erfolgten Vermittlung in eine Pflege- oder Adoptivfamilie.

Sozialisationstheoretisch am wichtigsten erschien uns die Untersuchung der Sozialbeziehungen und des Sozialverhaltens, weil aufgrund der mangelnden Zuwendung der Beziehungspersonen, besonders im Frühkindalter, in vielen Fällen Störungen in der Fähigkeit, tragfähige Kommunikationen im Erwachsenenalter aufzubauen, erwartet werden mußten. Zunächst fiel der hohe prozentuale Anteil der Probanden auf (im Vergleich zu Personen gleichen Alters der Normalbevölkerung), die kaum Kontakte und Beziehungen zu anderen Menschen (Freunde, Bekannte, Berufskollegen(innen)) hatten (rund 30 %). Von ihnen fühlte sich ein Teil absolut isoliert. An dieser Gruppe zeigte sich, im Vergleich zu den Probanden, die in vielen Sozialbereichen über befriedigende soziale Beziehungen verfügten, daß die schon im Vorschulalter beobachteten Kontaktstörungen sich hier möglicherweise auswirkten, die, wie wir nachweisen konnten, wiederum abhängig von den jeweiligen Aufwuchsbedingungen waren (s. Erste Untersuchung S. 101 ff.).

Deutliche Korrelationen bestanden zwischen dem Aufwuchsplatz (Eltern, Pflege- oder Adoptiveltern, Heim) und den unbefriedigenden Sozialbeziehungen im Erwachsenenalter. Heimkinder - häufig gekennzeichnet durch ein schwaches Beziehungsnetz in der frühen Kindheit - waren später weniger häufig in der Lage, befriedigende Beziehungen aufzubauen als Pflege- oder Adoptivkinder. Signifikante Zusammenhänge bestanden zwischen dem Wechsel der Erziehungsstelle während des gesamten Kindes- und Jugendalters: je häufiger Kinder die Erziehungsstelle wechseln mußten, desto weniger waren sie später in der Lage, befriedigende Sozialbeziehungen aufzubauen.

Einen breiten Raum - neben der Überprüfung von Annahmen des labeling approach - nahmen die Untersuchungen bei Auffälligkeiten im Sozialverhalten ein. Dies geschah vor allem, um die Ergebnisse der Ersten Untersuchung zu überprüfen, nach denen besonders an Kindern, die ungünstigen Aufwuchsbedingungen ausgesetzt waren, Verhaltensstörungen beobachtet wurden. Außerdem waren wir bemüht herauszufinden, ob und in welcher Weise Beziehungen zwischen einem als auffällig bezeichneten Sozialverhalten im Erwachsenenalter und den früheren Lebensbedingungen bestanden. Von den vielen Einzelbefunden über Zu- und Abnahme von Verhaltensstörungen in den einzelnen Lebensabschnitten, über die Art der Störung etc. soll hier nicht im einzelnen berichtet werden. Wir wollen nur die unserer Meinung nach wichtigsten Ergebnisse herausgreifen.

Bei der Einschätzung des Sozialverhaltens im Erwachsenenalter standen wir vor der Schwierigkeit zu benennen, was als Auffälligkeiten angesehen werden soll. Wir waren, wie auch bei den anderen erhobenen Fakten, abhängig von den in den Akten zusammengetragenen Beobachtungen der Sozialarbeiter, der Heimleiter, der Beamten der Jugend- und Sozialabehörden etc. Wir gingen von diesen Beobachtungen als einer für den Probanden relevanten Definition aus, wohl wissend, daß bestimmte Verhaltensweisen als Auffälligkeiten zugeschrieben und fortgeschrieben wurden. Zusätzlich zu den Aktenberichten bezogen wir die Strafregisterauszüge in die Auswertung ein. Nur über eine kleine Anzahl von Jungen und Mädchen wurde berichtet, daß sich bei ihnen durchgehend zwischen der Zeit von Schulbeginn bis Schulende Schwierigkeiten in Form von aggressivem Verhalten, Weglaufen, Schulschwänzen etc. zeigten.

Die Nennung von Verhaltensauffälligkeiten häuften sich in den Berichten der Sozialarbeiter in der Zeit zwischen dem 12. und 16. Lebensjahr; ihre Beobachtung korrespondierte mit den in dieser Zeit zunehmenden Einweisungen in die Öffentliche Erziehung. Diese oft nur punktuell auftretenden Verhaltensauffälligkeiten standen nicht im Zusammenhang mit später beobachteten Verhaltensauffälligkeiten im Erwachsenenalter und scheinen damit prognostisch ohne Relevanz. Wurde jedoch durchgehend zwischen Schulbeginn und Schulende über Verhaltensauffälligkeiten berichtet, zeigten sich Zusammenhänge zum späteren Sozialverhalten. Es bestand vermutlich die Gefahr der Verfestigung und damit die Auswirkung auf die spätere soziale Einordnung.

Rund 75 % der gesamten Untersuchungspopulation zeigte im Erwachsenenalter ein sozial durchaus angepaßtes Verhalten, 15 % ein insgesamt unangepaßtes Sozialverhalten. Die Auffälligkeiten bestanden vor allem im Alkohol-, Tabletten- und Drogenmißbrauch, in aggressiven Verhaltensweisen sowie zumeist leichterer Kriminalität. Der weiblichen Prositution gingen drei Personen über einen längeren Zeitraum nach, der männlichen Prostitution vier Personen.

Die Überprüfung der Annahme, es bestünden Zusammenhänge von aufgetretenem nichtangepaßten Sozialverhalten mit den früheren Lebensbedingungen, bestätigte sich: signifikant häufiger zeigten Personen mit ungünstigen Aufwuchsbedingungen im Erwachsenenalter ein sozial unangepaßtes Verhalten, bzw. Personen mit im oben definierten Sinne günstigen Aufwuchsbedingungen verhielten sich später sozial angepaßt. Erwartungsgemäß war aber diese Beziehung komplexer und differenzierter als in der Ersten Untersuchung, teils durch die Einbeziehung weiterer Faktoren, die die Lebensbedingungen charakterisieren (die sich verändernde Erziehungssituation der Kinder während der Schulzeit), teils in Widerspiegelung des sich bis zum Erwachsenensein generell ausdifferenzierenden Lebensverlaufs. Daraus erklärt sich auch, daß die eindeutigsten Beziehungen bei den Extremgruppen vorhanden waren. So lassen sich z.B. Zusammenhänge zum späteren Sozialverhalten aufzeigen bei Kindern, die in der früheren Kindheit sehr wenige oder, im Gegensatz dazu, sehr häufige Erziehungsstellenwechsel erlebt hatten.

Bei zwei Variablen, die in der Ersten Untersuchung in Beziehung zu Verhaltensstörungen und einer negativ zu bewertenden Persönlichkeitsveränderung der Kinder standen, nämlich "Komplikationen bei der Geburt" und "psychiatrischer Auffälligkeit der Mutter", war in der Zweiten Untersuchung ein Zusammenhang zum späteren Sozialverhalten nicht mehr gegeben. Auch andere Variable, wie z.B. "schwere Krankheiten in den ersten Lebensjahren" oder "längere Krankheiten, auch solche mit psychosomatischem Charakter", zeigten keinen Zusammenhang zum späteren Sozialverhalten. Damit bestätigte sich das Ergebnis der Ersten Untersuchung, soziale Faktoren seien für die soziale Entwicklung bedeutsamer.

Es ist aber nicht zu übersehen, daß etliche Personen trotz Belastungen in den Aufwuchsbedingungen und trotz früherer Verhaltensstörungen dennoch im Erwachsenenalter sozial integriert sind. Dies bedeutet, daß zwar die von uns untersuchten Faktoren insgesamt von Bedeutung gewesen sind, aber im Einzelfall Lebensumstände eine Rolle gespielt haben, die mit quantitativen Untersuchungsmethoden nicht erfaßt werden können.

Bei Personen - so fanden wir heraus -, bei denen durchgehend während des Schul- und Jugendalters von Verhaltensauffälligkeiten in den Aktenunterlagen berichtet worden war, zeigten sich häufiger (als bei denen mit zeitlich punktuell beobachteten Auffälligkeiten) auch im Erwachsenenalter Schwierigkeiten der sozialen Einordnung. Sie allein mit sozialisationstheoretischen Annahmen zu erklären, befriedigte angesichts der Theorieentwicklung und der Befunde zur Stigma- und Instanzenforschung nicht. Unser Interesse richtete sich u.a. deshalb in der Zweiten Untersuchung auf bestimmte Hypothesen des labeling approach, mit denen wir überprüfen wollten, ob und in welcher Weise Stigmatisierungsprozesse, ausgelöst duch die Kontrollinstanzen, aufgetreten waren und mit welchen Folgen. Begrenzt durch die vorwiegend als Aktenanalyse angelegte Untersuchung ging es darum festzustellen, ob und in welchem Umfange sich in den Aktenberichten wegen der besonderheit der Herkunft der Kinder stigmatisierende Äußerungen auffinden und ob sich Auswirkungen einer so erfolgten Stigmatisierung in Form von Chancenverengungen und Verhaltensauffälligkeiten nachweisen ließen (über die Schwierigkeiten der Hypothesenbildung, der Operationalisierung und der empirischen Überprüfung anhand unseres Untersuchungsmaterials s. Kap. 6.0.).

In fast allen Akten der Kinder, die in der Regel bereits zum

Zeitpunkt der Geburt angelegt worden waren, fanden sich Angaben über die bestehende Prostitution der Mutter und ein Vermerk über den in vielen Fällen unbekannt gebliebenen Erzeuger. Dazu kamen regelmäßig Einschätzungen über die allgemeine soziale Situation der Mutter und der Eltern (z.B. "war früher Fürsorgezögling", "die Familie gilt als 'asozial'", "Vater ist als Krimineller bekannt" etc.). Wir gingen davon aus, daß solche Formulierungen dieser und ähnlicher Art nur dann Wirkungen auf das Kind bzw. zunächst auf sein soziales Umfeld entfaltet haben können, wenn sie wiederholt und damit über einen längeren Zeitraum hinweg in den Aktenberichten fortgeschrieben worden waren, und beschränkten uns deshalb in der Auswertung auf Äußerungen während der Schul- und Jugendzeit.

Unsere theoretische Annahme, unterstützt durch die empirische Erfahrung der Aktenanalyse, daß sich auch dann noch in einer größeren Anzahl von Akten stigmatisierende Äußerungen in den Berichten wiederfinden würden, traf nicht zu. Von 130 Fällen fanden sich in 37 % der Entwicklungsberichte keine stigmatisierenden Äußerungen oder nur eine gelegentliche Erwähnung der Herkunft oder Abstammung (33 %). Vermehrt auftretende und über einen längeren Zeitraum sich erstreckende stigmatisierende Äußerungen waren in 30 % aller Akten vorhanden. Im Zusammenhang mit der Häufigkeit des Auftretens stand die Dauer der Aktenführung und (oder) besondere Anlässe der Berichterstattung, z.B. ein Pflegestellen- und Heimwechsel, Erwägungen über eine Herausnahme aus dem Elternhaus oder über Rückführung des Kindes aus dem Heim in die Familie und bei Verhaltensschwierigkeiten des Kindes im Heim, Familie oder Schule.

Die für die Einschätzung von Stigmatisierungsprozessen wichtige Frage, ob und wie weit solche Aktenberichte Personen, die mit dem Kind zu tun hatten, in ihrer Einstellung und ihrem Verhalten zum Kind negativ beeinflußt haben könnten und aus dieser Interaktion heraus von der Umgebung der Kinder und den Kindern selbst als Stigmatisierung wahrgenommen wurde, war anhand der Aktendaten nicht zu klären. Wir versuchten sie zu beantworden, inden wir die von den Interviewten geäußerten Einstellungen und Einschätzungen ihrer damaligen sozialen Situation in Beziehung setzten zu den stigmatisierenden bzw. nicht stigmatisierenden Aktenberichten. Dabei zeigte sich, daß, in Erinnerung an die Schul- und Jugendzeit, z.B. Gefühle und Erlebnisse der Interviewten, Außenseiter gewesen zu sein und Ablehnung aus der Umgebung erfahren zu haben, häufiger - wenn auch nicht ausschließlich - von der Gruppe der in den Aktenberichten stigmatisierten Personen geäußert wurden.

Durch die Gegenüberstellung von zwei Personengruppen (je n = 30), bei denen, ermittelt durch einen Index, positive oder negative Fremd- und Selbstzuschreibungen zusammentrafen -

wir nannten den Index positive odere negative soziale Identität -, kam der Befund noch deutlicher heraus: Personen mit positiver sozialer Identität hatten auch überwiegend das Gefühl, im Schul- und Jugendalter nicht "zu kurz gekommen zu sein", im Sinne von Benachteiligung z.B. in der Schul- und Berufsausbildung. Umgekehrt äußerten Personen mit einer im oben angeführten Sinne "negativen Identität" überwiegend Gefühle der Benachteiligung (zum Problem der Indexbildung s. Kap. 6.2.4.). Diese nicht zufällig entstandene Korrelation läßt unserer Meinung nach den Schluß zu, z.B. im Falle der negativen sozialen Identität von einer Gruppe von Kindern zu sprechen, deren Umgebung keine sozial positiven, Identität stiftenden Verhaltensmuster vermittelt hat oder vermitteln konnte, so daß sich die Kinder selbst als sozial desintegriert empfanden.

Die Frage, ob es sich dabei bereits um eine Veränderung der sozialen Identität im Sinne bestimmter Stigmatheoreme handelt, konnte für das Schul- und Jugendalter in unserer Untersuchung nicht geklärt werden. Wir waren jedoch bemüht, über Selbstbilderhebungen der inzwischen erwachsenen Personen den entsprechenden Annahmen der Selbstkonzept- und Stigmaforschung nachzugehen. Um die Selbstbildprofildaten (im Vergleich zu anderen Personen) einschätzen zu können, erhoben wir zusätzlich Selbstbildprofile bei einer Jurastudenten(innen)-Gruppe gleichen Alters in der Annahme, daß sich der relativ unterprivilegierte Status unserer Untersuchungsgruppe gegenüber dem der Studenten im Selbstbild niederschlagen würde. Dies war nicht der Fall. Die Selbstbilder der Untersuchungspopulation waren insgesamt ähnlich, und zwar positiv, wie die der Studentengruppe. Innerhalb der Probandengruppe zeigten sich zwar Unterschiede im Selbstbild zwischen negativeren und positiveren Profilen, die aber angesichts des guten Selbstbildes insgesamt in ihrer Unterscheidungsrelevanz nicht überbewertet werden dürfen.

Ein Vergleich zwischen dem Index zur sozialen Identität im Jugenalter und dem Selbstbild im Erwachsenenalter erbrachte nicht die im Sinne von Stigma-Karrieren erwartete Beziehung. Auch wenn man die im Index zur sozialen Identität enthaltene Variable über erfolgte Stigmatisierung in Beziehung zum Selbstbild setzt, zeigte sich keine entsprechende Korrelation. Dagegen bestand ein enger Zusammenhang zwischen dem Selbstbild und der aktuellen Lebenssitutation der Probanden: Das Selbstbild fiel positiver aus, wenn sich die Interviewten befriedigend über ihre allgemeine soziale Lage äußerten, über die Arbeitssituation, über den kommunikativen Bereich etc. Es war negativer gefärbt, wenn Unzufriedenheit über die soziale Situation vorherrschte. Wir ziehen daraus den Schluß, daß frühere Stigmatisierungen und sich möglicherweise daraus ergebende Außenseiterpositionen und Eindrücke der Benachteiligung ihre Bedeutung im Erwachsenenalter verlieren, bzw. daß andere soziale Ereignisse in den Vordergrund treten und das Selbstbild stärker mitprägen.

Aufgrund dieser Ergebnisse war nun nicht zu erwarten, daß sich Zusammenhänge finden lassen würden

1. zwischen Verhaltensauffälligkeiten im Schul- und Jugendalter und einem negativen Selbstbild im Erwachsenenalter, also daß eine Veränderung des Selbstbildes aufgrund dieser Auffälligkeiten vorliegen könnte, oder
2. zwischen einer negativen sozialen Identität im Jugendalter und den beobachteten sozialen Schwierigkeiten im Erwachsenenalter als Folge der negativen Identität.

Möglich erschien uns, daß für den gleichen Zeitraum, also für das Jugendalter und für das Erwachsenenalter, die negative soziale Identität bzw. das negative Selbstbild mit Verhaltensauffälligkeiten korrespondierten. Diese Annahme traf aber nur für das Erwachsenenalter zu. Im Schul- und Jugendalter waren für eine große Anzahl von Personen Auffälligkeiten in den Akten verzeichnet worden (47 %). Ein Zusammenhang zur sozialen Identität (negative Selbst- und Fremdzuschreibung) ergab sich nicht.

In den wenigen Selbstkonzeptforschungen, die sich mit Selbstbildern von Delinquenten beschäftigen (Trautner aaO.), waren die Ergebnisse unterschiedlich. In einigen Untersuchungen korrespondierte delinquentes Verhalten mit negativen Selbstbildern, in anderen jedoch nicht. Diese differierenden Ergebnisse sind zum Teil mit der Anwendung unterschiedlicher Methoden erklärt worden. Der Befund in unserer Untersuchung deutet auf den bereits oben benannten peripheren Charakter und damit auf die Bedeutungslosigkeit bestimmter Formen abweichenden Verhaltens im Jugendalter hin, Verhaltenweisen, die vermutlich bei vielen Jugendlichen vorkommen, ohne - wie im Falle einer öffentlichen Betreuung durch Kontrollinstanzen - in Aktenberichten registriert zu werden. Das würde auch bedeuten, daß es bei einer Stigmatisierung solcher Handlungen nicht wahrscheinlich ist, daß sich ausprägende soziale Identität im Jugendalter davon tangiert wird. Zwischen dem auffälligen Sozialverhalten im Erwachsenenalter und dem Selbstbild war dagegen der Zusammenhang ausgeprägt vorhanden.

Mit diesem Befund stabilisiert sich der Eindruck, die gegenwärtige Situation der Probanden bestimme das Selbstbild in stärkerem Maße als frühere soziale Situationen und Verhaltensweisen. Weder von früheren Verhaltensauffälligkeiten im Schul- und Jugendalter noch von den für die soziale Identität im Jugendalter relevanten Daten aus der Kindheit erschien das Selbstbild tangiert. Es ist zu vermuten, daß sich für die Probanden durch das Herausgehen aus der Familie oder aus dem Heim und dem Aufbau einer eigenen Bezugsgruppe veränderte Lebenssituationen ergeben haben, die das Selbstbild stärker prägen als Erfahrungen aus früheren Lebensabschnitten.

Die dargestellten Ergebnisse unserer Untersuchung zum Thema Stigmatisierungen können nicht verallgemeinert werden. Wir verstehen sie aufgrund der im Datenmaterial liegenden Beschränkungen und der darauf abgestellten Methoden als vorläufige und überprüfungsbedürftige Befunde, die aber im Rahmen unserer longitudinalen Studie ihre Bedeutung haben. Sie zeigen an einer Gruppe von Kindern, die bei ihrer Geburt extrem unterprivilegierte Lebensbedingungen vorfanden, daß bei einer positiven Veränderung dieser Aufwuchsbedingungen Auswirkungen früherer Stigmatisierungen und eine darauf basierende negative Selbsteinschätzung offensichtlich abgebaut werden können.

Anhang

1. Anmerkungen

(1) Beginn 1961; Pongratz, L.: Prostituiertenkinder. Umwelt und Entwicklung in den ersten acht Lebensjahren, Stuttgart 1964; im folgenden zitiert als "Erste Untersuchung".

(2) Beginn 1975; im folgenden mit acht Jahren und 25 Jahren und als "Zweite Untersuchung" zitiert.

(3) Vgl. dazu Kagan, J. und Moss, H. A.: Birth to maturity, New York und London 1962, S. VII f.

(4) Erste Untersuchung, S. 1 - 4 mit Literaturangaben.

(5) S u.a. Gottschalch, W., Neumann-Schönwetter, M. und Soukup, G.: Sozialisationsforschung, Frankfurt/M. 1971; Caesar, B.: Autorität in der Familie, Reinbek 1972; Walter, H. (Hrsg.): Sozialisationsforschung Bd. I und II, Bad Cannstatt 1973; Meinhold, M. und Hollstein, W.: Erziehung und Veränderung, Neuwied, Darmstadt 1975: Steinkamp, G.: Klassen- und schichtanalytische Ansätze in der Sozialisationsforschung, in: Hurrelmann, K. und Ulich, D. (Hrsg.): Handbuch der Sozialisationsforschung, Weinheim und Basel 1982², S. 253-284.

(6) Im folgenden als pp-Kinder (puella publica) zitiert.

(7) Die unehelich Geborenen (heute nicht-ehelich) standen vor dem 1. Juli 1970, dem Inkrafttreten des Nichtehelichen-Gesetzes, unter Amtsvormundschaft des Jugendamtes (§ 32 des Reichsjugendwohlfahrtsgesetzes v. 1923); die ehelich Geborenen wurden im Rahmen von Sorgerechtseinschränkungen der Mutter oder der Elten, der Pflegekinderaufsicht oder bei Heimaufenthalten durch entsprechende Paragraphen im Rahmen der Öffentlichen Erziehung betreut.

(8) S. Erste Untersuchung S. 1.

(9) S. Literaturnachweis Erste Untersuchung S. 140.

(10) S. Literaturnachweis Erste Untersuchung S. 144 ff.

(11) S. dazu auch die Diskussion der Ergebnisse neuerer Untersuchungen von Schmalohr, E.: "Mutter"-Entbehrung in der Frühsozialisation, in Neidhardt, F. (Hrsg.): Frühkindliche Sozialisation. Theorien und Analysen, Stuttgart 1975, S. 188-229, der u.a. feststellt, daß besonders im intellektuellen Bereich Rückstände nicht irreversibel sein müssen, jedoch im emotionalen Bereich später sich diese Sozialisa-

tionsdefizite der Frühzeit bemerkbar machen. Er weist allerdings auch auf das Fehlen entsprechender Untersuchungen im deutschen Sprachraum hin (S. 226 f). Zu dem gleichen Thema s. Mühlbauer, K. R.: Sozialisation, München 1980, S. 203-260.

(12) S. dazu u.a. die (Untersuchungen von Fend, H. u.a.: Sozialisationseffekte, Weinheim und Basel 1976. Fend unterstreicht die Bedeutung der sekundären Sozialisation, wenn er u.a. aufgrund seiner Untersuchungen zu der Feststellung kommt: "Sie verteilt die Schüler in unterschiedliche Schulzweige je nach Qualifikationsniveau und nimmt auf diese Weise generell die Kanalisation in verschiedene berufliche Positionen und damit in die zukünftige Sozialstruktur vor" (S. 465). S. dazu kritisch und weitere Untersuchungen referierend Mühlbauer aaO., S. 260-319 und Ulich, K.: Schulische Sozialisation, in: Hurrelmann, K. und Ulich, D. (Hrsg.): aaO., S. 469-495, die sich besonders mit den Ergebnissen der Untersuchungen von Fend u.a. im Rahmen des Sonderforschungsbereichs (Universität Konstanz) zur schulischen Sozialisation auseinandersetzten (S. 478 ff).

(13) Claessens, D.: Familie und Wertsystem, Berlin 1962, S. 23.

(14) Geulen, D.: Thesen zur Metatheorie der Sozialisation, in: v. Götz, B. und Kaltschmid, J. (Hrsg.): Sozialisation und Erziehung, Darmstadt 1978, S. 145 ff.

(15) S. dazu Hurrelmann, K.: Gesellschaft, Sozialisation und Lebenslauf. Zum theoretischen Stand der sozialwissenschaftlichen Sozialforschung, in: Hurrelmann, K. (Hrsg.): Sozialisation und Lebenslauf, Empirie und Methodik sozialwissenschaftlicher Persönlichkeitsforschung, Reinbek b. Hamburg 1976, S. 16.

(16) Götz, B.: Zur Krise der Sozialisationsforschung, in: Götz, B. und Kaltschmid, J.: aaO., S. 7, s. auch S. 4 f.

(17) S. dazu vor allem Geulen, D.: aaO., S. 145-162.

(18) So Götz, B. unter Bezug auf Ulich, "daß der Sozialisationsbegriff selbst keine eigenständige Erklärungskraft besitzt, daß er vielmehr bestenfalls als kategorialer Oberbegriff einer Reihe von Sachverhalten verwendet werden kann, die ihrerseits erklärt werden müssen." AaO., S. 6 und Hurrelmann, K.: aaO. 1976, S. 16.

(19) Hurrelmann, K.: aaO. 1976, S. 16.

(20) Hurrelmann, K.: aaO. 1976, S. 17.

(21) Götz, B.: aaO., S. 14; Clausen erwähnt in diesem Zusammenhang, daß Längsschnittstudien die Möglichkeit einer systematischen Untersuchung früherer und späterer Lebenserfahrungen in ihrer Verbindung bieten, daß sie aber eine lange Planung erfordern ("wenn etablierte Forscher eine Untersuchung mit einer Gruppe von Kindern beginnen, sind sie pensioniert oder tot, bevor ihre Versuchspersonen das mittlere Lebensalter erreicht haben"), es mit einer komplexen Datensammlung zu tun haben und mit einer Schwierigkeit des Wiederauffindens der Versuchspersonen. "Nichtsdestoweniger bilden Längsschnittdaten, wo sie für mehrere Lebensdekaden existieren, eine solidere Basis, um die tatsächlichen Ereignisfolgen und die subjektiven Orientierungen

während des Lebensverlaufs zu konstruieren, als irgendeine Rekonstruktion anhand retrospektiver Berichte." (Clausen, J.A.: Die gesellschaftliche Institution individueller Lebensläufe, in: Hurrelmann, K. (Hrsg.): aaO. 1976, S. 208).

(22) S. hierzu Geulen, D.: aaO., S. 156 ff.

(23) Mollenhauer, K.: Einführung in die Sozialpädagogik, Weinheim 1965, S. 69 ff.; vgl. bei Pongratz den Zusammenhang mit der Wirkung der Heimerziehung. "In unserer Gesellschaft erfordert die Bewältigung des täglichen Lebens, ob es um die Wahl des Berufes geht, um Kindererziehung und Daseinsvorsorge, um Konsum oder Freizeitverhalten, nicht nur ein bestimmtes Maß an Wissen um gesellschaftliche Zusammenhänge, sondern vor allem Flexibilität, Entscheidungsfähigkeit und die Fähigkeit kritisch abzuwägen. Fehlen diese Voraussetzungen, kommt es zu keinem vorausschauenden autonomen Handeln, zu keiner kritischen Anpassung an gesellschaftliche Gegebenheiten, sondern zu Fehlverhalten. Mit dem Begriff der 'kritischen Anpassung' ist ein Verhalten gemeint, das geprägt durch Autonomie und Initiative, die Möglichkeiten einschließt, unter Umständen die vorgegebene Situation zu beeinflussen." (Pongratz, L.: Lebensbewährung als Ziel der Öffentlichen Erziehung, in: Sicherung des Erziehungserfolges nach Beendigung der Heimerziehung, Neue Schriftreihe des allgemeinen Fürsorgeerziehungstages, Heft 18, 1966, S. 21).

(24) S. u.a. Meinhold, M. und Hollstein, W.: aaO.

(25) Der Bundesminister für Jugend, Familie und Gesundheit: Zweiter Familienbericht, Bonn-Bad Godesberg 1975, S. 13.

(26) aaO., S.14

(27) Der Bundesminister für Jugend, Familie und Gesundheit: aaO., S. 14.

(28) aaO., S. 18 ff.

(29) Angaben zur Ersten Untersuchung, s. S. 5 ff.

(30) Alle im Text genannten Variablen (Var) sind immer dann im Anhang 5 (chronologisch) aufgeführt, wenn aus Gründen der komprimierten Zusammenfassung des Textes auf ihre vollständige tabellarische Darstellung verzichtet werden mußte oder (vor allem in den Tabellen) mit Zusammenfassung der Merkmale gearbeitet wurde.

(31) So bei bestehender Einzel- oder Amtsvormundschaft die Jugendfürsorgeakte, bei bestehender Öffentlicher Erziehung die Erziehungs- und Handakte, sowie in Fällen der Inpflegegabe oder Adoption die Handakte der entsprechenden Dienststelle; hinzu kam in Fällen der Inpflegegabe die Pflegeelternakte.

(32) S. zum Tiefeninterview insgesamt Banaka, W.H.: Training in Depth-interviewing, New York 1971, insb. S. 116 ff.

(33) Die für die Einschätzung der Untersuchung wichtigen Variablen, geordnet nach Themenkomplexe wie Ausbildung und Beruf, soziale Einordnung und Partnerschaft etc. (rd. 200 Häufigkeitstabellen) sind auf

Anforderung beim Verlag erhältlich (s. auch Variablenzusammenstellung im Anhang 5).

(34) Osgood, C.E.: Method and Theory in Experimental Psychology, New York und Oxford 1956, S. 714 ff; Osgood, C.E., Suci, G.J. und Tannenbaum, P.E.: The Measurement of Meaning, Chicago und London 1967, S. 76 ff.

(35) S. zum semantischen Differential im Verhältnis zu anderen Verfahren der Selbsteinschätzung Mummendey, H.D.: Methoden und Probleme der Messung von Selbstkonzepten, in: Filipp, F.-H. (Hrsg.): Selbstkonzeptforschung, Stuttgart 1979, S. 171-184.

(36) Es handelte sich um 30 weibliche und 22 männliche Studenten (6. Semester) des Juristischen Fachbereichs der Universität Hamburg, 1977.

(37) Erikson, E.H.: Identität und Lebenszyklus, Frankfurt/M. 1973, insb. S. 150 f.

(38) Vgl. dazu Clausen, der in Einschätzung der mit Krisen verbundenen Sequenzen auf der einen Seite kritisch feststellt, daß "weder die Phasen noch die konzeptionellen Vorstellungen, die sie erhellen, präzise genug definiert (sind), um systematische Forschungen zu erlauben ...", aber auch sieht, daß "sie das Aufkommen vieler Hypothesen begünstigen, die es wert sind, mit ausreichender Präzision formuliert zu werden, um so ihre Überprüfung zu ermöglichen". Und, wie man hinzufügen möchte, damit dazu beitragen könnten, präziser definierte Konzepte von Lebenslaufsequenzen zu entwickeln (Clausen aaO., S. 205).

(39) Benninghaus, H. von: Deskriptive Statistik für Soziologen, Stuttgart 1976^2, S. 112 ff.

(40) S. dazu auch die graphische Übersicht des Aufenthaltes der Kinder im Einzelnen, Anhang 6.

(41) S. Erste Untersuchung, S. 44, Tab 32.

(42) Im folgenden werden Kd so genannt, die überwiegend während der Schul- und Jugendzeit bei den Eltern (oder einem Elternteil) lebten, Pflegekinder/Adoptivkinder, die überwiegend bei Pflegeeltern/Adoptiveltern lebten, und Heimkinder, deren überwiegender Aufenthalt das Heim war.

(43) Blandow hat sich in einer Untersuchung über Rollendiskrepanzen in der Pflegefamilie mit der Problematik von Abbrüchen des Pflegeverhältnisses beschäftigt. Bei 320 untersuchten Vermittlungen kam es in 37 % aller Fälle nach fünfjähriger Beobachtungszeit nicht zur Dauerplazierung. Dabei ist zu berücksichtigen, daß Blandow von den vermittelten Pflegestellen ausging. Berücksichtigte er den Lebensweg der Kinder, kam er ebenfalls zu einer häufigeren "Abbruchquote" (Blandow, J.: Rollendiskrepanzen in der Pflegefamilie. Analyse einer sozialpädagogischen Situation, München 1972, S. 89, 91).

(44) Prozentzahlen werden im gesamten Text wegen der besseren Lesbarkeit abgerundet angeführt.

(45) In der Normalbevölkerung gleichen Alters in Hamburg rechnet man (1973) mit ca. 2,5 %, die in Heimen leben. Berechnet nach Angaben des Statistischen Landesamtes Hamburg und der Drucksache 9/4454, S. 31 der Bürgerschaft der Freien u. Hansestadt Hamburg 1982.

(46) Aus erzieherischen Gründen oder aus Gründen der Hilfsbedürftigkeit, § 62 u. §§ 5, 6 JWG.

(47) S. auch Tab 2 im Anhang 3, die gesondert nur die Veränderungen des Aufenthaltes zwischen dem Schulabschluß und dem Zeitpunkt des 18. Lebensjahres wiedergibt.

(48) S. dazu Erste Untersuchung, S. 37.

(49) Groth, S.: Kinder ohne Familie, München 1961, S. 131.

(50) Die Gruppe nichtehelich geborener Kinder umfaßt heute eine größere Anzahl von Kindern, die bei der Mutter und dem Erzeuger leben und damit in ihren realen Aufwuchsbedingungen ehelich Geborenen gleichen.

(51) S. Erste Untersuchung, S. 44, Tab 32.

(52) Der zwei- und mehrmalige Schulwechsel vor allem aus diesen Gründen betraf 51 % der gesamten Kindergruppe (s. Var 534).

(53) S. Erste Untersuchung, S. 44.

(54) S. Erste Untersuchung, Tab 34, S. 45.

(55) Das betraf - wie aus Aktenberichten ersichtlich - vor allem Kinder, die aus unterschiedlichen Gründen (s. Erste Untersuchung, S. 42 f) erst nach dem dritten oder vierten Lj zum ersten Mal in eine Pflegestelle vermittelt worden waren. Mit den dann oft bereits vorhandenen Hospitalismuserscheinungen (s. Erste Untersuchung, S. 74 ff) waren etliche Pflegefamilien überfordert; sie konnten ihnen nicht erzieherisch adäquat begegnen. Das "schwierige" Kind wurde ins Heim zurückgegeben. Diese Rückgabe führte beim Kind oft zu einer Verstärkung seiner Deprivation mit der Folge einer noch geringeren Chance erneuter Vermittlung (s. dazu auch Blandow aaO., S. 89 ff).

(56) S. Erste Untersuchung, Tab 34, S. 45.

(57) S. u.a. Bundesjugendkuratorium (Hrsg.): Erziehung in geschlossenen Heimen, München 1982.

(58) Erste Untersuchung, S. 79 f und Tab 53, S 80.

(59) Erste Untersuchung, Tab 55, S. 125.

(60) Gute Informationen über den Diskussionsstand zum Thema der (negativen) schulischen Selektion bringt die Veröffentlichung von Biermann, R. (Hrsg.): Schulische Selektion in der Diskussion, Bad Heilbronn 1976, s. insb. die Beiträge von Lückert, H.-R. und Feldhoff, I., S. 37 ff und 64 ff.

(61) Abgänger aus Hamburger Volksschulen mit Abschluß: 1969: 47 %,

1970: 46 %;
Quelle: 1969: Statistisches Landesamt Hamburg: Statistische Berichte der Freien und Hansestadt Hamburg, Lfd.-Nr. 5, 12.6.1970, Tab 15, 16, 17;
Quelle: 1970: Statistisches Landesamt Hamburg: Statistische Berichte der Freien und Hansestadt Hamburg, Lfd.-Nr. 2, 22.6.1971, Tab 6, 7, 8.

(62) Abgänger aus Hamburger Realschulen mit und ohne Abschluß: 1969: 19 %, 1970: 19 %
Oberschüler 11. Klasse: 1969: 16 %, 1970: 18 %. S. Quelle, aaO., Fußnote 61.

(63) Abgänger aus Hamburger Sonderschulen mit und ohne Abschluß: 1969: 8 %, 1970: 8 %, s. Quelle aaO., Fußnote 61.

(64) Am gleichen Einschulungsjahrgang (1960) führte Kemmler (Schulerfolg und Schulversagen, Göttingen 1976) eine Längsschnittuntersuchung an einem sample aus einem "gehobenen sozialen Milieu" (S. 22) mit allerdings differenzierteren Methoden (z.B. kürzere Untersuchungsabstände, Tests) durch. Auch sie kommt zu einem hohen Prozentsatz zurückgestellter, wieder ausgeschulter und sitzengebliebener Schüler. Aber im Gegensatz zu unseren Ergebnissen ist in ihrer Untersuchung die Anzahl der Schüler, die dennoch den Hauptschulabschluß oder Realschulabschluß erreichen, sehr hoch. Die Zahl der Sonderschüler beträgt im gesamten sample nur 5,4 % (S. 78).

(65) Kemmler (aaO., S. 68) nennt 11,6 %. In einer repräsentativen Untersuchung im Hamburger Schulbereich während eines vergleichbaren Zeitraumes fanden Belser und Hüsel (in: Biermann, R. (Hrsg.): Schulische Selektion in der Diskussion, aaO.) eine Gruppe von 39,5 % Sitzenbleibern (S. 112).

(66) S. hierzu Tab 8, Anhang 3, die das Ergebnis im einzelnen wiedergibt.

(67) S. Erste Untersuchung, S. 84 ff.

(68) Wir konnten in der Zweiten Untersuchung diesem Sachverhalt nicht weiter nachgehen, weil die dazu notwendigen eigenen Erhebungen (Lehrerbefragen etc.) für die zurückliegende Zeit nicht möglich waren und die Informationen aus den Akten sich als zu uneinheitlich und unergiebig erwiesen.

(69) Zur Definition des Begriffs "Verhaltensauffälligkeiten", s. Erste Untersuchung, S. 94. Häufig wird in der neueren Literatur auch der Begriff "Verhaltensstörung" gebraucht (anstelle von Verwahrlosung etc.). S. dazu u.a. Schulz, B.: Psychosoziale Probleme aus der Sicht der kinderpsychiatrischen Praxis, in: Hornstein, W. u.a. (Hrsg.): Beratungen in der Erziehung, Frankfurt/M. 1977 und Lückert, H.-R.: Zur Psychologie der Schulwierigkeiten, in: Biermann, R. (Hrsg.): aaO.

(70) So geben Kluge und Kuhlmann in einer Untersuchung "Verhaltensauffälligkeiten in Grundschulen einer Industrie-Großstadt K 1" (in: Kluge, K.-J. in Zusammenarbeit mit anderen: Sie prügeln sich und leisten wenig, Neuburgweiler 1975) den prozentualen Anteil verhaltensauffälliger Kinder vergleichbaren Alters mit rd. 2,3 % an. (S. 30).

(71) Diese Problematik der Verknüpfung von Lernschwierigkeiten, Verhaltenssttörungen und unqualifiziertem Schulabschluß betrifft vor allem Kinder sog. Randgruppen, s. dazu Schäfer, H. und Schröder, B.: Schulische Sozalisation und Schulversagen, eine Dokumentation, München 1978, S. 175 ff (mit zahlreichen Literaturnachweisen).

(72) Dieses Ergebnis stimmt in der Tendenz mit den Untersuchungen von Brusten, M. und Hurrelmann, K., Abweichendes Verhalten in der Schule, München 1973, überein, die ihre Hypothese von der Übernahme negativer Fremddefinitionen in die Selbstdefinition weitgehend bestätigt fanden (S. 101 ff), ist aber wegen der unterschiedlichen Untersuchungsmethoden und -zeiträume nur bedingt vergleichbar.

(73) Auf diese Problematik hat schon früher Iben aufmerksam gemacht (Randgruppen der Gesellschaft, München 1971, S. 25 ff; siehe auch Lösel, F.: Prozesse der Stigmatisierung in der Schule, in: Brusten, M. u. Hohmeier, J, (Hrsg): Stigmatisierung 2, Darmstadt 1975 a, S. 224 ff.

(74) Hier stimmen die Ergebnisse wiederum in der Tendenz mit denen von Brusten und Hurrelmann überein, die feststellten, daß sog. Negatividentifikationen übernommen werden (aaO. S. 101 ff).

(75) Der Index umfaßte außer Variablen über Behinderungen in der Zuwendung von Bezugspersonen, über verspätet einsetzende motorische Entwicklung auch Variablen über Behinderungen in der geistigen Entwicklung und Belastungen durch Krankheiten während der erten zwei Lebensjahre (s. vor allem S. 61-69 der Ersten Untersuchung).

(76) Über die einzelnen Belastungen, die in diese Variable eingegangen sind, s. Var 557, Anhang 5.

(77) S. Erste Untersuchung S. 115 ff.

(78) Nach den Daten der Handelskammer Hamburg bestanden 88.6% der Prüflinge 1973 die Lehrabschlußprüfung (Statistisches Landesamt Hamburg: Statistisches Jahrbuch 1974/75, IX. 1).

(79) S. dazu Tab 15 im Anhang 3.

(80) Dieses Bild zeigt auch die allgemeine Hamburger Berufsstatistik. So waren beispielsweise von allen Lehrlingen der Berufsgruppe "Gesundheits- und Körperpflege, Chemische und Reingigungshandwerke" nur 18% Männer gegenüber 82% Frauen. Im Metallhandwerk dagegen waren von den Lehrlingen 99% Männer gegenüber 1% Frauen (Statistisches Landesamt Hamburg: Statistisches Jahrbuch 1074/75, IX. 2).

(81) Aus den Mikrozensuserhebungen für Hamburg ergab sich ein ähnliches Schwergewicht: 1978 waren fast doppelt so viele Frauen wie Männer als Angestellte tätig. Hingegen waren in der Gruppe der Arbeiter nur etwa ein Viertel aller Beschäftigten Frauen (Statistisches Landesamt, Landesamt Hamburg: unveröffentlichte Zahlen des Mikrozensus 1977 und 1978).

(82) S. hierzu Tab 19 im Anhang 3.

(83) Bei einer entsprechenden Frage in der Jugendstudie der Deutschen

Shell an Personen gleichen Alters antwortete ebenfalls ein ähnlich hoher Prozentsatz (65%) positiv. Differenziert nach Schichtenzuordnung sinkt die Quote der Zufriedenen mit steigender Unterprivilegierung (Jugendwerk der Deutschen Shell, (Hrsg.): Jugend zwischen 13 und 24, 1975, Bd. II, Tabellenteil S. 102, 103).

(84) S. dazu im einzelnen Tab 20 im Anhang 3.

(85) Arbeitsamt Hamburg, Strukturanalyse über Arbeitslose 1977, Übersicht 17 und 18.

(86) Auch in der Hamburger Statistik der 22- bis 24jährigen zeigt sich diese erhöhte Anfälligkeit für Arbeitsosigkeit: So waren rd. 50% der Arbeitslosen 1977 "ohne Berufsausbildung". Von allen Arbeitnehmern dieser Altersklasse hatten aber nur rd. 30% keine Berufsausbildung, aaO., Übersicht 19, Sp 1 und Auskunft des Arbeitsamtes Hamburg vom Juli 1984.

(87) Jugendwerk der Deutschen Shell: Jugend in Europa, ihre Eingliederung in die Welt der Erwachsenen, Bd. II, 1977, S. 6.

(88) S. hierzu auch die folgenden Angaben über ein früheres Heiratsalter.

(89) In der vergleichbaren Wohnbevölkerung Hamburgs war 1977/78 weniger als ein Viertel der Männer verheiratet, hingegen ca. die Hälfte aller Frauen der betreffenden Altersgruppe (Statistisches Landesamt Hamburg, Mikrozensus-Erhebung 1977 u. 1978).

(90) Buchhofer, B.: Die jungen Erwachsenen, unveröffentl. Untersuchung, Hamburg 1969, dort Spalte 8 und 11.

(91) S. Neidhardt, F.: Die Familie in Deutschland, in: Struktur und Wandel der Gesellschaft, 1966, S. 31 ff.

(92) Das Thema gehörte in den Interviewgesprächen für viele Personen zum Intimbereich und wurde in 1/4 aller Interviews nur vage oder gar nicht und insgesamt wenig differenziert (im Gegensatz z.B. zum Berufsbereich) beantwortet und ist deshalb auch nur in einer eingeschränkten Interpretation möglich.

(93) Vermutlich ist dies eine eher zu niedrige Zahl, weil davon ausgegangen werden kann, daß unter denen, die sich zu dem Thema nicht äußerten, eher Personen mit als ohne Schwierigkeiten sind.

(94) Tabelle 25 und 26 erreichen im Abhängigkeitstest nicht ein Signifikanzniveau von 1-5%, s. Anhang 4.

(95) Pongratz, L. und Hübner, H.-O.: Lebensbewährung nach öffentlicher Erziehung, Neuwied 1959, S. 64.

(96) In Hamburg betrug die Zahl im Jahr 1950: 11,8%; 1970: rd. 7,7% (Statistisches Landesamt Hamburg, Statistisches Jahrbuch 1952, S. 54 und 1970/71, S. 50). In der BRD 1969: 4,8% und in der DDR: 11,5% (Bundesministerium für innerdeutsche Beziehungen (Hrsg.): Bericht der Bundesregierung und Materialien zur Lage der Nation 1972, Bonn 1972, S. 121).

(97) S. Erste Untersuchung, Tab 30, S. 40.

(98) S. Erste Untersuchung, Tab 29, S. 39.

(99) Zwei von drei Entmündigten.

(100) S. Erste Untersuchung, Tab 29, S. 39.

(101) In Hamburg stieg von 1968 - 1978 die einer Person im Durchschnitt zur Verfügung stehende Wohnfläche von 24 qm auf 31 qm. In der gleichen Zeit vergrößerte sich auch der Wohnkomfort. Ca. 70 - 75% der Bevölkerung war mit Größe und Ausstattung ihrer Wohnung zufrieden (Statistisches Landesamt Hamburg: Hamburg in Zahlen, Heft 12, 1980).

(102) Besonders betroffen von den schlechteren Wohnverhältnissen waren in der Ersten Untersuchung die sog. Elternkinder (s. Tab 36, S. 48), von den guten Wohnverhältnissen der Pflege und Adoptivkinder. Dieser Zusammenhang zeigte sich in der Zweiten Untersuchung nicht mehr.

(103) Buchhofer, aaO., Spalte I/80 (Berechnung unter Einbeziehung der Einkommenssteigerungen zwischen 1969 und 1976).

(104) S. Tab 29 a im Anhang 3. Diese Entsprechung findet allerdings ihre Grenzen, u.a. weil andere Faktoren den Sachverhalt mitbestimmen, z.B. Anzahl der zu versorgenden Personen, Miethöhe etc.

(105) S. zusammenfassend Mühlbauer, K.R.: aaO., S. 203 ff.

(106) Die Fragestellung bei Buchhofer lautete: "Mit wieviel befreundeten und bekannten Familien besuchen Sie sich regelmäßig?" (aaO., Frage 140, 141).

(107) Die Daten beziehen sich auf das Jahr 1969 (unsere Untersuchung 1977).

(108) Erste Untersuchung, S. 101, 111 ff.

(109) Erste Untersuchung, S. 101-104, 113 ff.

(110) Buchhofer, B.: aaO., Spalte 39 und 40.

(111) Erste Untersuchung, S. 95 f.

(112) Erste Untersuchung, S. 61 ff.

(113) Erste Untersuchung, S. 78 ff. u. Zweite Untersuchung, S. 33 ff.

(114) Erste Untersuchung, S. 94.

(115) S. Erste Untersuchung, S. 105.

(116) S. Erste Untersuchung, S. 105.

(117) In der Mehrzahl in Form verbaler Aggression, s. Var 680 und 706 - 708, s. auch Var 680/II, die das unterschiedliche Verhalten von Jungen und Mädchen wiedergibt.

(118) Angaben zur Indexbildung s. Var 473.

(119) Pongratz, L. und Hübner, H.-O.: aaO, 1959, S. 66 u. 87.

(120) S. dazu neuere Forschungsaspekte bei Lösel, F.: Persönlichkeitspsychologische Aspekte delinquenten Verhaltens in: Abele, A. u.a. (Hrsg.): Abweichendes Verhalten, Erklärungen, Scheinerklärungen und praktische Probleme, Stuttgart 1975, S. 162 ff; s. auch die Var 466, die die eigene Einschätzung der Situation nicht berücksichtigt.

(121) Var 473 s. Tab 37 = In den Index sind alle Verhaltensstörungen einbezogen worden, die zwischen dem 16. und 25. Lj aufgetreten waren, eine Unterscheidung der einzelnen Störungen in Verhaltensauffälligkeiten, neurotische Symptome u. Kontaktstörungen (Symptomkreise genannt) schhien wegen wenig differenzierter Informationen unangemessen.

(122) Erste Untersuchung, S. 96 f und 104 ff.

(123) S. Erste Untersuchung, S. 115 ff.

(124) S. Erste Untersuchung, Tab 85.

(125) S. Erste Untersuchung, S. 64, 66, 70 u. 77.

(126) S. Erste Untersuchung, S. 99 und 120.

(127) S. Unterschiede zwischen Tab 40, Rubr 6 und Tab 39, Rubr 4.

(128) Teils wegen zu später Vermittlung, teils wegen geringer erzieherischer Fähigkeit der Pflegeeltern oder der Schwierigkeiten (Hospitalismuserscheinungen) beim Kind.

(129) S. dazu die Darstellung in Kapitel 1.

(130) S. dazu S. 46 ff und S. 120 der Ersten Untersuchung.

(131) Die Einschätzung zwischen den Zeitabschnitten hat sich vermutlich unter dem Eindruck der weiteren Schulentwicklung der Kinder verändert, s. dazu im einzelnen die Tab 41 im Anhang 5.

(132) S. Erste Untersuchung, S. 116.

(133) S. dazu im einzelnen Kapitel: Material und Methode.

(134) Brusten, der ebenfalls Jugendamtsakten als Ausgangsmaterial seiner Studie benutzte, hebt besonders die Subjektivität der in den Berichten enthaltenen Informationen (im Sinne von objektiv feststellbaren Tatsachen) hervor und eine gewisse Beliebigkeit in der Auswahl der Fakten. Ihm scheint das Material deshalb am besten geeignet zu sein zur Analyse von Definitions- und Selektionsprozessen. (Brusten, M.: Prozesse der Kriminalisierung - Ergebnisse einer Analyse von Jugendamtsakten, S. 85 f in: Otto, H.-U. und Schneider, S. (Hrsg): Gesellschaftliche Perspektiven der Sozialarbeit 2, Neuwied 1973).

(135) Kaiser, G.: Kriminologie, §§ 12, 9 - 12, Karlsruhe u.a. 1980.

(136) Die wichtigsten und am wenigsten in der Theoriediskussion umstrittenen Prämissen des labeling approach hat Hohmeier kurz zusammengefaßt: Stigmatisierung als sozialer Definitionsprozeß, S. 5 - 20, in: Brusten, M. u. Hohmeier, J. (Hrsg.): Stigmatisierung 1. Zur Produktion gesellschaftlicher Randgruppen, Neuwied u.a. 1975.

(137) Als Beispiel dafür mag die Untersuchung von M. Brusten, Prozesse der Kriminalisierung. Ergebnisse einer Analyse von Jugendamtsakten, dienen, aaO. 1973, S. 85 - 126 oder die Studie von C. Schumann, Kriminalität durch Fürsorge? Eine Überprüfung der Labeling-Theorie an der Arbeit des Jugendamtes, in: Krim J. 2, 1974, S. 89 -104.

(138) S. dazu die generelle Auseinandersetzung mit dem labeling approach von Keckeisen, W.: Die gesellschaftliche Definition des abweichenden Verhaltens. Perspektiven und Grenzen des labeling approach, München 1974, und Rüther, W.: Abweichendes Verhalten und labeling approach, Köln 1975, der sich besonders um die Herausarbeitung integrativer Aspekte ätiologischer Ansätze und der "neuen" Perspektive bemüht.

(139) S. dazu die Veröffentlichung des Arbeitskreises Junger Kriminologen: Kritische Kriminologie. Positionen, Kontroversen und Perspektiven, München 1974.

(140) S. dazu die von Brusten, M. und Hohmeier, J. herausgegebenen Bände: Stigmatisierung 1 und Stigmatisierung 2. Zur Produktion gesellschaftlicher Randgruppen, Neuwied u.a. 1975.

(141) S. dazu vor allem Tannenbaum, Becker, Lemert und Kitsuse, zusammenfassend dargestellt und diskutiert bei Rüther, W., aaO. 1975, sowie Keupp, H.: Psychische Störungen als abweichendes Verhalten, München u.a. 1972, S. 165 ff und Keckeisen, W.: aaO. 1974, S. 35 ff.

(142) Goffmann, E.: Stigma. Über Techniken der Bewältigung beschädigter Identität, Frankfurt/M. 1967, S. 11.

(143) Hohmeier, J.: Stigmatisierung als sozialer Definitionsprozeß, aaO., S. 7. Auch die Vorurteilsbildung scheint eng mit dem Vorgang der Stigmatisierung zusammenzuhängen, wenn auch in der Vorurteilsforschung dieser Aspekt wenig thematisiert worden ist. S. hierzu Karsten, A.: Das Vorurteil, in: Vorurteil. Ergebnisse psychologischer und sozialpsychologischer Forschung, hrsg. v. A. Karsten, Darmstadt 1978, S. 120 ff, und Keckeisen, der besonderes Gewicht darauf legt, Aufschlüsse zu gewinnen, "wie Urteile über die Verletzung des normativen Zusammenhangs sich konstituieren und Geltung erlangen (Geltungsfrage)", aaO., S. 45.

(144) S. Fußnote 7.

(145) Hohmeier, J.: aaO. 1975, S. 7 f.

(146) Zum Begriff der Handlungskompetenz s. Bohnsack, R.: Handlungskompetenz und Jugendkriminalität, Neuwied u.a. 1973.

(147) Scott, M.B. and Lyman, S.M.: Accounts, Deviance and Social Order, S. 91, in: J. D. Douglas (ed.): Deviance ans Respectability. New York u.a. 1970, S. 89-110, zitiert bei Keckeisen, aaO., S. 49.

(148) In diesem Sinne ist es zu verstehen, wenn Keckeisen bei seiner Frage nach dem Konstitutionsprozeß der Situationsdeutung zwischen den Situationen des "labeling" und den Situationen des "devianten" Ereignisses unterscheidet (aaO., S. 48).

(149) Zur Analyse insbesondere über das Zustandekommen der vorfindbaren Informationen in Jugendamtsakten s. Brusten, M.: aaO. 1973, besonders S. 101 ff; s. auch Schumann, C.: zum ungeprüften Weitergeben von Informationen: "aber nichts, was früher über das Kind gesagt wurde, wird so einfach vergessen. Die Beurteilungen werden also von Stelle zu Stelle weitergegeben und undiskutiert übernommen. Dabei werden sie stereotypisiert und verkürzt, sie werden inhaltslos und sinnentleert, eine bloße Anhäufung von Bewertungsformeln", aaO., S. 97.

(150) S. Lemert, E.M.: Der Begriff der sekundären Devianz, in: Lüderssen, K. und Sack, F. (Hrsg.): Seminar: Abweichendes Verhalten 1. Die selektiven Normen der Gesellschaft, Frankfurt/M. 1975, S. 433 - 476, besonders 434.

(151) Vgl. Hohmeier, J.: aaO., S. 13.

(152) S. hierzu Goffman, der zwischen virtualer sozialer Identität und aktualer sozialer Identität unterscheidet, um zu verdeutlichen, daß das Stigma eine Diskrepanz zwischen beiden konstituiert, aaO. 1967, S. 10 f.

(153) Krappmann, L.: Soziologische Dimension der Identität, Stuttgart 1975[4], S. 8 f.

(154) Krappmann, L.: aaO., S. 9; in die gleiche Richtung - unter Berufung auf Schur und Strauss - geht die Argumentation von Keupp, aaO., S. 175: "Identität spiegelt einen dynamisch sich verändernden subjektiven Zustand wider, der sich in der Auseinandersetzung mit objektiven sozialstrukturellen Prozessen herausbildet."; über den psychoanalytischen Identitätsbegriff s. Erikson, E.H.: aaO., S. 106 ff.

(155) Krappmann, L.: aaO., S. 15.

(156) Vgl. zum Selbstbild Argyle, M.: Soziale Interaktion, Köln 1972, S. 347 ff.

(157) Steinert H.: Die Strategien sozialen Handelns. Zur Soziologie der Persönlichkeit und der Sozialisation, München 1972, S. 116 f, s. insbesondere den Abschnitt Selbstbild und Identität, S. 106 ff.

(158) Vgl. Hohmeier, J.: aaO., S. 13.

(159) Schumann, K.: Ungleichheit, Stigmatisierung und abweichendes Verhalten. Zur theoretischen Orientierung kriminologischer Forschung, in: KrimJ 2, 1973, S. 88; s. die Kritik am labeling approach von Carola Schumann, auf die Karl Schumann sich bezieht. Ihrer Meinung nach vermischen sich im labeling approach zwei Konzepte, "die relativ eigenständig nebeneinander existieren können, nämlich das des 'Identitätswandels' und das der 'reduzierten Chancen'. Abzuklären wäre, ob beide unabhängig voneinander eine deviante Karriere erklären können oder ob beide notwendig zusammenhängen." (aaO., S. 102).

(160) Goffman hat sich in seiner Arbeit über Stigma (aaO.) ausführlich mit dem von ihm sog. Statusmanagement beschäftig, das besonders von solchen Personen angestrebt wird, die diskreditierbar, aber noch nicht diskreditiert worden sind. S. zu dieser Unterscheidung insbesondere S. 56 f.

(161) Lautmann hat 1972 in einer mit Tiefeninterviews arbeitenden Untersuchung zum Heterostereotyp Einstellungen herausgefunden, die von einer Anomalität unehelich geborener Kinder ausgehen, von mit Sozialisationsdefiziten behafteten Kindern etc.: "Der Begriff des Makels ist charakteristischerweise doppeldeutig: Zum einen meint er eine negative Eigenschaft des Betroffenen, zum anderen eine negative Beurteilung durch die Umwelt. Das uneheliche Kind erwirbt seinen Makel nicht durch eigenes Verschulden; man sagt, das könnte sich vererbt haben, vielleicht, daß so ein Kind die leichte Art der Mutter geerbt hat (31) - der Apfel fällt nicht weit vom Stamm (9). Manchem Befragten ersheint das Erbbild unehelicher Kinder überhaupt als zweifelhaft; wer weiß, was da für Erbfaktoren drin sind (38)." Darüber hinaus bestehe auch eine Devianzvermutung; man verdächtige unehelich Geborene, von moralischen und kriminellen Normen abzuweichen: "die Mutter treibt es mit jedem (46); hat sich entsprechend gehenlassen (37), sie gilt als leichtlebig und als Flittchen. Die Mutter verletzt danach die Normen sexueller Zurückhaltung. Auch der uneheliche Vater wird zuweilen schief angesehen: Kaum vertrauenswürdig und vielleicht ein Strolch". (Lautmann, R. u.a.: Zur Struktur von Stigmata. Das Bild der Blinden und Unehelichen, in: KZfSS 24, 1972, S. 83 - 101).

(162) Vgl. zu dieser Thematik die Veröffentlichung von Peters, H. u. Cremer-Schäfer, H.: Die sanften Kontrolleure. Wie Sozialarbeiter mit Devianten umgehen, Stuttgart 1975. Peters u.a. haben allerdings nicht untersucht, in welcher Weise Aktenberichte erstellt werden (vgl. dazu Brusten, aaO., 1973), sondern ob Sozialarbeiter innerhalb der Kommunikation mit den zu Betreuenden stigmatisierende Bewertungen in das Gespräch einfließen lassen. Sie kamen zu dem Ergebnis, daß das überwiegend nicht der Fall ist.

(163) Vgl. Schumann, C., die sich mit dem Problem beschäftigt, ob die Bewertungen tatsächlich handlungsrelevant werden (aaO., S. 93).

(164) Goffman spricht von mangelnder Akzeptierung. "Diejenigen, die mit dem Stigmatisierten zu tun haben, lassen es daran fehlen, ihm den Respekt und die Beachtung zu gewähren, die sie ihm unter dem Eindruck der nichtaffizierten Aspekte seiner sozialen Identität entgegenbringen wollten, während er unter demselben Eindruck erwartete, sie entgegennehmen zu dürfen; sein Echo auf diese Verweigerung ist die Empfindung, daß einige seiner eigenenen Eigenschaften sie rechtfertigen." (aaO., S. 18).

(165) S. dazu die Ausführungen von Goffmann zu dem von ihm so benannten Stigma-Management, dem Umgang mit der Stigmatisierung, aaO., S. 116 ff.

(166) Vgl. auch Schur, E.M.: Abweichendes Verhalten und soziale Kontrolle. Etikettierung und gesellschaftliche Reaktionen, Frankfurt/M., 1974, S. 53 ff und 68 ff.

(167) Lemert, E. M.: aaO., S. 458.

(168) S. Schumann, C. aaO., S. 98; und auch Brusten, der in seiner Untersuchung über Prozesse der Kriminalisierung in Jugendamtsakten konzidiert, daß die von ihm analysierten Akten über Folgeprozesse (und damit Identitätswandel) wenig Auskunft geben. Brusten, M. aaO., 1973, S. 114; in der Untersuchung vom gleichen Autor zusammen mit Hurrelmann, K. (Abweichendes Verhalten in der Schule, aaO.) verweisen die Autoren auf die großen Schwierigkeiten der Operationalisierung und empirischen Messung dieses wichtigen Teils des labeling approach; sie selbst bedienen sich in dieser Untersuchung eines semantischen Differentials, um zwar nicht die Veränderung, jedoch den augenblicklichen Zustand in der Selbstbildentwicklung messen zu können, S. 89 f.

(169) S. Fußnote 3.

(170) S. Erste Untersuchung, S. 29 f.

(171) §§ 27, 31 JWG.

(172) In einigen Fällen traf dies auch zu, wie sich bei den Interviews der Ersten Untersuchung zeigte, aaO., S. 56 f.

(173) Bei 10 Fällen blieb der Sachverhalt wegen zu geringer Laufzeit der Akten unbekannt.

(174) Im folgenden wird die Kategorie "beide Stigmaarten" mit "häufigeren stigmatisierenden Äußerungen" gleichgesetzt.

(175) So berichtete z.B. eine Lehrerin über die Probandin G., daß diese genau merke, wie alle sie wegen ihrer asozialen Familie ablehnten. In einem anderen Fall hatte die Pflegemutter bei wiederholtem Zuspätkommen die Probandin gewarnt, nicht "so" zu werden wie die Mutter. S. über Inhalts- und Beziehungsaspekte der Kommunikation Watzlawick, P. u.a.: Menschliche Kommunikation, Bern u.a. 1969, S. 53 ff.

(176) S. dazu die Beschreibung von Goffman, E.: aaO., S. 56 f.

(177) Schumann, C. hat in ihrer Untersuchung diesen Gesichtspunkt berücksichtigt und das label als stark relativiert und damit nicht in die labeling-Klassifizierung gehörig betrachtet, aaO., S. 99.

(178) S. Goffman, E.: aaO., S. 94 ff.

(179) S. dazu die qualitative Analyse im Abschnitt III.

(180) Ein Zusammenhang zwischen den Aussagen der Probanden und den stigmatisierenden Äußerungen in den Akten bestand nicht. Das könnte u.a. daran liegen, daß Kommunikationsformen zwischen Kindern und Pflegeeltern selten n den Aktenberichten erwähnt werden.

(181) Dabei spielte eine wichtige Rolle - sowohl im positiven als auch im negativen Sinne - das Elternhaus (s. Var 871 und 872).

(182) S. Buchhofer, B., aaO.: Rd. 21% nannten gravierende Sozialisationskonflikte (II/75) oder benachteiligte soziale Plazierung (27%, III/66).

(183) Die Indexbildung betraf 60 Personen der Untersuchungspopulation; die anderen Personen zeigten davon leicht abweichende Merkmalszusammensetzungen und wurden deshalb in die Gruppenbildung nicht einbezogen.

(184) Einzelheiten über das erstellte Selbst-, Fremd- und Idealbild s. Methodenteil.

(185) S. zum augenblicklichen Forschungsstand Filipp, F.-H. (Hrsg.): aaO. und Mummendey, H.-D.: Selbstkonzept, in: Frey, D. und Greif, S. (Hrsg.): Sozialpsychologie, München u.a., 1983, sowie Mummendey, H.-D.: Methoden und Probleme der Messung von Selbstkonzepten, in: Filipp, F.-H. aaO., S. 171 - 184.

(186) S. dazu Trautner, H.-M.: Der Beitrg zur Selbstkonzeptforschung zur Erklärung sozial abweichenden Verhaltens, in: Filipp, F.-H.: aaO., S. 273 - 285.

(187) Gergen, K.J.: Selbsterkenntnis und wissenschaftliche Erkenntnis des sozialen Handelns, in: Filipp, F.-H.: aaO., S. 76.

(188) Allerdings wurde in der Selbstkonzept-Forschung bei sehr gleichmäßigen Lebensverläufen (also z.B. bei Personen, die sich in gleicher Umgebung über lange Jahrzehnte aufhielten etc.), eine höhere Stabilität beobachtet; damit ist eine Stabilität in den "Kern"-Merkmalen und einem Wandel der eher peripheren Merkmale gemeint. Gergen, K.J.: aaO., S. 86 und 78 f.

(189) S. dazu die durchgeführten Experimente bei Gergen, K.-J.: aaO., S. 81 f und auch die in diesem Zusammenhang interessierenden Ausführungen über Prozesse der Rückerinnerung im Hinblick auf Wandlungen des Selbstbildes, aaO., S. 81.

(190) S. dazu Wicklund, R.A.: Die Aktualisierung von Selbstkonzepten in Handlungsvollzügen, in: Filipp, F.-H.: aaO., S. 153 - 169; zu dem Aspekt der Selbstaufmerksamkeit, S. 163 ff.

(191) Wicklund, R.A.: aaO., S. 167.

(192) Trautner, H.M.: aaO., S. 273 - 285.

(193) Zu den Ergebnissen im einzelnen siehe Methodenteil.

(194) Trautner, H.M., aaO., S. 276 ff.

(195) Nach der empirischen Verteilung ergaben sich drei Gruppen: Gruppe I positiv: n 0 34, Gruppe II mittel: n = 58, Gruppe III negativ: n = 35 (Var 413).

(196) Im Zusammenhang mit Verhaltensauffälligkeiten dieser Personengruppe im Erwachsenenalter s. Kap 6.4.2.

(197) Ein Merkmal, das mit der Variable "stigmatisierende Äußerungen" und der sozialen Identität nicht befriedigend korreliert (s. Tab 56 im Anhang 3).

(198) Trautner, H.-M. schließt dann auch seinen Beitrag über die

Selbstkonzeptforschung zur Erklärung sozialabweichenden Verhaltens mit den Worten: "Die Erforschung der Beziehungen zwischen sozial abweichendem Verhalten und Selbstkonzepten steht noch an ihrem Anfang" (aaO., S. 287). Er hat in seinem Beitrag alle einschlägigen Untersuchungen der letzten 25 Jahre aufgeführt, beschränkt sich aber auf Untersuchungen, die zwar einen Zusammenhang zwischen Selbstbild und abweichendem Verhalten aufzeigen wollten, jedoch ohne die Selbstbildkonzeption in Zusammenhang zum labeling approach zu sehen. So fehlen denn auch die (wenigen) Untersuchungen aus dem deutschen Sprachraum von Blankenburg, Brusten, Lautmann, Schumann etc. S. zum Gesamtthema die für unseren Bereich wichtige neuere Untersuchung von Frey, H.-P.: Stigma und Identität. Eine empirische Untersuchung zur Genese und Änderung krimineller Identität bei Jugendlichen, Weinheim und Basel, 1983.

(199) Trautner, H.-M.: aaO., S. 276 ff.

(200) Trautner, H.-M.: aaO., S. 281 ff.

(201) Unter Methodenabhängigkeit wird verstanden, ob z.B. Fragebögen, semantisches Differential oder Adjektivlisten verwendet wurden, aaO., S. 284.

(202) Wie erwartet besteht auch kein Zusammenhang zwischen den dominierenden Verhaltensstörungen (Var 626) und dem Selbstbild im Erwachsenenalter.

(203) S. dazu die Bemerkungen über die "buchhalterische" Auflistung von Verhaltensweisen in Heimakten etc., s. Kap. 5.3.

(204) Brauneck, A.-E.: Allgemeine Kriminologie, Reinbek 1974, S. 236 f.

(205) AaO., S. 275 ff.

(206) Quensel, St.: Wie wird man kriminell? In: Kritische Justiz 1970, S. 375 - 382.

(207) Frey kommt (bei einer von uns nicht getroffenen Unterscheidung zwischen sozialer und privater Selbsterfahrung) in der Tendenz zu einem ähnlichen Ergebnis in seiner Untersuchung mit jungen Straftätern: "... seine Identität, - so wie er glaubt, wie sie von der sozialen Umwelt definiert wird - ist allein durch seine gegenwärtige Situation festgelegt." AaO., s. 149.

(208) So auch die empirischen Befunde bei Frey, der bei jungen Strafgefangenen keinen direkten Einfluß von Mängellagen der familialen, schulischen und beruflichen Biographie auf die abweichende Identität sah, aaO., S. 232.

(209) Die Variable Soziale Beziehung zeigte, wie wir im Abschnitt 6.3 bereits nachwiesen, ebenfalls eine positive Korrelation zur Sozialen Identität (s. Tab 53 im Anhang 3).

(210) Kleining, G.: Umriß zu einer Methodologie qualitativer Sozialforschung, in: Kölner Zeitschrift für Soziologie und Sozialpsychologie 34, 1982, S. 234.

(211) Vgl. Schütze, F.: Die Technik des narrativen Interviews in Interaktionsfeldstudien, Ms. 1977.

(212) Vgl. Cohn, R.C.: Von der Psychoanalyse zur themenzentrierten Interaktion, Stuttgart 1977.

(213) Glaser, B. G. und Strauss, A. L.: The Discovery of Grounded Theory: Strategies for Qualitative Research, in: The American Behavioral Scientist 8, 1965, S. 5 - 12.

(214) Hopf, C.: Die Pseudo-Exploration - Überlegungen zur Technik qualitativer Interviews in der Sozialforschung, in: Zeitschrift für Soziologie 7, 1978, S. 97 - 115.

(215) Kleining, G.: aaO., S. 238 ff.

(216) Nicht unwichtig zu wissen ist vielleicht, daß mit dem Ablauf des 16. Lebensjahres Pflegegeldzahlungen eingestellt werden.

(217) Mentzos, St.: Interpersonale und institutionalsierte Abwehr, Frankfurt/M. 1976.

(218) Leithäuser, Th. et al.: Entwurf zu einer Empirie des Alltagsbewußtseins, Frankfurt/M. 1977, S. 63, 112 ff.

(219) Leithäuser, Th. et al.: aaO., S. 82.

(220) Leithäuser, Th. und Volmerg, B.: Anleitung zur empirischen Hermeneutik. Psychoanalytische Textinterpretation als sozialwissenschaftliches Verfahren, Frankfurt/M. 1979, S. 80.

(221) Mentzos, aaO., S. 69.

(222) Glaser, B. G. und Strauss, A. L.: Interaktion mit Sterbenden, Göttingen 1974, S. 16 f.

(223) Hoffmann-Riem, Ch.: Die Verarbeitung bedrohter Normalität in der Adoption, Ms. 1980, S. 10.

(224) Leithäuser, Th. und Volmerg, B.: aaO., 1979, S. 82.

(225) Mentzos, St.: aaO., S. 22.

(226) vgl. Schütz, A.: Das Problem der Relevanz, Frankfurt/M. 1971.

(227) Bion, W. R.: Erfahrungen in Gruppen, Stuttgart 1971.

(228) Kohut, H.: Narzißmus, eine Theorie der psychoanalytischen Behandlung narzißtischer Persönlichkeitsstörungen, Frankfurt/M. 1973.

(229) Leithäuser, Th. et al.: aaO., 1977, S. 93.

(230) ebd., S. 108.

(231) Leithäuser, Th. et al.: aaO., 1977, S. 101.

(232) vgl. Lorenzer, A.: Kritik des psychoanalytischen Symbolge-

griffs, Frankfurt/M. 1970; ders.: Sprachzerstörung und Rekonstruktion, Frankfurt/M. 1973.

(233) Es handelt sich u.a. um eine die Befragte betreffende Mutter-Kind-Szene, die S. öffentlichen Institutionen gegenüber völlig anders darstellt als sie tatsächlich verlaufen ist. Diese Darstellung läßt an S.'eigene Herkunft erinnern.

(234) Richter, H.-E.,: Patient Familie. Entstehung, Struktur und Therapie von Konflikten in Ehe und Familie, Reinbek 170, S. 51 ff.; vgl. ders.: Eltern, Kind und Neurose, Reinbek 1969, S. 89 ff.

(235) Hoffmann-Riem, Chr.: aaO., S. 7.

(236) Hinzu kommt, daß für kleine Mädchen diese Bezeichnung in bestimmten Familienkulturen typisch ist.

(237) Leithäuser, Th. et al.: aaO., S. 98.

(238) Leithäuser, Th. und Volmerg, B.: aaO., S. 144.

2. Literatur

ABELE, A. u.a. (Hrsg.): Abweichendes Verhalten, Erklärungen, Scheinerklärungen und praktische Probleme, Stuttgart 1975.
ARBEITSAMT HAMBURG: Strukturanalyse über Arbeitslose, Hamburg 1977.
ARBEITSKREIS JUNGER KRIMINOLOGEN: Kritische Kriminologie. Positionen, Kontroversen, Perspektiven, München 1974.
ARGYLE, M.: Soziale Interaktion, Köln 1972.
BANAKA, W. H.: Training in Depth-interviewing, New York 1971.
BELSER, H. und HÜSEL, G.: Zum Sitzenbleiber-Problem an Volksschulen, in: Biermann, R. (Hrsg.): Schulische Selektion in der Diskussion, Heilbronn 1976.
BENNINGHAUS, von H.: Deskriptive Statistik für Soziologen, Stuttgart 1976^2.
BIERMANN, R. (Hrsg.): Schulische Selektion in der Diskussion, Heilbronn 1976.
BION, W. R.: Erfahrungen in Gruppen, Stuttgart 1961.
BLANDOW, J.: Rollendiskrepanzen in der Pflegefamilie. Analyse einer sozialpädagogischen Situation, München 1972.
BOHNSACK, R.: Handlungskompetenz und Jugendkriminalität, Neuwied u.a. 1973.
BRAUNECK, A.-E.: Allgemeine Kriminologie, Reinbek 1974.
BRUSTEN, M.: Prozesse der Kriminalisierung - Ergebnisse einer Analyse von Jugendamtsakten, in: Otto, H.-U. u. Schneider, S. (Hrsg.): Gesellschaftliche Perspektiven der Sozialarbeit 2, Neuwied/Berlin 1973.
BRUSTEN, M. u. HURRELMANN, K.: Abweichendes Verhalten in der Schule. Eine Untersuchung zu Prozessen der Stigmatisierung, München 1973.
BRUSTEN, M. u. HOHMEIER, J. (Hrsg.): Stigmatisierung 1 und 2. Zur Produktion gesellschaftlicher Randgruppen, Neuwied/Berlin 1975.
BUCHHOFER, B.: Die jungen Erwachsenen. Unveröffentlichte Untersuchung, Hamburg 1969.
DAS BUNDESJUGENDKURATORIUM (Hrsg.): Erziehung in geschlossenen Heimen, München 1982.
DER BUNDESMINISTER für innerdeutsche Beziehungen (Hrsg.): Bericht der Bundesregierung und Materialien zur Lage der Nation 1972, Bonn 1972.
DER BUNDESMINISTER für Jugend, Familie und Gesundheit: Zweiter Familienbericht, Bonn-Bad Godesberg 1975.
BÜRGERSCHAFT der Freien und Hansestadt Hamburg: Drucksache 9/4454, Hamburg 1982.
CAESAR, B.: Autorität in der Familie. Ein Beitrag zum Problem schichtenspezifischer Sozialisation, Reinbek 1972.
CLAESSENS, D.: Familie und Wertsystem. Eine Studie zur zweiten soziokulturellen Geburt des Menschen, Berlin 1962.
CLAUSEN, J. A.: Die gesellschaftliche Institution individueller Lebensläufe, in: Hurrelmann, K. (Hrsg.): Gesellschaft, Sozialisation und Lebenslauf, Reinbek b. Hamburg 1976.
COHN, R. C.: Von der Psychoanalyse zur themenzentrierten Interaktion, Stuttgart 1976.
DOUGLAS, J. D. (ed): Deviance and Respectability, New York und London 1970.
ERIKSON, E. H.: Identität und Lebenszyklus, Frankfurt/M. 1973.
FELDHOFF, J.: Schule und soziale Selektion in: Biermann, R.: Schulische Selektion in der Diskussion, Heilbronn 1976 (S. 64-79).
FEND, H. u.a.: Sozialisationseffekte, Weinheim und Basel 1976.
FILIPP, F.-H. (Hrsg.): Selbstkonzept-Forschung, Probleme, Befunde, Perspektiven, Stuttgart 1979.
FREY, H.-P.: Stigma und Identität. Eine empirische Untersuchung zur

Genese und Änderung krimineller Identität bei Jugendlichen, Weinheim und Basel 1983.
FREY, D. u. GREIF, S. (Hrsg.): Sozialpsychologie, München, Wien, Baltimore 1983.
GERGEN, K. J.: Selbsterkenntnis und wissenschaftliche Erkenntnis des sozialen Handelns, in: Filipp, F.-H. (Hrsg.): Selbstkonzept-Forschung, Stuttgart 1979.
GEULEN, D.: Thesen und Metatheorie der Sozialisation, in: Götz, B. und Kaltschmid, J. (Hrsg.): Sozialisation und Erziehung, Darmstadt 1978.
GLASER, B. G. und STRAUSS, A. L.: Interaktion mit Sterbenden, Göttingen 1974.
GLASER, B. G. und STRAUSS, A. L.: The Discovery of Grounded Theory: Strategies for Qualitative Research, in: The American Behavioral Scientist, 8, 1965, S. 5 - 12; deutsch in: Hopf, Chr. und Weingarten, E. (Hrsg.): Qualitative Sozialforschung, Stuttgart 1979, S. 91 - 111.
GOFFMAN, E.: Stigma. Über Techniken der Bewältung beschädigter Identität, Frankfurt/M. 1967.
GOTTSCHALCH, W., NEUMANN-SCHÖNWETTER, M. und SOUKUP, G.: Sozialisationsforschung. Materialien, Probleme, Kritik, Frankfurt/M. 1971.
GÖTZ, B.: Zur Krise der Sozialisationsforschung, in: Götz, B. und Kaltschmid, J. (Hrsg.): Sozialisation und Erziehung, Darmstadt 1978.
GÖTZ, B. und KALTSCHMID, J. (Hrsg.): Sozialisation und Erziehung, Darmstadt 1978.
GROTH, S.: Kinder ohne Familie, München 1961.
HOFFMANN-RIEM, CHR.: Die Verarbeitung bedrohter Normalität in der Adoption, MS. 1980.
HOHMEIER, J.: Stigmatisierung als sozialer Definitionsprozeß, in: Brusten, M. u. Hohmeier, J. (Hrsg.): Stigmatisierung 1. Zur Produktion gesellschaftlicher Randgruppen, Neuwied 1975.
HOPF, CHR.: Die Pseudo-Exploration - Überlegungen zur Technik qualitativer Interviews in der Sozialforschung, in: Zeitschrift für Soziologie 7, 1978, S. 97 - 115.
HOPF, CHR. und WEINGARTEN, E. (Hrsg.): Qualitative Sozialforschung, Stuttgart 1979.
HORNSTEIN, W. u.a. (Hrsg.): Beratung in der Erziehung, Frankfurt/M. 1977.
HURRELMANN, K. (Hrsg.): Sozialisation und Lebenslauf, Empirie und Methodik sozialwissenschaftlicher Persönlichkeitsforschung, Reinbek b. Hamburg 1976.
HURRELMANN, K.: Gesellschaft, Sozialisation und Lebenslauf. Zum theoretischen Stand der sozialwissenschaftlichen Sozialforschung, in: Hurrelmann, K. (Hrsg.) Sozialisation und Lebenslauf, Empirie und Methodik sozialwissenschaftlicher Persönlichkeitsforschung, Reinbek b. Hamburg 1976.
HURRELMANN, K. und ULICH, D. (Hrsg.): Handbuch der Sozialisationsforschung, Weinheim und Basel 1982[2].
IBEN, G.: Randgruppen der Gesellschaft, München 1971.
JUGENDWERK DER DEUTSCHEN SHELL (Hrsg.): Jugend zwischen 13 und 24 - Vergleich über 20 Jahre - Band II 1975.
JUGENDWERK DER DEUTSCHEN SHELL: Jugend in Europa, ihre Eingliederung in die Welt der Erwachsenen. Bad. II, 1977.
KAGAN, J. und MOSS, H. A.: Birth to maturity, New York und London 1962.
KAISER, G.: Kriminologie, Heidelberg und Karlsruhe 1980.
KARSTEN, A. (Hrsg.): Vorurteil. Ergebnisse psychologischer und sozialpsychologier Forschung, Darmstadt 1978.

KARSTEN, A.: Das Vorurteil, in: Karsten, A. (Hrsg.): Vorurteil, Ergebnisse psychologischer und sozialpsychologischer Forschung, Darmstadt 1978.
KECKEISEN, W.: Die gesellschaftliche Definition des abweichenden Verhaltens. Perspektiven und Grenzen des labeling approach, München 1974.
KEMMLER, L.: Schulerfolg und Schulversagen, Göttingen 1976.
KEUPP, H.: Psychische Störungen als abweichendes Verhalten, München, Berlin, Wien 1972.
KLEINING, G.: Umriß zu einer Methodologie qualitativer Sozialforschung, in: Kölner Zeitschrift für Soziologie und Sozialpsychologie 34, 1982, S. 224-253.
KLUGE, K.-J. (in Zusammenarbeit mit anderen): Sie prügeln sich und leisten wenig, Neuburgweiler 1975.
KLUGE, K.-J. und KUHLMANN, H.-J.: Verhaltensauffälligkeiten in Grundschulen einer Industrie-Großstadt K 1, in: Kluge, K.-J. u.a. (Hrsg.): Sie prügeln sich und leisten wenig, Neuburgweiler 1975.
KOHUT, H.: Narzißmus. Eine Theorie der psychoanalytischen Behandlung narzißtischer Persönlichkeitsstörungen, Frankfurt/M. 1973.
KRAPPMANN, L.: Soziologische Dimensionen der Identität, Stuttgart 1975[4].
LAUTMANN, R., SCHÖNHALS-ABRAHMSOHN, F. M. und SCHÖNHALS, M.: Zur Struktur von Stigmata. Das Bild der Blinden und Unehelichen, in: Kölner Zeitschrift für Soziologie und Sozialpsychologie 1972, S. 82 - 101.
LEITHÄUSER, TH. u.a.: Entwurf zu einer Empirie des Alltagsbewußtseins, Frankfurt/M. 1977.
LEITHÄUSER, TH. und VOLMERG, B.: Anleitung zur empirischen Hermeneutik. Psychoanalytische Textinterpretation als sozialwissenschaftliches Verfahren, Frankfurt/M. 1979.
LEMERT, E. M.: Der Begriff der sekundären Devianz, in: Lüderssen, K. und Sack. F. (Hrsg.): Seminar: Abweichendes Verhalten 1, Die selektiven Normen der Gesellschaft, Frankfurt/M. 1975.
LÖSEL, F.: Persönlichkeitspsychologische Aspekte delinquenten Verhaltens, in: Abele, H. u.a. (Hrsg.): Abweichendes Verhalten, Erklärungen, Scheinerklärungen und praktische Probleme, Stuttgart 1975.
LÖSEL, F.: Prozesse der Stigmatisierung in der Schule, in: Brusten M. u. Hohmeier, J. (Hrsg.): Stigmatisierung 2. Zur Produktion gesellschaftlicher Randgruppen, Neuwied 1975a.
LORENZER, A.: Kritik des psychoanalytischen Symbolbegriffs, Frankfurt/M. 1970.
LORENZER, A.: Sprachzerstörung und Rekonstruktion, Vorarbeiten zu einer Metatheorie der Psychoanalyse, Frankfurt/M. 1973.
LÜCKERT, H.-R.- Zur Psychologie der Schulschwierigkeiten, in: Biermann, R. (Hrsg.): Schulische Selektion in der Diskussion, Heilbronn 1976, S. 37 - 63.
LÜDERSSEN, K. und SACK, F.: Seminar: Abweichendes Verhalten 1, Die selektiven Normen der Gesellschaft, Frankfurt/M. 1975.
MEINHOLD, M. u. HOLLSTEIN, W.: Erziehung und Veränderung. Entwurf einer handlungsbezogenen Sozialisationstheorie, Neuwied, Darmstadt 1975.
MENTZOS, ST.: Interpersonale und instituionalisierte Abwehr, Frankfurt/M. 1976.
MOLLENHAUER, K.: Einführung in die Sozialpädagogik, Weinheim 1964.
MÜHLBAUER, K. R.: Sozialisation, München 1980.
MUMMENDEY, H.-D.: Methoden und Probleme der Messung von Selbstkonzepten, in: Filipp, F.-H. (Hrsg.): Selbstkonzept-Forschung, Stutt-

gart 1979.
MUMMENDEY, H.-D.: Selbstkonzept, in: Frey, D. und Greif, S. (Hrsg.): Sozialpsychologie, München, Wien, Baltimore 1983.
NEIDHARDT, F.: Die Familie in Deutschland, Struktur und Wandel der Gesellschaft, Reihe B der Beiträge zur Sozialkunde, Opladen 1966.
NEIDHARDT, F. (Hrsg.): Frühkindliche Sozialisation. Theorien und Analysen, Stuttgart 1975.
OSGOOD, C. E.: Method and Theory in Experimental Psychology, New York und Oxford 1956.
OSGOOD, C. E., SUCI, G. J. and TANNENBAUM, P. E.: The Measurement of Meaning, Chicago und London 1967.
OTTO, H.-U. u. SCHNEIDER, S. C. (Hrsg.): Gesellschaftliche Perspektiven der Sozialarbeit 1 und 2, Neuwied 1975.
PETERS, H. und CREMER-SCHÄFER: Die sanften Kontrolleure. Wie Sozialarbeiter mit Devianten umgehen, Stuttgart 1975.
PONGRATZ, L. und HÜBNER, H.-O.: Lebensbewährung nach öffentlicher Erziehung, Neuwied 1959.
PONGRATZ, L.: Prostituiertenkinder. Umwelt und Entwicklung in den ersten acht Lebensjahren, Stuttgart 1964.
PONGRATZ, L.: Lebensbewährung als Ziel der Öffentlichen Erziehung, in: Neue Schriftenreihe des Allgemeinen Fürsorgeerziehungstages: Sicherung des Erziehungserfolges nach Beendigung der Heimerziehung, Heft 18, 1966.
QUENSEL, S.: Wie wird man kriminell?, in: Kritisch Justiz, 1970, S. 375 - 382.
RICHTER, H.-E.: Eltern, Kind und Neurose, Reinbek 1969.
RICHTER, H.-E.: Patient Familie. Entstehung, Struktur und Therapie von Konflikten in Ehe und Familie, Reinbek 1970.
RÜTHER, W.: Abweichendes Verhalten und labeling approach, Köln 1975.
SCHÄFER, H. und SCHRÖDER, B.: Schulische Sozialisation und Schulversagen. Eine Dokumentation, München 1978.
SCHMALOHR, E.: "Mutter"-Entbehrung in der Frühsozialisation, in: Neidhardt, F. (Hrsg.): Frühkindliche Sozialisation. Theorien und Analysen, Stuttgart 1975, S. 188-229.
SCHÜTZ, A.: Das Problem der Relevanz, Frankfurt/M. 1971.
SCHÜTZE, FR.: Die Technik des narrativen Interviews in Interaktionsfeldstudien, dargestellt an einem Projekt zur Erforschung von kommunalen Machtstrukturen, Ms. 1977.
SCHULZ, B.: Psychosoziale Probleme aus der Sicht der kinderpsychiatrischen Praxis, in: Hornstein u.a. (Hrsg.): Beratung in der Erziehung, Frankfurt/M. 1977, S. 61 - 88.
SCHUMANN, C.: Kriminalität durch Fürsorge? Eine Überprüfung der labeling-Theorie an der Arbeit des Jugendamtes, in: KrimJ 2/1974, S. 89-104.
SCHUMANN, K.: Ungleichheit, Stigmatisierung und abweichendes Verhalten. Zur theoretischen Orientierung kriminologischer Forschung, in: KrimJ 2/1973, S 81-96.
SCHUR, E. M.: Abweichendes Verhalten und soziale Kontrolle. Etekettierung und gesellschaftliche Reaktionen. Frankfurt/M. 1974.
SCOTT, M. B. and LYMAN, S. M.: Accounts, deviance and social order, in: Douglas, J. D. (ed): Deviance and respectability, New York und Londen 1970, S. 89-119.
STATISTISCHES LANDESAMT HAMBURG: Statistisches Jahrbuch 1952, 1966/1967, 1970/1971 und 1974/1975.
STATISTISCHES LANDESAMT HAMBURG: Statistische Berichte der Freien und Hansestadt Hamburg, Lfd. 5/1970 und Nr. 2/1971.
STATISTISCHES LANDESAMT HANBURG: Mikrozensus-Erhebung 1977 und 1978

(unveröffentlicht).
STATISTISCHES LANDESAMT HAMBURG: Hamburg in Zahlen, Hamburg 1980.
STEINERT, H.: Die Strategien sozialen Handelns. Zur Soziologie der Persönlichkeit und der Sozialisation, München 1972.
STEINKAMP, G.: Klassen- und schichtanalytische Ansätze in der Sozialisationsforschung, in: Hurrelmann, K. und Ulich, D. (Hrsg.): Handbuch der Sozialisationsforschung, Weinheim und Basel 1982[2].
TRAUTNER, H.M.: Der Beitrag der Selbstkonzeptforschung zur Erklärung sozialabweichenden Verhaltens, in: Filipp, F.-H. (Hrsg.): Selbstkonzept-Forschung, Stuttgart 1979.
ULICH, K.: Schulische Sozialisation in: Hurrelmann, K. und Ulich, D. (Hrsg.): Handbuch der Sozialisationsforschung, Weinheim und Basel 1982[2].
WALTER, H. (Hrsg.): Sozialisationsforschung, Bd. I und II, Bad Canstatt 1973.
WATZLAWICK, P., BEAVIN, J.-H. und JACKSON, P. P.: Menschliche Kommunikation. Formen, Störungen, Paradoxine, Bern und Stuttgart 1969.
WICKLUND, R. A.: Die Aktualisierung von Selbstkonzepten in Handlungsvollzügen, in: Filipp, F.-H. (Hrsg.): Selbstkonzept-Forschung, Stuttgart 1979, S. 133-167.

3. Tabellen und Schaubilder

Tabelle 2

Aufenthalt bei Schulabschluß und zum Zeitpunkt des 18. Lebensjahres

(617) Aufenthalt bei Schulabschluß N				(465) Aufenthalt mit 18. Lj (1971/72)						
	1	2	3	4	5	6	7	8	9	10
		n	%	Elt/ Verw	AdElt/ PflElt	Heim	GI/ StrVg	EigWhg Zi	Azubi/ JWH/ HrSt	nb[1)]
1	Mutter/Eltern	32	22,8	19	-	2	2	5	4	-
2	Verwandte	5	3,6	2	-	-	-	3	-	-
3	Pflegeeltern/ Adoptiveltern	39	27,9	-	30	-	-	5	4	-
4	Heim	55	39,3	3	4	11	8	7	22	-
5	nicht bekannt	9	6,4	1	1	-	-	-	-	7
6	Alle	140		25	35	13	10	20	30	7
			100,0	17,9	25,0	9,3	7,1	14,3	21,4	5,0

1) Ausland und DDR

Tabelle 4

Häufigkeit des Wechsels von Erziehungsstellen
zwischen dem Zeitpunkt des Schulbeginns und dem Schulabschluß[1)]

(173) Aufenthaltswechsel bis zum 8. Lj			(471) Aufenthaltswechsel vom 8. - 16. Lj									
	N		kein Wechsel		1 Wechsel		2 Wechsel		3 u. mehr Wechsel		nicht bekannt	
	n	%	n	%	n	%	n	%	n	%	n	%
0 - 3 Wechsel	63	45,0	39	63,9	11	45,8	6	31,6	5	16,7	2	33,3
4 und mehr Wechsel	74	52,9	22	36,1	13	54,2	12	63,2	25	83,3	2	33,3
nicht bekannt	3	2,1	-	-	-	-	1	5,2	-	-	2	33,3
Alle	140	100,0	61	43,6	24	17,1	19	13,6	30	21,4	6	4,3

1) Die Zeitspannen differieren leicht, weil einige Kinder bei Abschluß der 1. Untersuchung zwischen 7 und 9 Jahre alt waren.

Tabelle 8

Zusammenhang zwischen Schulwechsel und Wiederholungen von Klassenstufen in der Schule

(534) Anzahl der Schulwechsel			(541) Wiederholungen von Klassenstufen in der Schule					
	N		keine Wiederholung		eine Wiederholung		zwei und mehrere Wiederholungen	
	n	%	n	%	n	%	n	%
kein oder 1 Wechsel	61	48,8	35	57,4	16	43,2	10	37,0
2 und mehr Wechsel	64	51,2	26	42,6	21	56,8	17	63,0
Alle	125	100,0	61	100,0	37	100,0	27	100,0

Tabelle 10: folgende Seite.

Tabelle 15

Zusammenhang zwischen Lehre und ausgeübter Tätigkeit zum Zeitpunkt der Zweiten Untersuchung

(929) Lehre		(935) Ausgeübte Tätigkeit zum Zeitpunkt der Zweiten Untersuchung					
	N	arbeitslos[1)]	un- o. angelernt	Facharbeiter	Angestellte	selbständig/weiter in Ausbildung	Hausfrau
keine Lehre o. nicht beendet	63	18	26	-	6	4	9
Lehre abgeschlossen	59	8	4	11	20	9	7
Alle	122	26	30	11	26	13	16

1) Hierunter sind auch solche Personen gezählt, die nicht arbeiten konnten, weil sie sich im Heim oder Gefängnis aufhielten. Im vorliegenden Fall trifft das auf 10 Pb zu.

Tabelle 10

Zusammenhang zwischen Art der Schulschwierigkeiten
und Einschätzung der Ursachen für Schulschwierigkeiten

(539) Art der Schulschwierigkeiten			(545) Einschätzung der Ursachen für Schulschwierigkeiten - nach Aktenlage -											
	N		keine Schwierigkeiten		schwache Begabung		Konzentrationsmangel		Lustlosigkeit/Desinteresse		ungünstige häusliche Verhältnisse		Lehrerantipathie	Hospitalismus
	n	%	n	%	n	%	n	%	n	%	n	%	n	n
keine Schulschwierigkeiten	24	21,2	24	92,3	0	0,0	0	0,0	0	0,0	0	0,0	0	0
nur Leistungsschwierigkeiten	40	35,4	0	0,0	16	51,6	12	60,0	6	31,6	6	42,9	0	0
Leistungsschwierigkeiten u. andere Verhaltensauffälligkeiten	23	20,4	0	0,0	9	29,0	6	30,0	4	21,1	2	14,3	1	0
verschiedene Verhaltensauffälligkeiten	26	23,0	2	7,7	6	19,4	2	10,0	9	47,4	6	42,9	0	0
Alle	113	100,0	26	100,0	31	100,0	20	100,0	19	100,1	14	100,1	1	0

Tabelle 19

Zusammenhang zwischen Berufssituation und Arbeitszufriedenheit

(935) Ausgeübte Tätigkeit zum Zeitpunkt der Zweiten Untersuchung			(480) Arbeitszufriedenheit			
	N		zufrieden		unzufrieden	
	n	%	n	%	n	%
1 arbeitslos, nicht arbeitsfähig	16[1)]	17,8	1	6,3	15	93,7
2 ungelernte(r)/angelernte(r) Arbeiter(in)	27	30,0	24	88,9	3	11,1
3 Facharbeiter(in)	10	11,1	8	80,0	2	20,0
4 Angestellte(r)	26	28,9	24	92,3	2	7,7
5 Selbständige(r), bzw. weiter in Ausbildung	11	12,2	8	72,7	3	27,3
6 Alle	90[2)]	100,0	65	72,2	25	27,8

1) davon: Ungelernte n = 11
Facharbeiter n = 3
Angestellter n = 3

2) zuzügl.: Pb in Heimen u. StrVG n = 10; Hausfrauen n = 16; nicht bekannt n = 24

Tabelle 20

Zusammenhang zwischen Arbeitszufriedenheit und Aufstiegsplänen

(480) Arbeitszufriedenheit in der bestehenden Tätigkeit			(949) Aufstiegspläne: Fortbildung "Selbständigmachen"			
	N		ja		nein	
	n	%	n	%	n	%
zufrieden	65	100,0	32	49,2	33	50,8
unzufrieden	25	100,0	15	60,0	10	40,0
Alle	90[1)]	100,0	47	52,2	43	47,8

1) zuzüglich nb = 22; entfällt n = 26, da Heimaufenthalt bzw. als Hausfrau tätig; verstorben n = 2

Tabelle 21

Arbeitslosenziffer 1977 im Hamburger Raum und in der Zweiten Untersuchung

	insg.	männl.	weibl.
Arbeitslosenziffer der 22 - 24Jährigen im Hamburger Raum[1]	4,9 %	5,0 %	4,9 %
Arbeitslosenziffer der 23 - 25Jährigen in der Zweiten Untersuchung	16,3 %	22,0 %	12,3 %

1) bezogen auf die Hamburger Wohnbevölkerung dieser Altersgruppe Quelle: Arbeitsamt Hamburg, Strukturanalyse über Arbeitslose 1977, Übersicht 17, Spalte 6 und Übersicht 18, Spalte 6

Tabelle 29 a

Zusammenhang zwischen Einkommensverteilung und der Zufriedenheit mit dem bisherigen Leben

(958) Einkommens-verteilung			(720) Zufriedenheit mit bisherigem Leben							
	N		sehr gut		gut		teilweise		nicht	
	n	%	n	%	n	%	n	%	n	%
über DM 2200[1]	17	15,4	4	33,3	7	14,9	5	14,7	1	5,9
DM 1200 - 2200[2]	51	46,4	6	50,0	26	55,3	14	41,2	5	29,4
unter DM 1200[3]	42	38,2	2	16,7	14	29,8	15	44,1	11	64,7
Alle	110	100,0	12	10,9	47	42,7	34	30,9	17	15,5

1) eingeschätzt als hohes Einkommen
2) eingeschätzt als mittleres Einkommen
3) eingeschätzt als niedriges Einkommen

Tabelle 40

Lebensbedingungen und Symptome von Verhaltensstörungen im Vorschul- und Schulalter, die <u>keinen</u> Zusammenhang zur späteren sozialen Einordnung aufweisen

	Var	Lebensbedingungen; Symptome von Verhaltensstörungen	N		(473) Soziale Einordnung							
					1		2		3		4	
			n	%	n	%	n	%	n	%	n	%
	207	Zeitpunkt der ersten längerwährenden Zuwendung einer Pflegeperson (n=126)										
1		- von Geburt an	37	29,4	13	30,9	16	31,4	3	18,7	5	29,4
		- innerhalb von 2 Jahren	25	19,8	9	21,4	9	17,6	4	25,0	3	17,6
		- innerhalb von 3 Jahren	17	13,5	4	9,5	9	17,6	2	12,5	2	11,8
		- 4 Jahre und darüber hinaus	47	37,3	16	38,1	17	33,3	7	43,7	7	41,2
	279	Zuwendung der weiblichen Erziehungsperson[1] (n=111)										
2		- "Affenliebe"	21	18,9	7	18,9	9	20,9	1	6,2	4	26,7
		- warm	67	60,4	23	62,2	24	55,8	11	68,7	9	60,0
		- ambivalent, eher kühl	23	19,8	7	18,9	10	23,2	4	25,0	2	13,3
	307	Erziehungsverhalten der weiblichen Erziehungspersonen[1] (n=115)										
3		- bestimmt	59	51,3	25	64,1	18	40,0	9	56,3	5	46,7
		- stark nachgebend	33	28,7	8	20,5	18	40,0	2	12,5	7	33,3
		- affektiv, wahllos	11	9,6	2	5,1	5	11,1	3	18,7	1	6,7
		- hart	12	10,4	4	10,2	4	8,9	2	12,5	2	13,3
	274	Familienklima[1] (n=83)										
4		- harmonisch	58	69,9	22	81,5	23	62,2	6	60,0	7	77,8
		- gespannt, häufige Streitereien	20	24,1	3	11,1	14	37,8	3	30,0	0	-
		- schwer gestört	5	6,0	2	7,4	0	-	1	10,0	2	22,2
5	313	Besondere Erwartungen der Pflegeeltern an die Entwicklung der Kd (n=52)										
		- ja	19	36,5	8	38,1	9	40,9	2	33,3	0	-
		- nein	33	63,5	13	61,9	13	59,1	4	66,7	3	-

Fortsetzung der Tabelle auf der nächsten Seite

6	172	Aufenthalt des Kindes (8. Lj) (n=125)										
		- EK und Verw	38	28,8	8	19,5	18	35,3	5	31,2	5	29,4
		- PK	53	42,4	20	48,8	22	43,1	5	31,2	6	35,3
		- HK	36	28,8	13	31,7	11	21,6	6	37,5	6	35,3
7	270	Finanzielle Situation[1] (n=82)										
		- gut	18	21,9	7	25,9	8	21,0	3	33,3	0	-
		- mittel	49	59,7	17	63,0	24	63,2	4	44,4	4	50
		- schlecht	15	18,3	3	11,1	6	15,8	2	22,2	4	50
8	271	Kriminalität des StV oder VtR[1] (n=30)										
		- ja	13	43,3	3	37,5	6	37,5	3	-	1	-
		- nein	17	56,7	5	62,5	10	62,5	0	-	2	-
9	356	Geburt (n=122)										
		- kompliziert	26	21,3	11	27,5	8	15,7	3	21,4	4	23,5
10	218	Belastungen durch Krankheiten in den ersten 1 1/2 LJ (n=121)										
		- häufige, mittel u. schwer	35	28,9	12	28,6	13	27,1	6	40,0	4	25,0
11	325	Organische Erkrankungen mit Beteiligung ZNS[1] (n=119)										
		- ja, möglich	15	12,6	3	7,3	8	16,7	1	7,1	3	18,7
12	324	Krankheiten mit psychosomatischem Charakter[1] (n=121)										
		- ja	38	31,4	15	35,7	9	18,4	7	50,0	7	43,7
13	227	Geistige Entwicklung (8. Lj) (n=122)										
		- gut o. sehr gut begabt	14	11,5	4	9,7	3	6,3	3	18,7	4	23,5
		- durchschnittl. o. ausreichend begabt	73	59,8	27	65,8	30	62,5	8	50,0	8	47,1
		- schwach begabt	35	28,7	10	24,4	15	31,2	5	31,2	5	29,4
14	143	Seelische Erkrankungen der Mutter (n=126)										
		- vorhanden	32	25,4	11	26,2	13	25,5	5	31,2	3	17,6
15	662	Verhaltensauffälligkeit: Schulschwänzen (12. Lj)(n=121)										
		- ja	99	81,8	35	85,4	43	84,3	9	69,2	12	75,0
		- nein	22	18,1	6	14,6	8	14,7	4	30,8	4	24,9

1) zum Zeitpunkt der Ersten Untersuchung

16	665	Verhaltensauffälligkeit: Kinderdelinquenz (12. Lj) (n=123)										
		- ja	15	12,2	4	9,5	7	13,7	2	14,3	2	12,5
		- nein	108	87,8	38	90,5	44	86,3	12	85,7	14	87,5
17	669	Verhaltensauffälligkeit: Wegnahme von Sachen (12. Lj) (n=122)										
		- ja	18	14,7	7	16,7	6	11,8	1	7,7	4	25,0
		- nein	104	85,2	35	83,3	45	88,2	12	92,3	12	75,0

Tabelle 41

Einschätzung der geistigen Entwicklung

mit 8 Jahren	N	%	mit 12 Jahren	N	%	mit 16 Jahren	N	%
gut begabt	14	11,1	gut + sehr gut begabt	15	11,7	gut + sehr gut begabt	12	9,5
durchschn.	44	34,9	durchschn. + ausr. begabt	80	62,5	durchsch. + ausr. begabt	89	70,6
ausr. begabt	33	26,2						
schwach begabt	16	12,7	schwach begabt	29	22,7	schwach begabt	22	17,5
debil o. imbezil	9	7,1	debil o. imbezil	4	3,1	debil o. imbezil	3	2,4
retadiert	10	7,9						
Alle	126	99,9		128	100,0		126	100,0

Tabelle 51

Zusammenhang zwischen Erfahrungen des Abgelehntwerdens, der Benachteiligung und dem Gefühl, Außenseiter zu sein

	(876) Erfahrung des Abgelehntwerdens u. (864) Gefühl der Benachteiligung	N		(860) Gefühl des Pb, Außenseiter zu sein					
				kein		leicht		stark	
		1	2	3	4	5	6	7	8
		n	%	n	%	n	%	n	%
1	keine o. leichte[1)] Ablehnung und kein Gefühl der Benachteiligung	36	32,1	24	60,0	11	30,6	1	2,8
2	keine Ablehnung, aber Gefühl der Benachteiligung	15	13,4	9	22,5	5	13,9	1	2,8
3	leichte Ablehnung und Gefühl der Benachteiligung	28	25,0	4	10,0	15	41,7	9	25,0
4	starke Ablehnung und kein Gefühl der Benachteiligung	28	25,0	2	5,0	2	5,5	24	66,6
5	nicht bekannt	5	4,5	1	2,5	3	8,3	1	2,8
6	Alle[2)]	112	100,0	40	100,0	36	100,0	36	100,0

1) n = 14 Personen 2) nb = 18

Tabelle 52

Zusammenhang zwischen dem Gefühl des Probanden der Benachteiligung (im Sinne von Chancenbeschneidung) und Einschätzung der Chancenbeschneidung durch die Untersucher

	(854) Chancenbeschneidung nach Einschätzung der Untersucher	(864) Gefühl des Pb der Benachteiligung					
		1		2		3	
		keine Benachteiligung		Benachteiligung		Alle	
		n	%	n	%	n	%
1	keine Chancenbeschneidung	34 (80,9 %)	47,2	38 (56,7 %)	52,8	72	100,0
2	Chancenbeschneidung	8 (19,1 %)	21,6	29 (43,3 %)	78,4	37	100,0
3	Alle[1)]	42 (100 %)		67 (100 %)		109	

1) nb = 21

Tabelle 56

Zusammenhang zwischen Selbstbild und Zufriedenheit in heutiger sozialer Situation

(413) Selbstbild (Jgd.alter)			(870) Zufriedenheit mit heutiger sozialer Situation				(480) Arbeitszufriedenheit in der bestehenden Tätigkeit					
	N[1]		ja		nein		ja		nein		ohne Tätigkeit	
	n	%	n	%	n	%	n	%	n	%	n	%
positiv	34	26,8	24	28,9	4	18,2	19	31,1	7	30,4	2	10,0
mittel	58	45,7	43	51,8	6	27,3	32	52,4	7	30,4	10	50,0
negativ	35	27,5	16	19,3	12	54,5	10	16,4	9	39,1	8	40,0
Alle	127	100,0	83	100,0	22	100,0	61	99,9	23	99,9	20	100,0

1) Personen, bei denen kein Selbstbild erhoben werden konnte (n=21), wurden in dieser Phase entsprechend dem Verhältnis zwischen Selbstbildgruppierung und sozialer Einordnung (Var 473) auf die Selbstbildgruppen (positiv/mittel/negativ) verteilt.

Tabelle 57

Zusammenhang zwischen dem überwiegenden Aufenthalt bis zum 18. Lebensjahr, dem Vorhandensein einer Bezugsperson und dem Selbstbild

(640) Aufenthalt und (477) Vorhandensein einer Bezugsperson	(413) Selbstbild (Erw.alter)					
	positiv		mittel		negativ	
	34		58		35	
	n	%	n	%	n	%
(640) Überwiegender Aufenthalt bis zum 18. Lj						
- PflElt, AdElt, Verw	16	47,0	22	37,9	10	30,3
- Eltern	10	29,4	15	25,9	12	36,4
- Heim	8	23,5	21	36,2	11	33,3
(477) Vorhandensein einer Bezugsperson						
- ab 2./3. Lj bis zum Abschluß	7	21,8	13	22,4	8	24,2
- immer oder bis 6. bzw. 11. Lj	19	59,4	30	51,7	13	39,4
- nie	6	18,7	15	25,9	12	36,4

Tabelle 59

Zusammenhang zwischen auffälligem Sozialverhalten im Erwachsenenalter und sozialer Identität im Jugendalter

	Var	Auffälliges Sozialverhalten im Erwachsenenalter	N		(412) Soziale Identität (Jgd.alter) I positiv		II negativ	
			60		30		30	
			n	%	n	%	n	%
1	660	Unfähigkeit, einen Arbeitsplatz zu halten						
		- ja	3	5,0	1	3,3	2	6,7
		- nein	57	95,0	29	96,7	28	93,3
2	658	Alkohol- u. Tablettenabhängigkeit						
		- ja	11	18,3	2	6,7	9	30,0
		- nein	49	81,7	28	93,3	21	70,0
3	708	Aggressivität						
		- ja	12	20,0	3	10,0	9	30,0
		- nein	48	80,0	27	90,0	21	70,0
4	667	Kriminalität						
		- ja	10	16,7	2	6,7	8	26,7
		- nein	50	83,3	28	93,3	22	73,3
5	670/ 671	HwG/Prostitution o. Strichjunge						
		- ja	4	6,7	1	3,3	3	10,0
		- nein	56	93,3	29	96,7	27	90,0
6	656 b	Verhaltensauffälligkeiten insgesamt zwischen 16. u. 23./25. Lj						
		- eine	11	18,3	6	20,0	5	16,7
		- 2 u. mehr	13	21,7	3	10,0	10	33,3
		- keine	36	60,0	21	70,0	15	50,0

Schaubilder:
Selbstbild-Polaritätenprofil der Untersuchungsgruppe und
Selbstbild-Polaritätenprofil der Studenten

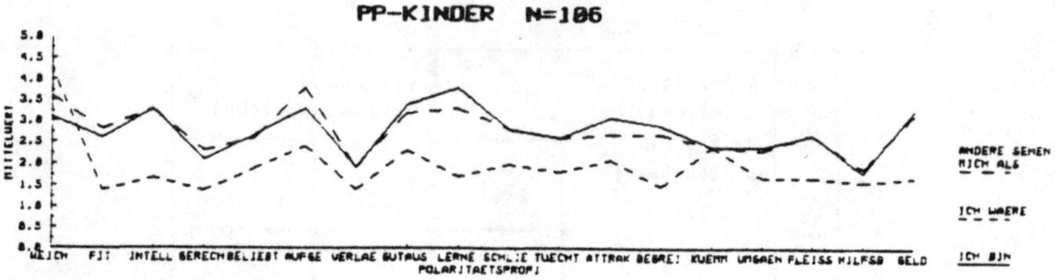

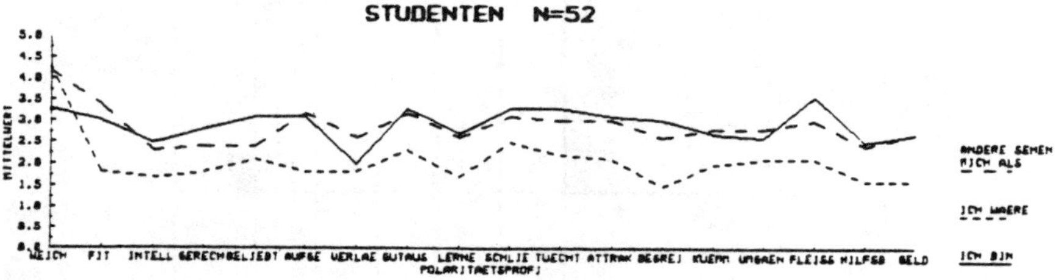

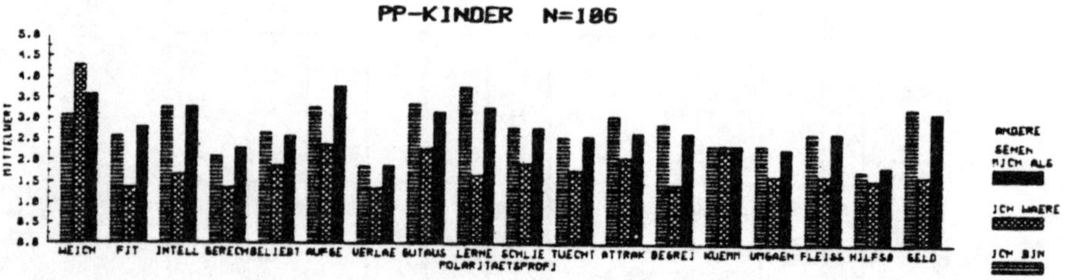

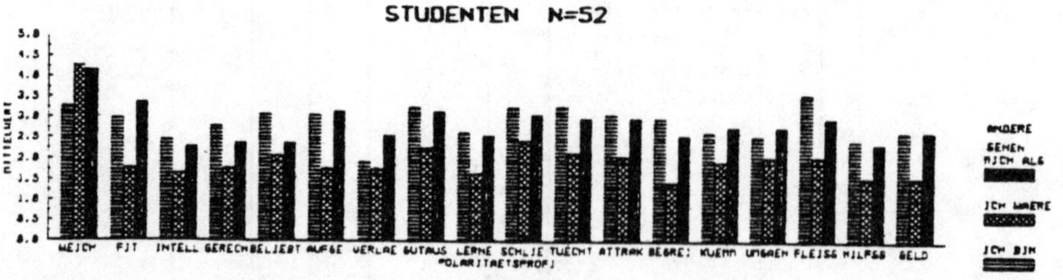

4. Abhängigkeitstest

Tab	Rubr.	Var	S.	Chi-Quadrat	Zahl der Freiheitsgrade	Signifikanzniveau unter	1 - 5 %	nicht signifik.	Bemerkungen
4			175	19.46	3	+			ohne Sp 5, Zl 3
5			28	16.07	4	+			
6			31	20.34	4	+			Sp 11 zu 3, Sp 9 zu 7
7			32	14.48	2	+			
8			176	3.75	2			+	
9			35	28.18	4	+			Sp 9 zu 7, Zl 4 zu 3
10			177	9.94	6			+	ohne Sp 1, 6, 7 u. Zl 1
11			36	52.04	4	+			
12			38	14.93	6		+		ohne Sp 1, 5 u. Zl 1
13	1		40	4.57	1		+		Sp 2 zu 3
13	2	557	40	8.79	2		+		
13	2	551	40	10.45	2	+			
13	2	638/9	40	12.38	2	+			
13	2	640	40	16.6	4	+			
13	2	811	40	3.88	1		+		Sp 2 zu 3
13	3	579	41	9.37	2	+			
13	3	614	41	10.56	2	+			
13	4	347	41	0.8	2			+	
13	4	227	41	24.66	2	+			
13	4	680	41	3.65	2			+	
13	4	709	41	5.89	1		+		ohne Sp 2
13	5		41	6.58	2		+		
15			176	40.60	5	+			
16			46	10.76	3		+		ohne Zl 5
17			47	10.80	4		+		ohne Zl 5, 6; Zl 8 zu 7
19			178	43.98	4	+			
20			178	0.84	1			+	
22			50	4.76	1		+		nur Zl 1 u. Zl 4
25			54	3.29	3			+	
26			55	1.74	3			+	
28			59	29.22	2	+			
29			60	77.78	6	+			Zl 1 zu 2
29a			179	9.33	3		+		Zl 1 zu 2
30			61	0.08	2			+	
30a			62	19.07	2	+			
31		207	63	1.45	3			+	Sp 2 zu 3
31		561	63	8.94	6			+	
31		420	63	27.10	4	+			
31		629	63	10.74	4		+		
31		630	63	27.05	3	+			Sp 2 zu 3
32			65	27.61	4	+			
35			71	25.04	6	+			Sp 3 zu 4, Zl 2 zu 4 u. 3 zu 5
37			75	5.39	3			+	
39	1		78	12.00	4		+		Sp 4 zu Sp 3
39	2		78	4.95	1		+		nur Sp 1 u. 4
39	3		78	6.19	2		+		Sp 2 zu 3
39	4		78	15.19	6		+		Sp 2 zu 3
39	5		78	11.44	3	+			
39	7		79	8.86	2		+		Sp 2 zu 3
39	9		79	9.76	4		+		Sp 2 zu 3
39	10		79	7.22	2		+		Sp 2 zu 3
39	11		79	6.77	2		+		Sp 2 zu 3
39	12		79	22.33	4	+			Sp 3 zu 4
39	13		79	6.70	2		+		Sp 2 zu 3, Zl 1 zu 2

Tab	Rubr.	Var	S.	Chi-Quadrat	Zahl der Freiheitsgrade	Signifikanzniveau			Bemerkungen
						unter	1 - 5 %	nicht signifik.	
40	alle		180f	-	-			+	
42	1		84	10.39	2	+			Sp 2 zu 3
42	2		84	7.68	2		+		Sp 2 zu 3
44			95	20.02	6	+			
45	1		96	28.96	6	+			
45	2		96	6.29	1		+		Sp 3 u. 4 zu 2
45	3		96	17.16	3	+			
45	4		96	11.90	3	+			
45	5		96	9.23	3		+		
45	6		96	2.39	3			+	
45	7		96	23.40	6	+			
45			96	20.54	3	+			
47			100	10.66	3		+		
48			101	6.02	1		+		Zl 3 u. 4 zu 2
49			102	17.07	6	+			
50			103	8.14	1	+			
51			183	68.52	6	+			Zl 5 herausgenommen
52			183	6.76	1	+			
53	1		106	15.86	1	+			
53	2		106	10.89	1	+			
53	3		106	14.81	1	+			
53	4		106	19.93	3	+			
54			109	4.70	2			+	
55			110	8.05	6			+	
56		870	184	11.11	2	+			
56		480	184	9.61	4		+		
57		640	184	3.12	4			+	
57		477	184	3.29	4			+	
58	1		113	0.16	1			+	
58	2		113	0.58	1			+	
58	3		113	1.20	1			+	
58	4		113	0,74	1			+	
58	5		113	2.04	1			+	
58	6		113	1.41	1			+	
60	2		116	7.54	2		+		
60	3		116	7.86	2		+		
60	4		116	2.04	2			+	
60	5		116	2.86	2			+	
60	6		116	13.10	4		+		
60	7		116	5.80	1		+		ohne Sp 2 u. Zl 2

5. Variablenzusammenstellung

Vorbemerkung

Aus Gründen der Ergänzung und komprimierten Zusammenfassung des Textes werden die wichtigsten Daten der Untersuchung in tabellarischer Form wiedergegeben. Die aufgeführten Variablen der Ersten Untersuchung stimmen zum Teil mit denjenigen in der Buchveröffentlichung von 1964 überein. Um den Vergleich mit den Ergebnissen der Zweiten Untersuchung zu erleichtern, wurden einige zusätzliche Tabellen aufgenommen, die im älteren Text nicht abgedruckt sind. Einige Variablen, die im Verlauf der Nachuntersuchung noch einmal erhoben wurden (etwa: bestimmte Verhaltensauffälligkeiten), sind den entsprechenden Daten der Zweiten Untersuchung zugeordnet. Dies soll den schnelleren Überblick über prozentuale Veränderungen im Zeitablauf ermöglichen. Variablen, die im Kopf die Bezeichnung "... zum Zeitpunkt der Ersten Untersuchung" tragen, beziehen sich auf die Jahre 1961 und 1962. Die Informationen beider Untersuchungen entstammen ähnlich strukturierten unterschiedlichen Quellen (verschiedene Formen von Akten und offiziellen Berichten, sowie Interviews).
Die Variablen wurden im allgemeinen so vereinheitlicht, daß nur über diejenige Gruppe von pp-Kindern prozentuiert wurde, auf die das Merkmal auch zutrifft. Dabei ist die Zahl der pp-Kinder, über die eine bestimmte Information nicht zu erhalten war, gesondert durch nb (nicht bekannt) ausgewiesen. Die Differenz zwischen der Gesamtzahl der Probanden und der Gesamtsumme in der jeweiligen Tabelle "zuzüglich nb" bezeichnet also diejenigen Fälle, auf die die Variable nicht zutrifft. Es ist folglich zu beachten, daß die Bezugsgrößen, über die prozentuiert wurde, variieren. Im übrigen wurden, um die Lesbarkeit der Tabellen zu erhöhen, ursprünglich differenzierte Merkmalsausprägungen, soweit dies inhaltlich möglich war, zusammengefaßt. Die den Variablen zugeordneten Ziffern sind mit denjenigen im Text identisch und folgen der ursprünglichen Numerierung des Datenmaterials.
Nur diejenigen Variablen, bei denen die Unterschiede in der geschlechtsspezifischen Merkmalsausprägung rd. 12 - 15 % betrugen, wurden in der Variablenzusammenstellung entsprechend differenziert dargestellt.

(166) Geburtsjahr

	n	%
1953	55	71,4
1954	85	60,7
Alle	140	100,0

(167) Personenstand

	n	%
unehelich (Vaterschaft unbekannt)	100	71,4
unehelich (Vaterschaft bekannt)	12	8,6
legitimiert	14	10,0
ehelich (oder für ehelich erklärt)	14	10,0
Alle	140	100,0

(172) Aufenthalt des Kindes zum Zeitpunkt der Ersten Untersuchung

	N		männl.		weibl.	
	n	%	n	%	n	%
Mutter allein	8	5,7	3	5,3	5	6,0
Mutter mit Stiefvater	15	10,7	4	7,0	11	13,3
Mutter mit Vater	12	8,6	5	8,8	7	8,4
Großmutter	7	5,0	3	5,3	4	4,8
Verw/Sonstige	5	3,6	1	1,8	4	4,8
Pflegeeltern	46	32,9	15	26,3	31	37,3
Adoptiveltern	10	7,1	6	10,5	4	4,8
Heim	37	26,4	20	35,1	17	20,5
Alle	140	100,0	57	100,0	83	99,9

(329) Einschulung und Verlauf des ersten Schuljahres

	n	%
altersgemäß (glatter Verlauf)	71	55,0
altersgemäß (wieder ausgeschult oder sitzengeblieben)	24	18,6
ein Jahr zurückgestellt	25	19,4
zwei Jahre zurückgestellt	1	0,8
von den Elt zurückbehalten	2	1,6
für die Hilfsschule vorgesehen bzw. eingeschult	3	2,3
nicht schulfähig	3	2,3
Alle	129	100,0
	(nb=11)	

(347) Körperliche Verfassung zum Zeitpunkt der Ersten Untersuchung

	n	%
kräftig, robust	40	31,3
normal	45	35,2
zart, schmächtig	29	22,7
schwächlich bis anfällig und kränklich	14	10,9
Alle	128	100,1
	(nb=12)	

(348) Typ des Heimes bei Heimaufenthalt zwischen dem 2. und 8. Lebensjahr

	n	%
besonders individuelle Betreuung	9	16,7
"normale" Betreuung	23	42,6
wenig individuelle Betreuung	8	14,8
zu viele Heimwechsel oder Wechsel zwischen Heim und anderen Erziehungsstellen	14	25,9
Alle	54	100,0
	(nb=5)	

(408) Verhaltensstörungen bis zum 8. Lebensjahr

	n	%
keine	37	28,7
wenige	50	38,7
viele	42	32,5
Alle	129 (nb=11)	99,9

(411) Stigmatisierende Äußerungen in den Aktenberichten

	n	%
keine	48	36,9
pp-Stigma 1)	32	24,6
US-Stigma 2)	23	17,7
beide Stigmaarten	27	20,8
Alle	130 (nb=10)	100,0

1) stigmatisierende Äußerungen über Herkunft des Kindes (Mutter in Prostitution)
2) stigmatisierende Äußerungen über sogenanntes asoziales Milieu (Vater kriminell etc.)

(412) Soziale Identität im Jugendalter (Index)1)

	n
Gruppe I: positiv	30
Gruppe II: negativ	30
Alle	60

1) die Variable wurde gebildet aus den Var 411, 860, 876; dabei umfaßt die Gruppe I Personen, die keine Außenseitergefühle (oder nur in geringerem Maße) geäußert hatten, die sich nicht abgelehnt fühlten und auch bis auf wenige nicht stigmatisiert worden waren. Die Gruppe II umfaßt Personen mit starken Außenseitergefühlen, Gefühlen der Ablehnung und häufiger Stigmatisierung.

(413) Selbstbild (Erw.alter)

	n	%
positiv	34	26,8
mittel	58	45,7
negativ	35	27,5
Alle	127 (nb=13)	100,0

(455) Geistige Entwicklung mit 12 Jahren

	n	%
gut oder sehr gut begabt	15	11,7
durchschnittlich oder ausreichend begabt	80	62,5
schwach begabt	29	22,7
sehr schwach begabt	4	3,1
Alle	128 (nb=12)	100,0

(461) Überwiegender Aufenthalt unter Berücksichtigung längerer Heimaufenthalte bis zum 16. Lebensjahr

	N		männl.		weibl.	
	n	%	n	%	n	%
Elt, Mtr mit StV o. Verw etc.	43	31,9	21	37,5	22	27,8
PflElt o. AdElt[1)]	44	32,6	12	21,4	32	40,5
Heim	25	18,5	14	25,0	11	13,9
Wechsel auf der Basis Heim	23	17,0	9	16,1	14	17,7
Alle	135 (nb=5)	100,0	56 (nb=1)	100,0	79 (nb=4)	99,9

1) Adoptiveltern: n=21

(463) Komplikationen in der körperlichen und geistigen Entwicklung in den ersten zwei Lebensjahren

	n	%
keine	26	19,8
wenige	25	19,1
mehrere	57	43,5
viele	23	17,6
Alle	131 (nb=9)	100,0

(466) Soziale Einordnung zum Zeitpunkt der Zweiten Untersuchung (II)[1)]

	n	%
angepaßt - ohne nennenswerte Verhaltensauffälligkeiten	66	52,0
angepaßt - mit wenigen leichteren Verhaltensauffälligkeiten	28	22,0
unangepaßt - mit wenigen leichteren Verhaltensauffälligkeiten	13	10,2
unangepaßt - mit mehreren stärkeren Verhaltensauffälligkeiten	20	15,7
Alle[2)]	127 (nb=10)	99,9

1) Einteilung ohne Berücksichtigung der Selbsteinschätzung des Pb als Außenseiter (Var 860)
2) davon n = 3 Personen sind entmündigt

(471) Aufenthaltswechsel vom 8. bis 16. Lebensjahr

	n	%
kein Wechsel	61	45,5
ein Wechsel	24	17,9
zwei Wechsel	18	13,4
drei Wechsel	19	14,2
vier Wechsel und mehr	12	9,1
Alle	134 (nb=6)	100,1

(473) Soziale Einordnung zum Zeitpunkt der Zweiten Untersuchung (I)[1]

	N		männl.		weibl.	
	n	%	n	%	n	%
angepaßt - ohne nennenswerte Verhaltensauffälligkeiten	42	33,3	16	31,4	26	34,7
angepaßt - mit wenigen leichteren Verhaltensauffälligkeiten	51	40,5	17	33,3	34	45,3
unangepaßt - mit wenigen leichteren Verhaltensauffälligkeiten	16	12,7	7	13,7	9	12,0
unangepaßt - mit mehreren stärkeren Verhaltensauffälligkeiten	17	13,5	11	21,6	6	8,0
Alle[2]	126	100,0	51	100,0	75	100,0
	(nb=14)		(nb=6)		(nb=8)	

1) Index aus der Anzahl und Stärke von Verhaltensauffälligkeiten (Var 658, 660, 667, 670, 671, 708); Einschätzung der Untersucher (Akten und Interviews) und Selbsteinschätzung der Pb (Var 860).
2) davon n = 3 Personen sind entmündigt.

(475) Vorhandensein von Bezugspersonen (in Einschätzung der Aktenbearbeiter) I

	n	%
immer	51	39,8
nur mit ca. 2 Jahren	6	4,7
mit ca. 2 und 8 Jahren	7	5,5
nur mit ca. 8 Jahren	5	3,9
mit ca. 8 und 12 Jahren	24	18,7
nur mit 12 Jahren	6	4,7
nie	29	22,7
Alle	128	100,0
	(nb=12)	

(477) Vorhandensein von Bezugspersonen II

	n	%
ab 2. - 3. Lj (bis Abschluß Jugendalter)	29	22,7
immer (bis Abschluß Jugendalter)	51	39,8
bis ca. zum 6. Lj bzw. 11. Lj	13	10,2
nie	35	27,3
Alle	128 (nb=12)	100,0

(479) Soziale Beziehungen zum Zeitpunkt der Zweiten Untersuchung

	n	%
wenig unbefriedigende oder nur flüchtige Kontakte	32[1)]	28,6
wenig befriedigende Kontakte	26	23,2
viele befriedigende Kontakte in mehreren sozialen Bereichen	54	48,2
Alle	112 (nb=28)	100,0

1) davon ohne jede engere Beziehung n = 13 (11,6 %)

(505) Geschlecht

	n	%
männlich	57	40,7
weiblich	83	59,3
Alle	140	100,0

(506) Personenstand zum Zeitpunkt der Zweiten Untersuchung

	N n	N %	männl. n	männl. %	weibl. n	weibl. %
ledig	69	53,5	40	75,5	29	38,2
verheiratet	43	33,3	9	17,0	34	44,7
geschieden, getrennt	15	11,6	2	3,8	13	17,1
verstorben	2	1,6	2	3,8	0	0,0
Alle	129	100,0	53	100,1	76	100,0
	(nb=11)		(nb=4)		(nb=7)	

(508) Zahl der Kinder der Probanden

	N n	N %	männl. n	männl. %	weibl. n	weibl. %
keine Kinder	75	59,5	42	79,2	33	45,2
ein o. mehrere Kinder - ehelich -[1]	29	23,8	6	11,3	23	32,9
ein o. mehrere Kinder - unehelich -[2]	14	11,1	4	7,5	10	12,3
ehe- u. uneheliche Kinder	8	6,3	1	1,9	7	9,6
Alle	126	99,9	53	99,9	73	100,0
	(nb=14)		(nb=4)		(nb=10)	

1) zwei eheliche Kinder u. mehr: n = 9
2) zwei uneheliche Kinder u. mehr: n = 4

(511) Aufenthalt von Kindern der Probanden

	N n	N %	männl. n	männl. %	weibl. n	weibl. %
bei Mutter und Stiefvater	11	8,7	1	1,9	10	13,5
bei Mutter und Vater	35	27,6	10	18,9	25	33,8
bei Verwandten, im Heim u. Pflegestelle etc.	6	4,7	0	0,0	6	8,1
keine Kinder	75	59,1	42	79,2	33	44,6
Alle	127	100,1	53	100,0	74	100,0
	(nb=13)		(nb=4)		(nb=9)	

(512) Quellen der Information

	n	%
Akten[1] und Probandeninterview	115	82,2
Akten[2] und Verwandteninterview[3]	8	5,7
nur Akten - Interview verweigert	5	3,6
nur Akten[4] - Proband stand zum Interview nicht zur Verfügung	12	8,6
Alle	140	100,0

1) Zwei Akten wurden nur während der Ersten Untersuchung geführt;
2) für ein Pb fehlte die Akte völlig;
3) ein Pb war verstorben;
4) ein Pb war aufgrund psychischer Störungen nicht ansprechbar; ein Pb war verstorben; sieben Pb befanden sich im Ausland (vier davon in der DDR); von drei Pb war der Aufenthalt nicht bekannt.

(524) Aufenthalt mit 25 Jahren

	N		männl.		weibl.	
	n	%	n	%	n	%
Eltern, Mutter mit Stiefvat	6	4,7	3	5,8	3	3,9
Pflege- o. Adoptivelter	6	4,7	6	11,5	0	0,0
Heim, Anstalt, Strafvollzug	6	4,7	4	7,7	2	2,6
lebt mit Partner	70	54,3	20	38,5	50	64,9
lebt allein (auch mit Kind)	28	21,7	14	26,9	14	18,2
Wohnheim, Wohngemeinschaft[1]	11	8,5	3	5,8	8	10,4
verstorben	2	1,6	2	3,8	0	0,0
Alle	129	100,2	52	100,0	77	100,0
	(nb=11)[2]		(nb=3)		(nb=8)	

1) davon Wohngemeinschaft: n = 5
2) Ausland n = 5, DDR n = 4, BRD unbekannt verzogen n = 2

(534) Anzahl der Schulwechsel (im gleichen Schultyp)

	n	%
kein Wechsel	32	24,8
ein Wechsel	31	24,0
zwei Wechsel	31	24,0
drei bis fünf Wechsel	25	19,4
mehr als fünf Wechsel	10	7,8
Alle	129 (nb=11)	100,0

(537) Schulabschluß

	N		männl.		weibl.	
	n	%	n	%	n	%
Volksschule mit Abschluß	66	50,8	19	35,8	47	61,0
Volksschule ohne Abschluß	26	20,0	14	26,4	12	15,6
Sonderschule mit Abschluß	20	15,4	10	18,9	10	13,0
Sonderschule ohne Abschluß	11	8,5	4	7,5	7	9,1
Realschule mit o. ohne Abschluß[1)]	7	5,4	6	11,3	1	1,3
Alle	130 (nb=10)	100,1	53 (nb=4)	99,9	77 (nb=6)	100,0

1) davon mit Abschluß: n = 5 (3,8 %)

(541) Wiederholungen von Klassenstufen in der Schule

	N		männl.		weibl.	
	n	%	n	%	n	%
keinmal	62	49,2	23	45,1	39	52,0
einmal	37	29,4	12	23,5	25	33,3
zweimal u. öfter	27	21,4	16	31,4	11	14,7
Alle	126 (nb=14)	100,0	51 (nb=6)	100,0	75 (nb=8)	100,0

(557) Belastung der Familiensituation während der Schul- und Jugendzeit[1])

	n	%
Belastung durch Sucht, Krankheit etc. einzelner Familienmitglieder	12	12,2
besonders finanzielle Belastung	17	17,3
mehrere Belastungen	17	17,3
keine Belastungen	52	53,1
Alle	99 (nb=11)	99,9

1) betrifft nur EK und PK

(561) Wechsel von Erziehungsstellen insgesamt (zwischen 2. und 18. Lebensjahr)

	n	%
kein Wechsel	36	27,1
ein Wechsel	24	18,0
2 - 3 Wechsel	22	16,5
4 - 6 Wechsel	29	21,8
7 u. mehr Wechsel	22	16,5
Alle	133 (nb=7)	99,9

(579) Allgemeines Erziehungsklima bis zum 16. Lebensjahr

	n	%
eher entspannt, störungsfrei	30	25,0
eher verdeckte Störungen	51	42,5
eher offen feindselig	13	10,8
teils verdeckte Störungen, teils entspannt	10	8,3
teils verdeckte Störungen, teils offen feindselig	16	13,3
Alle	120 (nb=20)	99,9

(614) Erziehung durch Eltern, Pflege- oder Adoptiveltern[1)]

	n	%
eher verwöhnend	19	21,3
eher gleichmäßig	49	55,1
eher vernachlässigend	21	23,6
Alle	89 (nb=20)	100,0

1) zuzüglich 39 Kd ohne Familienerziehung

(624-626) Dominierende Verhaltensstörungen

	8 Jahre		12 Jahre		16 Jahre	
	n	%	n	%	n	%
keine	94	73,4	83	66,4	74	60,2
neurotische Symptome	30	23,4	10	8,0	4	3,3
Verhaltensauffälligkeiten	4	3,1	32	25,6	45	36,6
Alle	128 (nb=12)	99,9	12 (nb=15)	100,0	123 (nb=17)	100,1

(628/630-631) Formen von Kontaktstörungen[1)]

	8 Jahre		16 Jahre		25 Jahre	
	n	%	n	%	n	%
keine	58	47,5	64	54,2	76	67,3
kontaktgehemmt	16	13,1	22	18,6	19	16,8
aggressiv	14	11,5	18	15,3	4	3,5
wahllos Kontakt suchend	11	9,0	6	5,1	3	2,7
kontaktlos	8	6,6	6	5,1	4	3,5
Scheinkontakte und Kaspereien	8	6,6	2	1,7	5	4,4
Abhängigkeit	7	5,7	-	-	2	1,8
Alle	122 (nb=18)	100,0	118 (nb=22)	100,0	113[2)] (nb=25)	100,0

1) die jeweils überwiegende Form der Störung 2) außer Verstorbene n = 2

Neurotische Symptome

	3 Jahre n	3 Jahre %	8 Jahre n	8 Jahre %	12 Jahre n	12 Jahre %	16 Jahre n	16 Jahre %
(633-636) Stottern oder sonstige Sprachstörungen								
ja	7	6,4	13	10,3	7	5,5	5	3,9
nein	103	93,6	113	89,7	120	94,5	122	96,1
Alle	110	100,0	126	100,0	127	100,0	127	100,0
	(nb=30)		(nb=14)		(nb=13)		(nb=13)	
(642-644) Enuresis								
ja	-	-	21	16,4	8	6,3	1	0,8
nein	-	-	107	83,6	119	93,7	125	99,2
Alle	-	-	128	100,0	127	100,0	126	100,0
				(nb=12)		(nb=13)		(nb=14)
(645-646) Suizid oder Suiziddrohung								
ja	-	-	-	-	3	2,4	12[1)]	9,4
nein	-	-	-	-	123	97,6	115	90,6
Alle	-	-	-	-	126	100,0	127	100,0
					(nb=14)		(nb=13)	
(651-654) Ausprägungsgrad neurotischer Symptome								
keine	60	50,4	48	38,4	99	79,8	96	76,8
schwächer ausgepr.	40	33,6	50	40,0	17	13,7	21	16,8
stärker ausgeprägt	19	16,0	27	21,6	8	6,5	8	6,4
Alle	119	100,0	125	100,0	124	100,0	125	100,0
	(nb=21)		(nb=15)		(nb=16)		(nb=15)	

1) davon verübten n=2 Pb mit 22 Jahren Selbstmord

(656) Verhaltensauffälligkeiten insgesamt im Alter von 8 bis 21 Jahren

	N		männl.		weibl.	
	n	%	n	%	n	%
keine	34	26,8	7	13,7	27	35,5
eine oder zwei	36	28,3	13	25,5	23	30,3
drei und mehr	57	44,9	31	60,8	26	34,2
Alle	127	100,0	51	100,0	76	100,0
	(nb=13)		(nb=6)		(nb=7)	

(656a) Verhaltensauffälligkeiten insgesamt im Alter von 8 bis 16 Jahren

	n	%
keine	64	52,4
eine	27	22,1
2 und mehr	31	99,9
Alle	122	99,9
	(nb=18)	

(656b) Verhaltensauffälligkeiten insgesamt im Alter von 16 bis 23/25 Jahren

	n	%
keine	69	55,2
eine	27	21,6
2 und mehr	29	23,2
Alle	125	100,0
	(nb=15)	

Verhaltensauffälligkeiten

	8 Jahre		12 Jahre		16 Jahre		21 - 25 Jahre	
	n	%	n	%	n	%	n	%
(657-658) Alkohol- oder Tablettenmißbrauch								
ja	-	-	-	-	18	14,0	27	21,8
nein	-	-	-	-	111	86,0	97	78,2
Alle	-	-	-	-	129	100,0	124[1]	100,0
					(nb=11)		(nb=15)	

männl.		weibl.	
n	%	n	%
16	32,0	11	14,9
34	68,0	63	85,1
50	100,0	74	100,0
(nb=6)		(nb=9)	

	8 Jahre		12 Jahre		16 Jahre		21 - 25 Jahre	
(660) gravierende Arbeitsversäumnisse								
keine	-	-	-	-	-	-	93	76,2
selten	-	-	-	-	-	-	8	6,6
häufig	-	-	-	-	-	-	13	10,6
ohne Arbeit[2]	-	-	-	-	-	-	8	6,6
Alle	-	-	-	-	-	-	122	100,0
							(nb=18)	

1) zuzügl. n = 1 Pb verstorben
2) registriert und nicht registriert

Verhaltensauffälligkeiten

	8 Jahre		12 Jahre		16 Jahre		21 - 25 Jahre	
	n	%	n	%	n	%	n	%
(661-662) Schulschwänzen								
nie	102	87,9	102	80,9	-	-	-	-
selten	10	8,6	14	11,1	-	-	-	-
häufig	4	3,4	10	7,9	-	-	-	-
Alle	116	99,9	126	99,9	-	-	-	-
	(nb=24)[1]		(nb=14)[2]					

	8 Jahre		12 Jahre		16 Jahre		21 - 25 Jahre	
(665) Kinderdelinquenz								
nicht delinquent	-	-	113	88,3	-	-	-	-
leichte oder mittlere Delinquenz	-	-	15	11,7	-	-	-	-
Alle	-	-	128	100,0	-	-	-	-
			(nb=12)					

1) davon: n = 10: entfällt, kein Schulbesuch
2) davon: n = 1: entfällt, kein Schulbesuch

Verhaltensauffälligkeiten

	8 Jahre n	8 Jahre %	12 Jahre n	12 Jahre %	16 Jahre n	16 Jahre %	21 - 25 Jahre n	21 - 25 Jahre %	männl. n	männl. %	weibl. n	weibl. %
(666-667) Ausprägung krimineller Handlungen												
nein	-	-	-	-	99	75,0	108	83,1	35	66,0	73	94,8
leicht	-	-	-	-	23	17,4	12	9,2	8	15,1	4	5,2
mittel bis schwer	-	-	-	-	10	7,6	10	7,7	10	18,9	-	-
Alle	-	-	-	-	132 (nb=8)	100,0	130 (nb=9)	100,0	53	100,0	77	100,0
(668-669) Wegnahme von Sachen												
nein	114	89,1	109	85,8	-	-	-	-				
ja	14	10,9	18	14,2	-	-	-	-				
Alle	128 (nb=12)	100,0	127 (nb=13)	100,0	-	-	-	-				

Verhaltensauffälligkeiten

(670-671) Häufig wechselnder Geschlechtsverkehr - Prostitution - Strichjunge

	N		weiblich		männlich	
	n	%	n	%	n	%
nein	118	91,5	70	90,9	48	92,3
ja	11	8,5	7[1]	9,1	4	7,7
Alle	129 (nb=11)	100,0	77 (nb=6)	100,0	52 (nb=5)	100,0

1) davon n = 4 häufig wechselnden Geschlechtsverkehr

	8 Jahre		12 Jahre		16 Jahre		21 - 25 Jahre	
	n	%	n	%	n	%	n	%
(672-674) Weglaufen oder Umherstreunen								
nie	115	90,6	109	85,2	94	72,9	-	-
selten	12	9,4	17	13,3	19	14,7	-	-
häufig	0	0,0		1,6	16	12,4	-	-
Alle	127 (nb=13)	100,0	128 (nb=12)	100,1	129 (nb=11)	100,0	-	-

Verhaltensauffälligkeiten

	8 Jahre		12 Jahre		16 Jahre		21 - 25 Jahre	
	n	%	n	%	n	%	n	%
(677-679) Aggressivität (Ausprägungsgrad)								
keine	94	75,8	78	63,9	80	64,0	-	-
leicht	10	8,1	27	22,1	20	16,0	-	-
mittel bis schwer	20	16,1	17	13,9	25	20,0	-	-
Alle	124	100,0	122	99,9	125	100,0	-	-
	(nb=16)		(nb=18)		(nb=15)			

	männl.		weibl.	
	n	%	n	%
	24	49,0	56	73,7
	11	22,4	9	11,8
	14	28,6	11	14,5
	49	100,0	76	100,0
	(nb=8)		(nb=7)	

Verhaltensauffälligkeiten

(680/706-708) Aggressivität (Form)	8 Jahre n	8 Jahre %	12 Jahre n	12 Jahre %	16 Jahre n	16 Jahre %	16 Jahre männl. n	16 Jahre männl. %	16 Jahre weibl. n	16 Jahre weibl. %	21 - 25 Jahre n	21 - 25 Jahre %
keine	94	77,0	78	63,9	80	64,5	25	52,1	55	72,4	100	87,7
verbale Agressivität	19	15,6	33	27,1	32	25,8	14	29,2	18	23,7	6	5,3
körperliche Agressivität	9	7,4	11	9,0	12	9,7	9	18,7	3	3,9	8	7,0
Alle	122	100,0	122	100,0	124	100,0	48	100,0	76	100,0	114	100,0
	(nb=18)		(nb=18)		(nb=16)		(nb=9)		(nb=7)		(nb=26)	

(709) Beginn anhaltender negativer Veränderungen in der Persönlichkeitsentwicklung

	n	%
vor dem 5. Lebensjahr	38	30,4
nach dem 5. Lebensjahr	23	18,4
keine negative Veränderung	59	47,2
vor dem 5. Lj negativ, danach positiv	5	4,0
Alle	125	100,0
	(nb=15)	

(720) Zufriedenheit mit dem bisherigen Leben

	n	%
zufrieden	60	53,1
teilweise zufrieden	36	31,9
nicht zufrieden	17	15,0
Alle	113[1)] (nb=25)	100,0

1) außer: n = 2, da verstorben

(772) Anzahl der durchlaufenen Heime

	n	%
bis 2 Heime	32	29,3
3 u. 4 Heime	41	37,6
5 u. 6 Heime	14	12,8
7 u. 10 Heime	16	14,7
11 und mehr Heime	6	5,5
Alle[1)]	109 (nb=6)	99,9

1) zuzügl. n = 25: kein Heimaufenthalt

(811) Abbruch des Pflegeverhältnisses bis zum 16. Lebensjahr

	n	%
kein Abbruch	41	53,3
ein Abbruch	23	29,9
zwei und mehr Abbrüche	13	16,9
Alle	77[1)] (nb=6)	100,1

1) außer EK und HK

(836) Dauer der Aktenführung

	N		männl.		weibl.	
	n	%	n	%	n	%
bis zum 4. Lj	12	8,6	5	8,8	7	8,5
bis 5./14. Lj	16[1])	11,5	8	14,0	8	9,8
bis 15./16. Lj	11	7,9	5	8,8	6	7,3
bis 17./18. Lj	2	18,0	5	8,8	20	24,4
bis 19./21. Lj	65	46,8	29	50,9	36	43,9
22 Jahre und länger	10	7,2	5	8,8	5	6,1
Alle	139	100,0	57	100,1	82	100,0
	(nb=1)				(nb=1)	

1) 9 Kd bis zum 10. Lj

(847) Abwehrstrategien von Eltern, Pflegeeltern oder Probanden bei pp-Stigma

	n	%
angewandt	9	17,3
nicht angewandt	43	82,7
Alle	52	100,0
	(nb=7)	

(848) Positive Beurteilung der Probanden in den Aktenberichten

	n	%
positive Beurteilung in einem Bereich, vor allem Sozialverhalten, Äußeres u. Leistung	35	29,9
positive Beurteilung in mehreren Bereichen	53	45,3
keine positive Beurteilung	29	24,8
Alle	117	100,0
	(nb=23)[1])	

1) darunter n=22: zu geringe Dauer der Aktenführung

(854) Chancenverengung nach Einschätzung der Codierer[1)]

	n	%
keine Inpflegegabe (und keine Adoption) aufgrund von Gutachten (Ärzte, Psychiater) wegen 'schlechter' Herkunft	14	10,9
Einschulung und Umschulung in SS wegen 'Lernbehinderung' ohne Testung und Prüfung bzw. mangelnde Berufsberatung u. Förderung	21	16,4
mehrere Chancenverengungen	9	7,0
keine Chancenverengung	84	65,6
Alle	128 (nb=12)	99,9

1) s. auch Var 864

(857) Grad des Ansehens und der Beliebtheit in der Gleichaltrigengruppe (im Erleben des Probanden)

	n	%
hoch	10	8,1
mittel	53	42,7
niedrig	16	12,9
fühlte sich keiner Gleichaltrigengruppe zugehörig	45	36,3
Alle	124 (nb=16)	100,0

(860) Gefühl des Probanden, Außenseiter zu sein

	n	%
leicht vorhanden	36	32,1
stark vorhanden	36	32,1
nicht vorhanden	40	35,7
Alle	112 (nb=28)	99,9

(861) Außenseiterrolle in Sozialbereichen

	n	%
Schule	28	25,4
Familie	9	8,2
Arbeitsstelle	6	5,4
mehrere Bereiche	27	24,5
keine Außenseiterrolle	40	36,4
Alle	110 (nb=30)	100,0

(863) Gründe der Benachteiligung beim Probanden (im Sinne von Chancenbeschneidung)

	n	%
keine Benachteiligung	41	37,3
fehlende Familie	12	10,9
Störungen im Familienleben ökonomischer und erzieherischer Art	10	9,1
wenig Förderung	29	26,4
schlechte Startbedingungen (z.B. beruflich schlecht beraten)	18	16,3
Alle	110 (nb=30)	100,0

(864) Gefühl des Probanden der Benachteiligung (im Sinne von Chancenbeschneidung)

	n	%
als Individuum	50	72,5
als Angehöriger einer sozialen Gruppe	19	27,5
Alle	69 (nb=30)	100,0

(871) Haupteinflußfaktoren der Lebensentwicklung (positiv)

	n	%
keine positiven	18	17,3
gute Heimerziehung	19	18,3
'gutes' Elternhaus	36	34,6
individuelle Faktoren, andere Personen	31	29,8
Alle	104 (nb=36)	100,0

(872) Haupteinflußfaktoren der Lebensentwicklung (negativ)

	n	%
keine negativen	37	35,2
schlechtes Heim, viele Heime	15	14,3
'schlechtes' Elternhaus	34	32,4
individuelle, institutionelle Faktoren; andere Personen	19	18,1
Alle	105 (nb=35)	100,0

(876) Erfahrung des "Abgelehntwerdens" in Familie und/oder Umwelt

	n	%
keine	38	33,3
ja, schwach	45	39,5
ja, stark	31	27,2
Alle	114 (nb=26)	100,0

(877) Gründe des "Abgelehntwerdens" in Familie und/oder Umwelt

	n	%
wegen mehrerer Gründe	23	20,9
wegen Heimerziehung	18	16,4
wegen persönlicher Eigenschaften	16	14,5
wegen Kleidung, Sprache etc.	7	6,4
wegen Herkunft	8	7,3
keine Ablehnung erfahren	38	34,5
Alle	110 (nb=30)	100,0

(879) Alter bei Heirat

	N		männl.		weibl.	
	n	%	n	%	n	%
16 und 17 Jahre	6	10,5	0	0,0	6	13,0
18 und 19 Jahre	18	31,6	0	0,0	18	39,1
20 Jahre und älter	33	57,9	11	100,0	22	47,8
Alle	57[1] (nb=13)	100,0	11[2] (nb=6)	100,0	46[3] (nb=7)	99,9

1) außer n=70 nicht verheiratet
2) außer n=40 nicht verheiratet
3) außer n=30 nicht verheiratet

(913) Zufriedenheit mit der Partnerschaft

	n	%
sehr zufrieden	36	44,4
zufrieden	30	37,0
eher unzufrieden	15	18,5
Alle	81 (nb=28)[1]	99,9

1) außer n=31 ohne Partner

(929) Lehre

	N		männl.		weibl.	
	n	%	n	%	n	%
überhaupt keine Lehre	34	26,6	9	17,3	25	32,9
Lehre ohne Wechsel abgeschlossen	50	39,1	22	42,3	28	36,8
Abschluß nach Wechsel	11	8,6	4	7,7	7	9,2
Lehre nicht beendet	33	25,8	17	32,7	16	21,1
Alle	128	100,1	52	100,0	76	100,0
					(nb=12)	

(931) Gründe für den Abbruch der Lehre

	n	%
ungünstiger Arbeitsplatz	4	12,1
Schwierigkeiten der Probanden am Arbeitsplatz 1)	15	45,5
Schwierigkeiten in der Berufsschule 2)	10	30,3
Heirat, Schwangerschaft, Haft	4	12,1
Alle	33	100,0
	(nb=13)	

1) Bummelei etc.
2) insbesondere im theoretischen Teil

(939) Arbeitslosigkeit

	N		männl.		weibl.	
	n	%	n	%	n	%
keinmal	46	46,9	15	36,6	31	54,4
einmal arbeitslos gewesen	22	22,4	11	26,8	11	19,3
zweimal und mehrmals	14	14,3	6	14,6	8	14,0
jetzt arbeitslos	16	16,3	9	22,0	7	12,3
Alle	98	99,9	41	100,0	57	100,0
	(nb=32)		(nb=15)		(nb=17)	

(942) Dauer der Arbeitslosigkeit zwischem dem 16. und 25. Lebensjahr

	N n	N %	männl. n	männl. %	weibl. n	weibl. %
bis 6 Monate	24	53,3	13	59,0	11	47,8
über 6 Monate 1)	21	46,7	9	40,9	12	52,2
Alle	45	100,0	22	99,9	23	100,0

1) in der Hälfte aller Fälle länger als 12 Monate

(949) Berufliche Aufstiegspläne

	N n	N %
möglichst Selbständigmachen	16	13,8
Fortbildung	40	34,5
keine Pläne	60	51,7
Alle	116 (nb=24)	100,0

(951 a) Aufteilung nach Familien- und Einzeleinkommen

	Familieneinkommen N n	%	männl. n	%	weibl. n	%	Einzeleinkommen N n	%	männl. n	%	weibl. n	%
über DM 2200	19	36,5	6	33,3	13	38,2	0	0,0	0	0,0	0	0,0
DM 1700-2200	23	44,2	8	44,4	15	44,1	0	0,0	0	0,0	0	0,0
DM 1200-1700	10	19,2	4	22,2	6	17,6	22	52,4	16	69,6	6	31,6
DM 700-1200	0	0,0	0	0,0	0	0,0	20	47,6	7	30,4	13	68,4
Alle 1)	52 (nb=24)	99,9	18 (nb=7)	99,9	34 (nb=17)	99,9	42 (nb=19)	100,0	23 (nb=5)	100,0	19 (nb=14)	100,0

1) außer: n=21 Personen ohne Einkommen

6. Graphische Darstellung der Entwicklungsverläufe

Legende zu 140 Soziographien (Nr. 1 - 140)

0/53	= Alter/Jahr
25/78	= Alter/Jahr
13w	= Fallnummer weiblich
14m	= Fallnummer männlich
	= Kinder- und Jugendheim
	= Eltern, Mutter allein
	= Pflege- oder Adoptiveltern
	= Verwandte
	= eigenes Zimmer oder Wohnung
	= Wohnheim, Berufsausbildungsheim, Arbeitsstelle, Bundeswehr
	= Erziehungsheim
	= Strafvollzug
	= unbekannten Aufenthalts

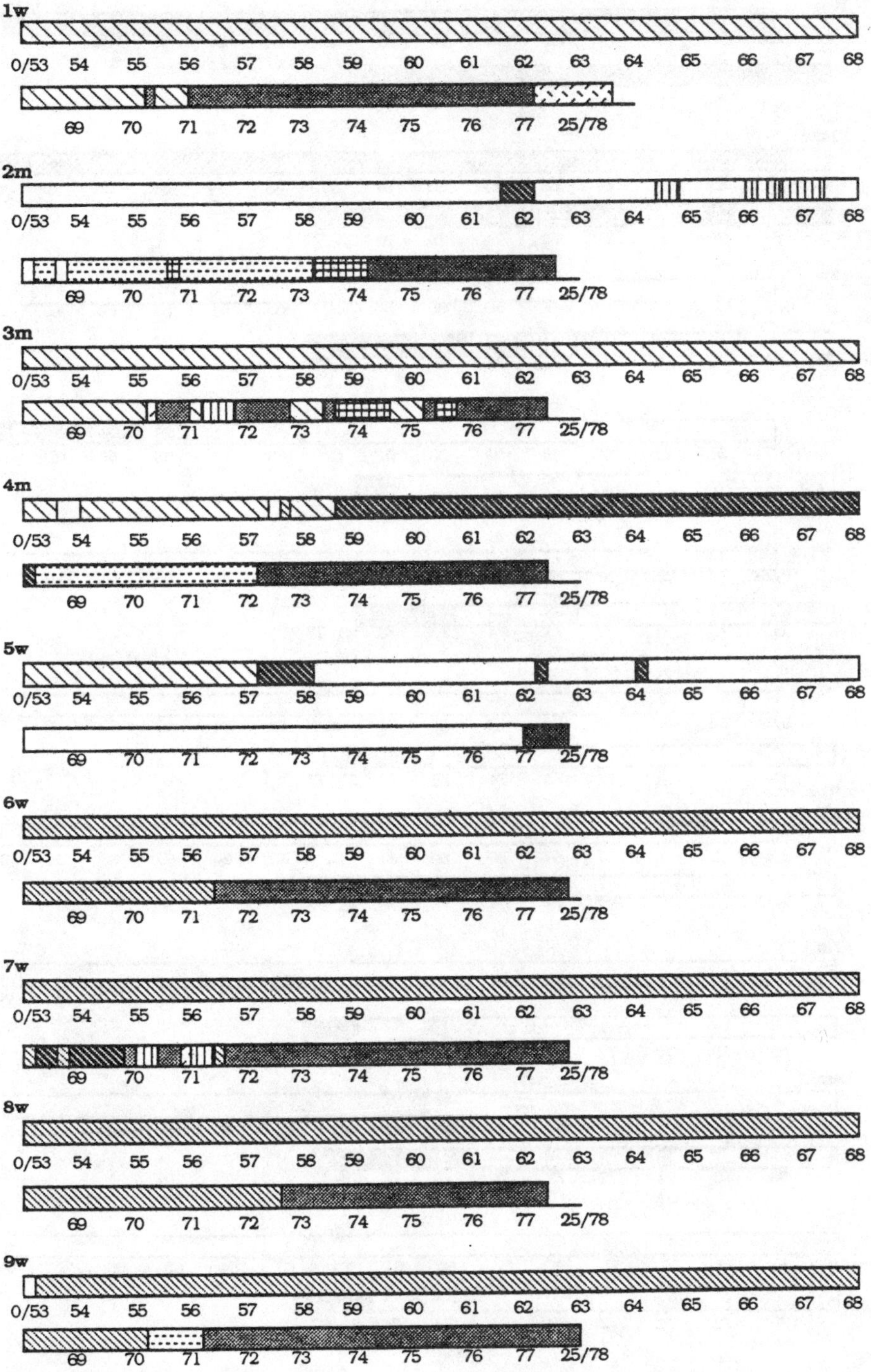
1w
0/53 54 55 56 57 58 59 60 61 62 63 64 65 66 67 68
69 70 71 72 73 74 75 76 77 25/78
2m
0/53 54 55 56 57 58 59 60 61 62 63 64 65 66 67 68
69 70 71 72 73 74 75 76 77 25/78
3m
0/53 54 55 56 57 58 59 60 61 62 63 64 65 66 67 68
69 70 71 72 73 74 75 76 77 25/78
4m
0/53 54 55 56 57 58 59 60 61 62 63 64 65 66 67 68
69 70 71 72 73 74 75 76 77 25/78
5w
0/53 54 55 56 57 58 59 60 61 62 63 64 65 66 67 68
69 70 71 72 73 74 75 76 77 25/78
6w
0/53 54 55 56 57 58 59 60 61 62 63 64 65 66 67 68
69 70 71 72 73 74 75 76 77 25/78
7w
0/53 54 55 56 57 58 59 60 61 62 63 64 65 66 67 68
69 70 71 72 73 74 75 76 77 25/78
8w
0/53 54 55 56 57 58 59 60 61 62 63 64 65 66 67 68
69 70 71 72 73 74 75 76 77 25/78
9w
0/53 54 55 56 57 58 59 60 61 62 63 64 65 66 67 68
69 70 71 72 73 74 75 76 77 25/78

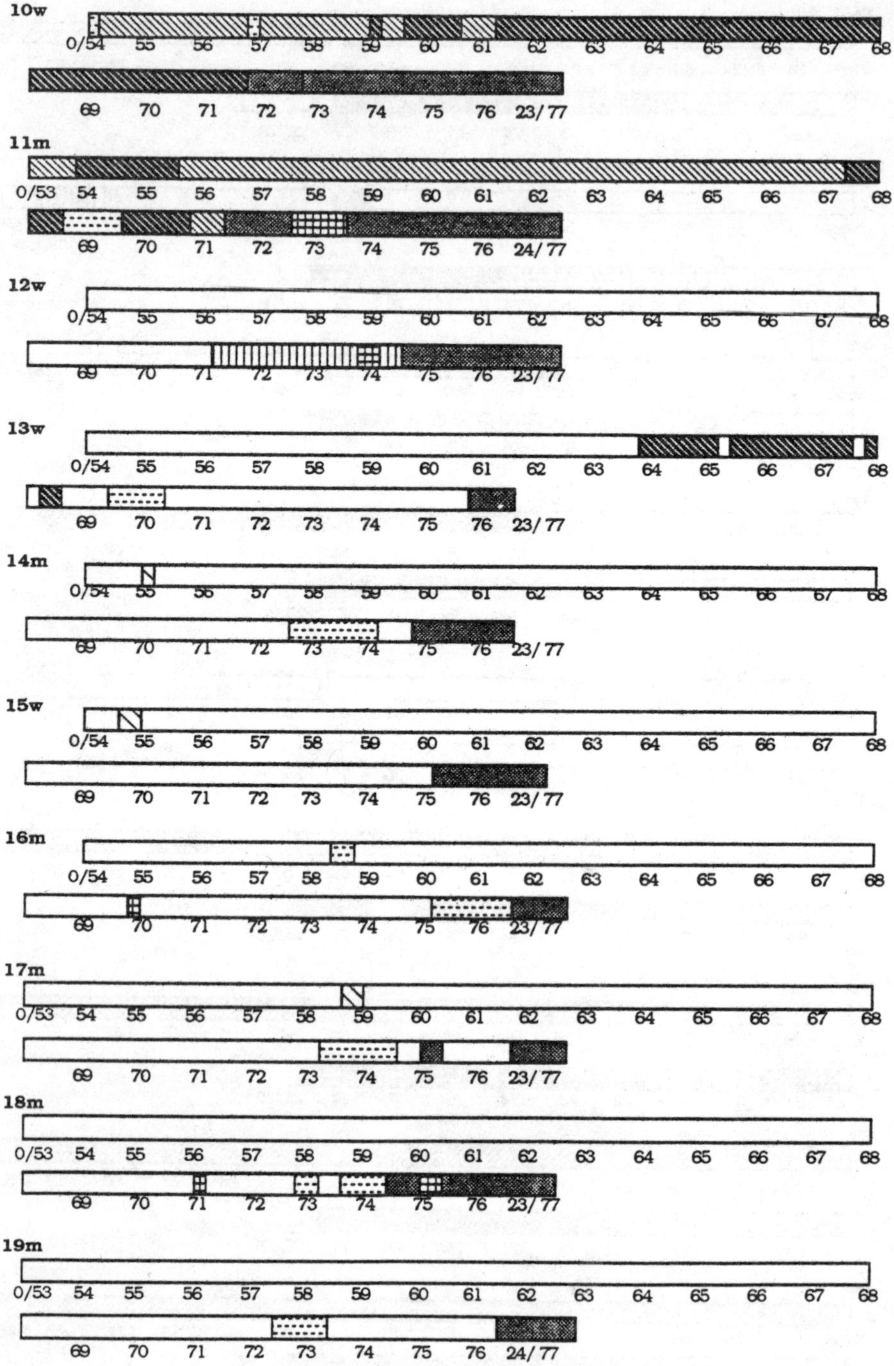
10w
0/54 55 56 57 58 59 60 61 62 63 64 65 66 67 68
69 70 71 72 73 74 75 76 23/77
11m
0/53 54 55 56 57 58 59 60 61 62 63 64 65 66 67 68
69 70 71 72 73 74 75 76 24/77
12w
0/54 55 56 57 58 59 60 61 62 63 64 65 66 67 68
69 70 71 72 73 74 75 76 23/77
13w
0/54 55 56 57 58 59 60 61 62 63 64 65 66 67 68
69 70 71 72 73 74 75 76 23/77
14m
0/54 55 56 57 58 59 60 61 62 63 64 65 66 67 68
69 70 71 72 73 74 75 76 23/77
15w
0/54 55 56 57 58 59 60 61 62 63 64 65 66 67 68
69 70 71 72 73 74 75 76 23/77
16m
0/54 55 56 57 58 59 60 61 62 63 64 65 66 67 68
69 70 71 72 73 74 75 76 23/77
17m
0/53 54 55 56 57 58 59 60 61 62 63 64 65 66 67 68
69 70 71 72 73 74 75 76 23/77
18m
0/53 54 55 56 57 58 59 60 61 62 63 64 65 66 67 68
69 70 71 72 73 74 75 76 23/77
19m
0/53 54 55 56 57 58 59 60 61 62 63 64 65 66 67 68
69 70 71 72 73 74 75 76 24/77

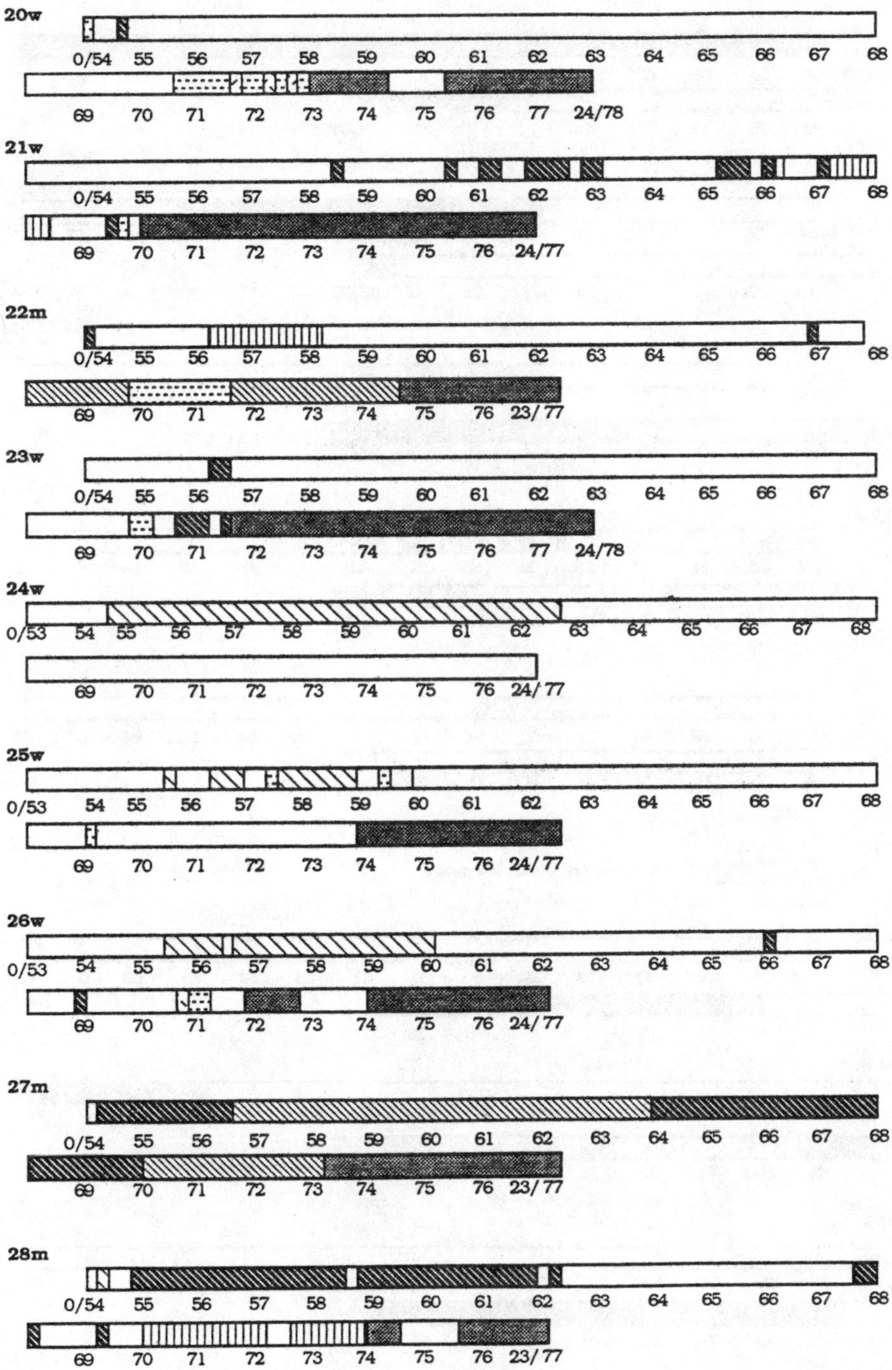
20w
0/54 55 56 57 58 59 60 61 62 63 64 65 66 67 68
69 70 71 72 73 74 75 76 77 24/78
21w
0/54 55 56 57 58 59 60 61 62 63 64 65 66 67 68
69 70 71 72 73 74 75 76 24/77
22m
0/54 55 56 57 58 59 60 61 62 63 64 65 66 67 68
69 70 71 72 73 74 75 76 23/77
23w
0/54 55 56 57 58 59 60 61 62 63 64 65 66 67 68
69 70 71 72 73 74 75 76 77 24/78
24w
0/53 54 55 56 57 58 59 60 61 62 63 64 65 66 67 68
69 70 71 72 73 74 75 76 24/77
25w
0/53 54 55 56 57 58 59 60 61 62 63 64 65 66 67 68
69 70 71 72 73 74 75 76 24/77
26w
0/53 54 55 56 57 58 59 60 61 62 63 64 65 66 67 68
69 70 71 72 73 74 75 76 24/77
27m
0/54 55 56 57 58 59 60 61 62 63 64 65 66 67 68
69 70 71 72 73 74 75 76 23/77
28m
0/54 55 56 57 58 59 60 61 62 63 64 65 66 67 68
69 70 71 72 73 74 75 76 23/77

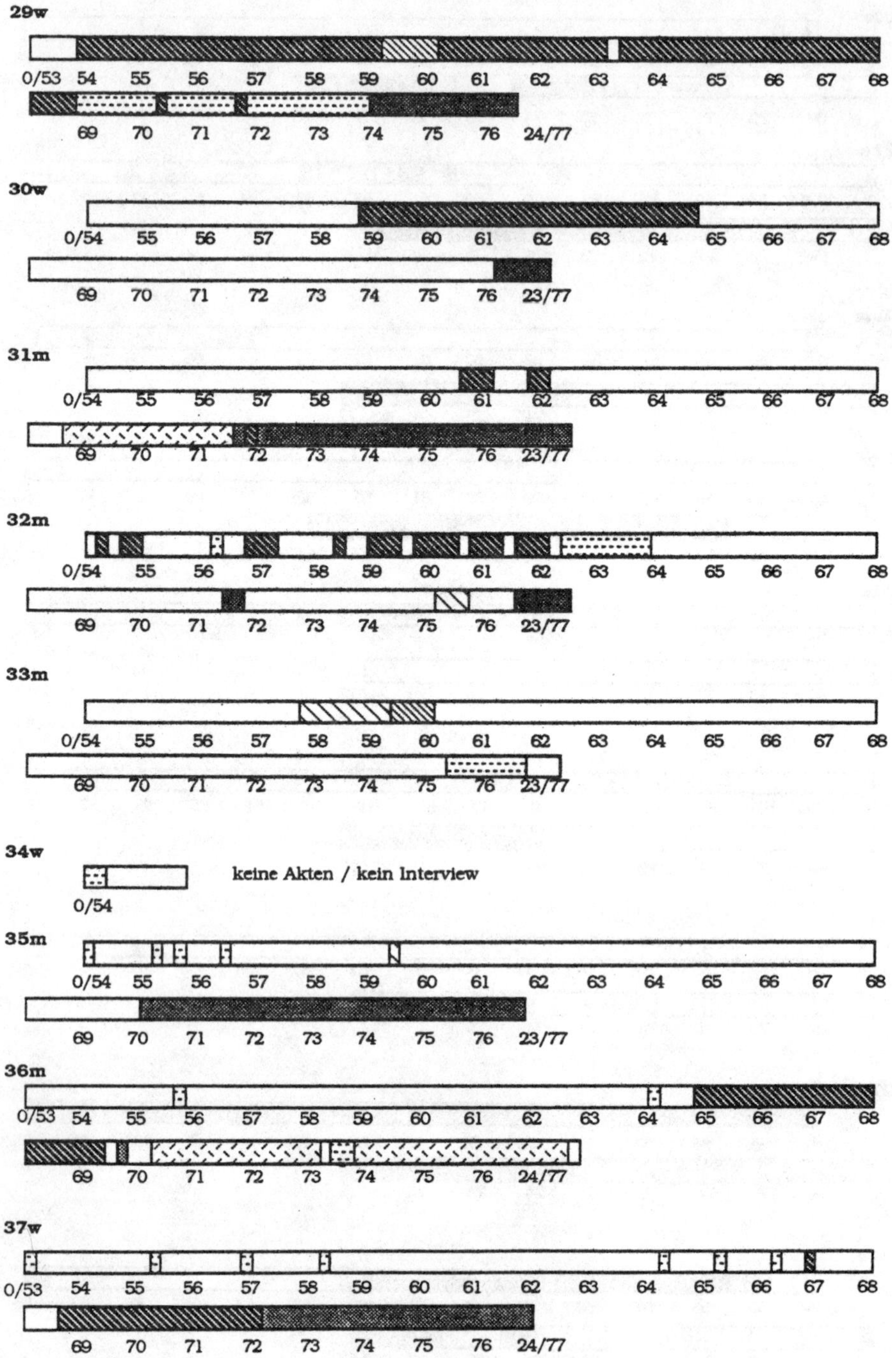
29w
0/53 54 55 56 57 58 59 60 61 62 63 64 65 66 67 68
69 70 71 72 73 74 75 76 24/77
30w
0/54 55 56 57 58 59 60 61 62 63 64 65 66 67 68
69 70 71 72 73 74 75 76 23/77
31m
0/54 55 56 57 58 59 60 61 62 63 64 65 66 67 68
69 70 71 72 73 74 75 76 23/77
32m
0/54 55 56 57 58 59 60 61 62 63 64 65 66 67 68
69 70 71 72 73 74 75 76 23/77
33m
0/54 55 56 57 58 59 60 61 62 63 64 65 66 67 68
69 70 71 72 73 74 75 76 23/77
34w
keine Akten / kein Interview
0/54
35m
0/54 55 56 57 58 59 60 61 62 63 64 65 66 67 68
69 70 71 72 73 74 75 76 23/77
36m
0/53 54 55 56 57 58 59 60 61 62 63 64 65 66 67 68
69 70 71 72 73 74 75 76 24/77
37w
0/53 54 55 56 57 58 59 60 61 62 63 64 65 66 67 68
69 70 71 72 73 74 75 76 24/77

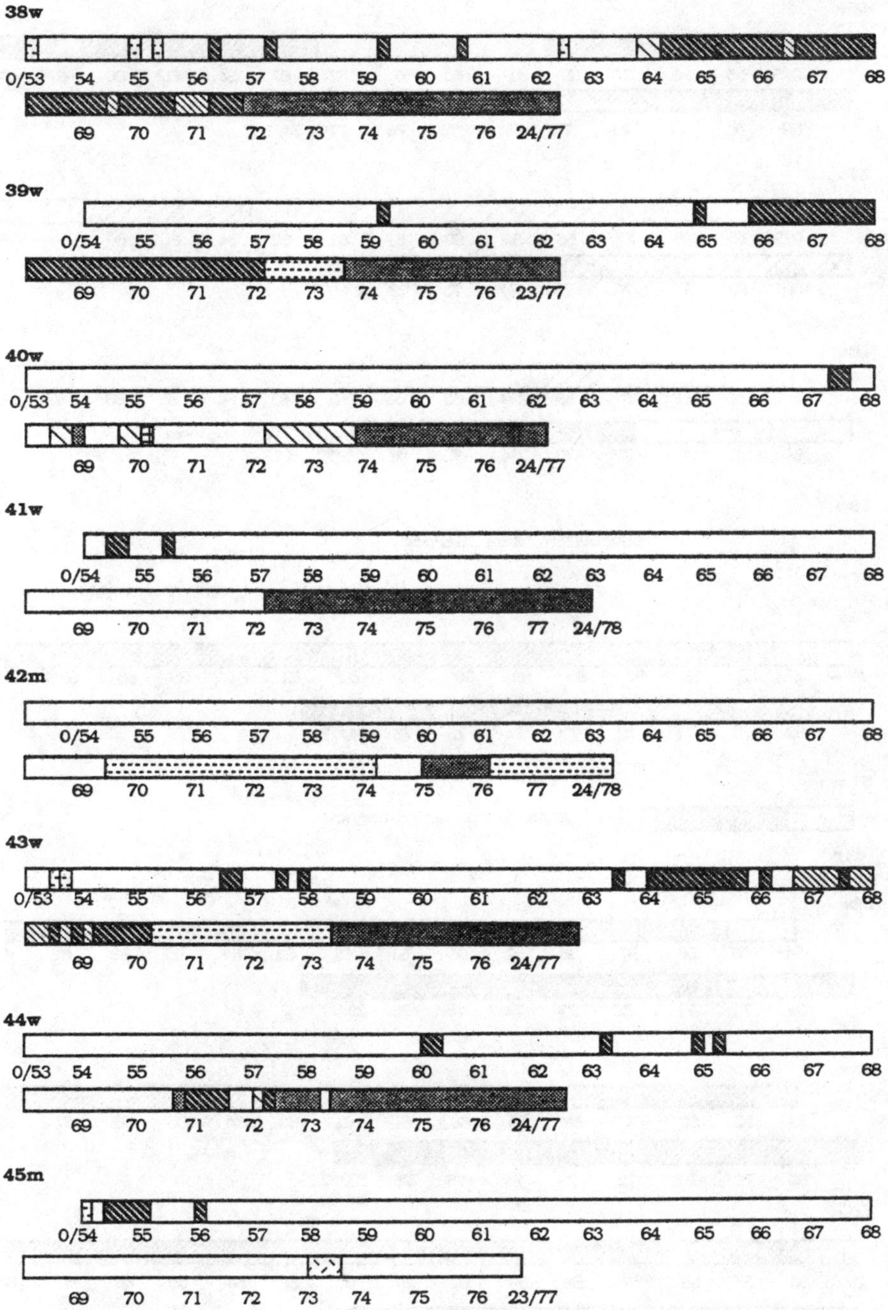
38w
0/53 54 55 56 57 58 59 60 61 62 63 64 65 66 67 68
69 70 71 72 73 74 75 76 24/77
39w
0/54 55 56 57 58 59 60 61 62 63 64 65 66 67 68
69 70 71 72 73 74 75 76 23/77
40w
0/53 54 55 56 57 58 59 60 61 62 63 64 65 66 67 68
69 70 71 72 73 74 75 76 24/77
41w
0/54 55 56 57 58 59 60 61 62 63 64 65 66 67 68
69 70 71 72 73 74 75 76 77 24/78
42m
0/54 55 56 57 58 59 60 61 62 63 64 65 66 67 68
69 70 71 72 73 74 75 76 77 24/78
43w
0/53 54 55 56 57 58 59 60 61 62 63 64 65 66 67 68
69 70 71 72 73 74 75 76 24/77
44w
0/53 54 55 56 57 58 59 60 61 62 63 64 65 66 67 68
69 70 71 72 73 74 75 76 24/77
45m
0/54 55 56 57 58 59 60 61 62 63 64 65 66 67 68
69 70 71 72 73 74 75 76 23/77

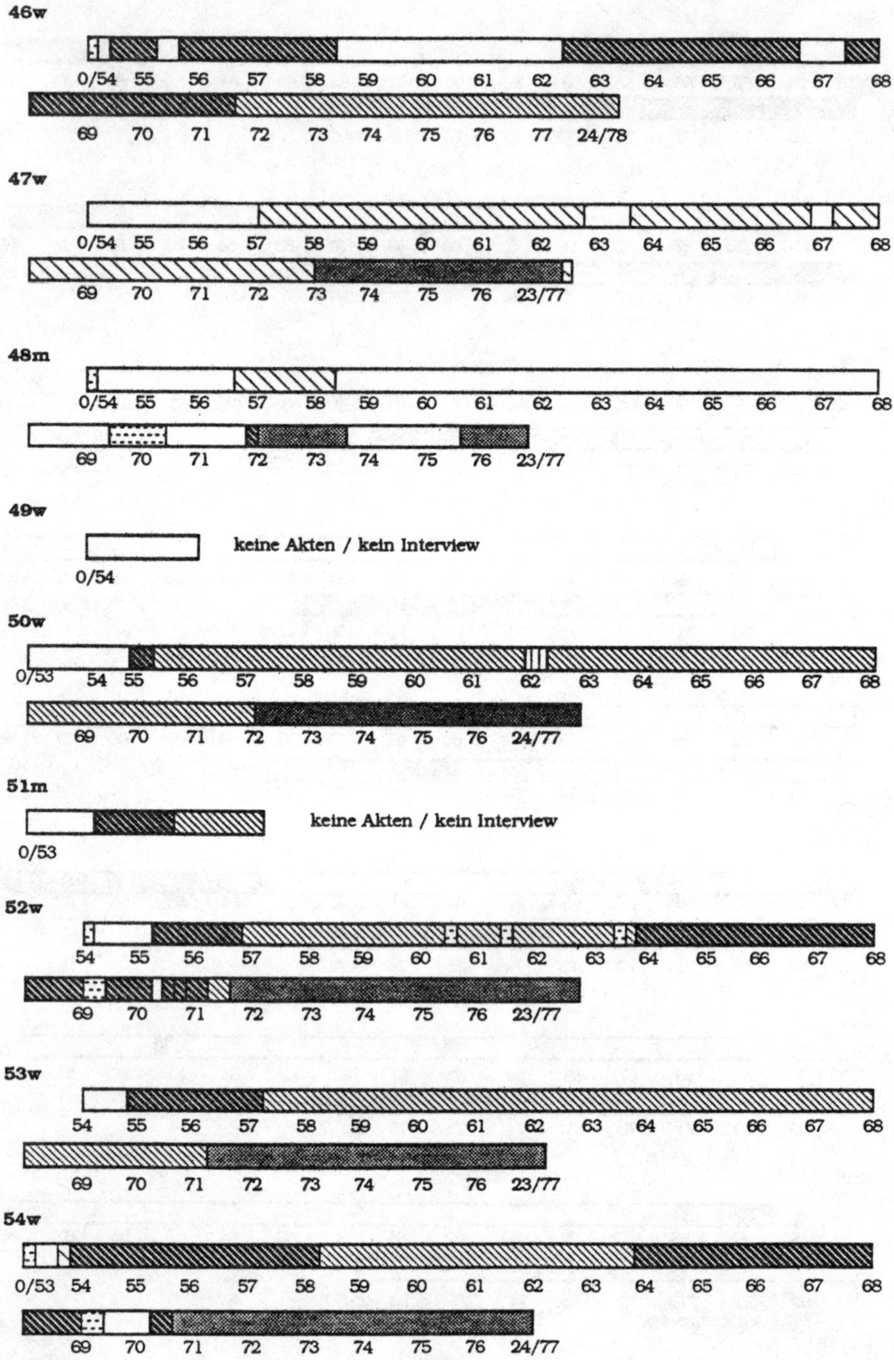
46w
0/54 55 56 57 58 59 60 61 62 63 64 65 66 67 68
69 70 71 72 73 74 75 76 77 24/78
47w
0/54 55 56 57 58 59 60 61 62 63 64 65 66 67 68
69 70 71 72 73 74 75 76 23/77
48m
0/54 55 56 57 58 59 60 61 62 63 64 65 66 67 68
69 70 71 72 73 74 75 76 23/77
49w
keine Akten / kein Interview
0/54
50w
0/53 54 55 56 57 58 59 60 61 62 63 64 65 66 67 68
69 70 71 72 73 74 75 76 24/77
51m
keine Akten / kein Interview
0/53
52w
54 55 56 57 58 59 60 61 62 63 64 65 66 67 68
69 70 71 72 73 74 75 76 23/77
53w
54 55 56 57 58 59 60 61 62 63 64 65 66 67 68
69 70 71 72 73 74 75 76 23/77
54w
0/53 54 55 56 57 58 59 60 61 62 63 64 65 66 67 68
69 70 71 72 73 74 75 76 24/77

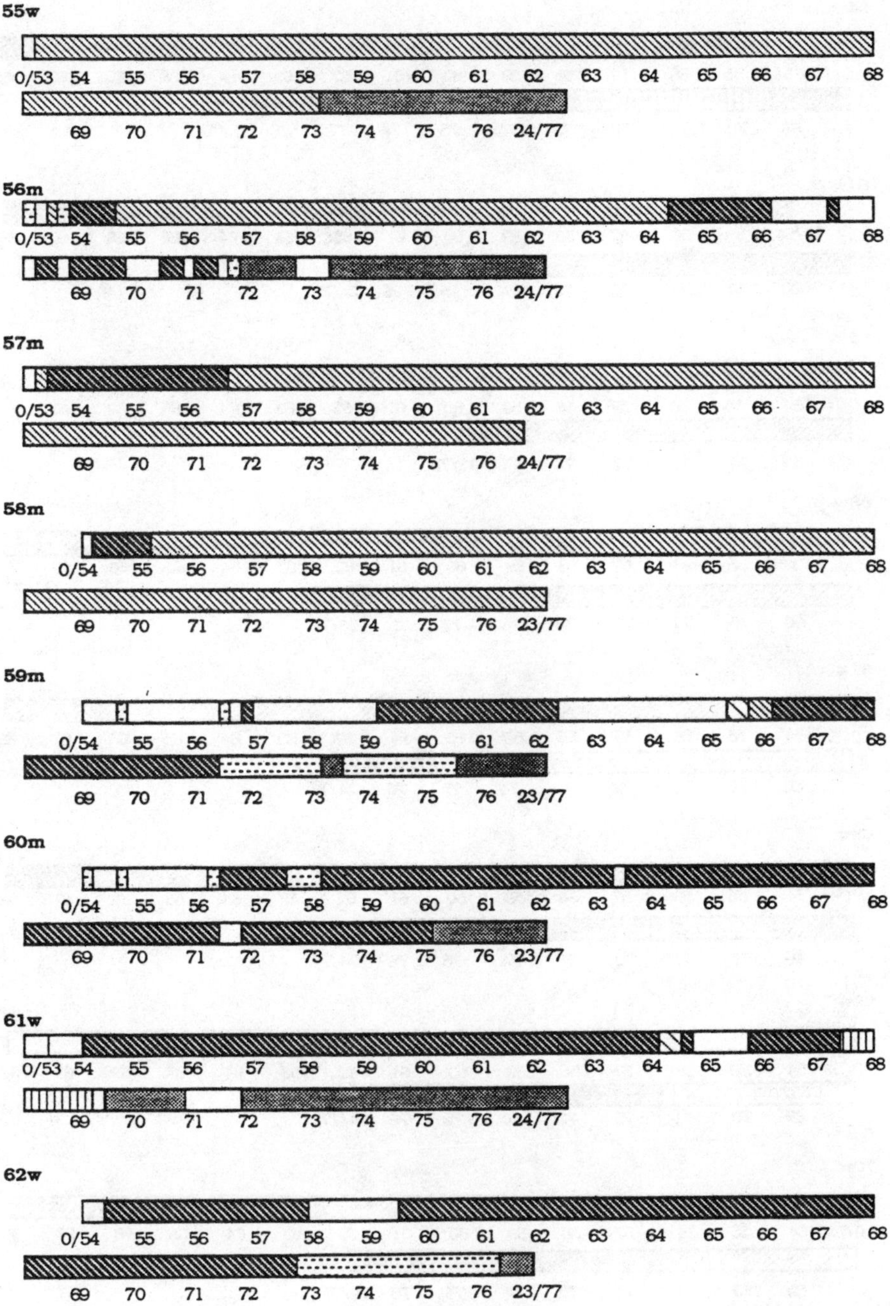
55w
0/53 54 55 56 57 58 59 60 61 62 63 64 65 66 67 68
69 70 71 72 73 74 75 76 24/77
56m
0/53 54 55 56 57 58 59 60 61 62 63 64 65 66 67 68
69 70 71 72 73 74 75 76 24/77
57m
0/53 54 55 56 57 58 59 60 61 62 63 64 65 66 67 68
69 70 71 72 73 74 75 76 24/77
58m
0/54 55 56 57 58 59 60 61 62 63 64 65 66 67 68
69 70 71 72 73 74 75 76 23/77
59m
0/54 55 56 57 58 59 60 61 62 63 64 65 66 67 68
69 70 71 72 73 74 75 76 23/77
60m
0/54 55 56 57 58 59 60 61 62 63 64 65 66 67 68
69 70 71 72 73 74 75 76 23/77
61w
0/53 54 55 56 57 58 59 60 61 62 63 64 65 66 67 68
69 70 71 72 73 74 75 76 24/77
62w
0/54 55 56 57 58 59 60 61 62 63 64 65 66 67 68
69 70 71 72 73 74 75 76 23/77

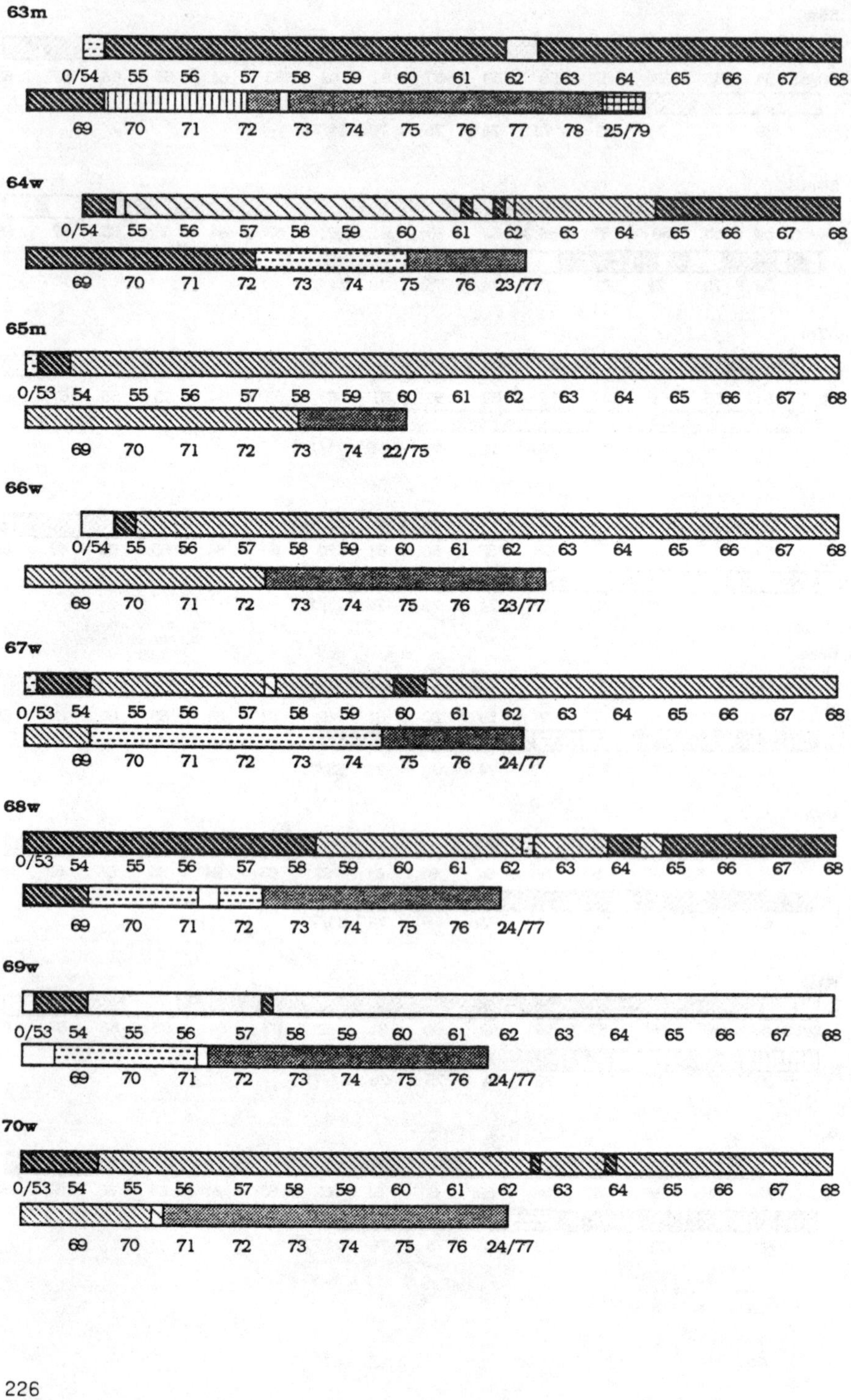
63m
0/54 55 56 57 58 59 60 61 62 63 64 65 66 67 68
69 70 71 72 73 74 75 76 77 78 25/79
64w
0/54 55 56 57 58 59 60 61 62 63 64 65 66 67 68
69 70 71 72 73 74 75 76 23/77
65m
0/53 54 55 56 57 58 59 60 61 62 63 64 65 66 67 68
69 70 71 72 73 74 22/75
66w
0/54 55 56 57 58 59 60 61 62 63 64 65 66 67 68
69 70 71 72 73 74 75 76 23/77
67w
0/53 54 55 56 57 58 59 60 61 62 63 64 65 66 67 68
69 70 71 72 73 74 75 76 24/77
68w
0/53 54 55 56 57 58 59 60 61 62 63 64 65 66 67 68
69 70 71 72 73 74 75 76 24/77
69w
0/53 54 55 56 57 58 59 60 61 62 63 64 65 66 67 68
69 70 71 72 73 74 75 76 24/77
70w
0/53 54 55 56 57 58 59 60 61 62 63 64 65 66 67 68
69 70 71 72 73 74 75 76 24/77

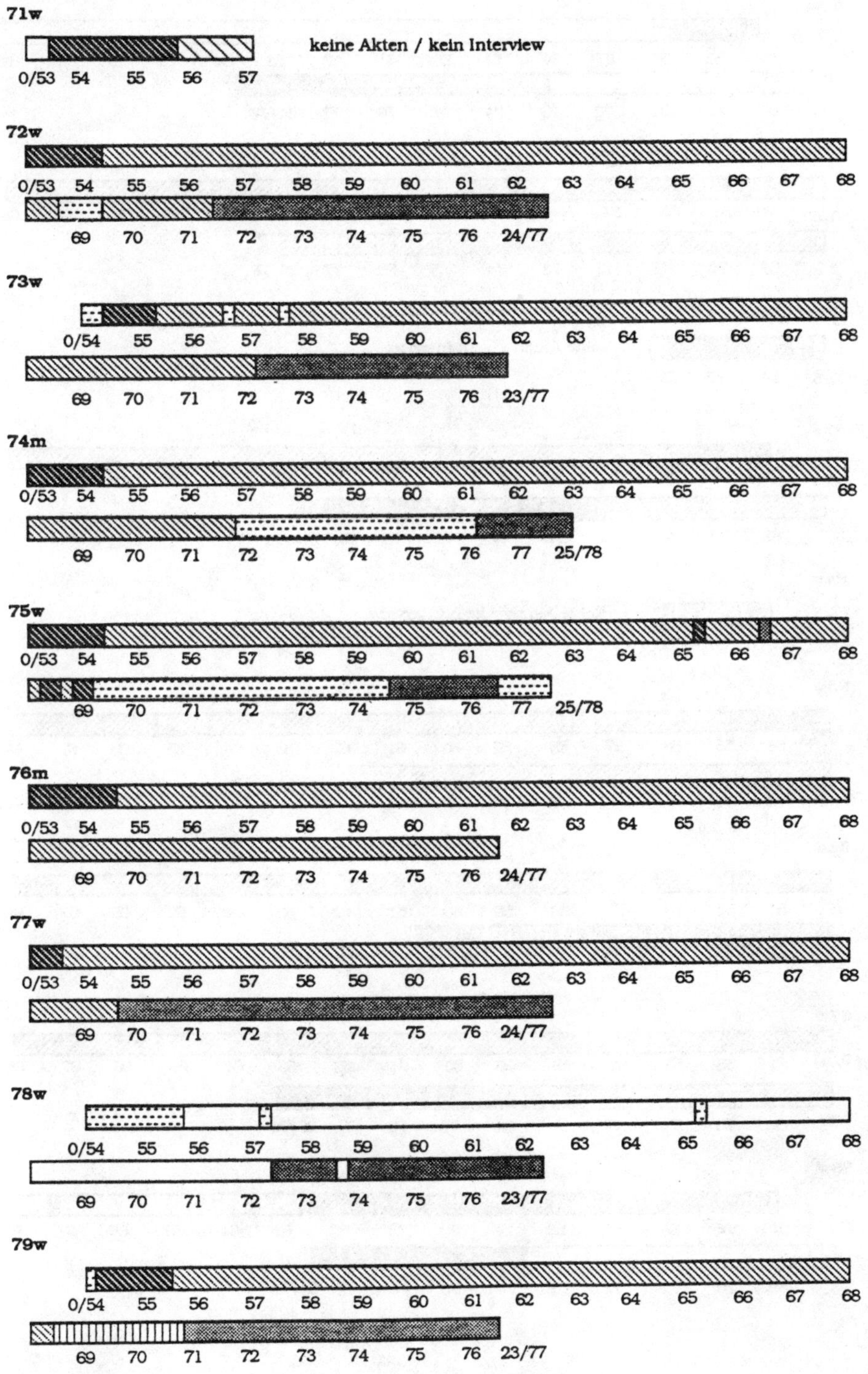
71w
keine Akten / kein Interview
0/53 54 55 56 57
72w
0/53 54 55 56 57 58 59 60 61 62 63 64 65 66 67 68
69 70 71 72 73 74 75 76 24/77
73w
0/54 55 56 57 58 59 60 61 62 63 64 65 66 67 68
69 70 71 72 73 74 75 76 23/77
74m
0/53 54 55 56 57 58 59 60 61 62 63 64 65 66 67 68
69 70 71 72 73 74 75 76 77 25/78
75w
0/53 54 55 56 57 58 59 60 61 62 63 64 65 66 67 68
69 70 71 72 73 74 75 76 77 25/78
76m
0/53 54 55 56 57 58 59 60 61 62 63 64 65 66 67 68
69 70 71 72 73 74 75 76 24/77
77w
0/53 54 55 56 57 58 59 60 61 62 63 64 65 66 67 68
69 70 71 72 73 74 75 76 24/77
78w
0/54 55 56 57 58 59 60 61 62 63 64 65 66 67 68
69 70 71 72 73 74 75 76 23/77
79w
0/54 55 56 57 58 59 60 61 62 63 64 65 66 67 68
69 70 71 72 73 74 75 76 23/77

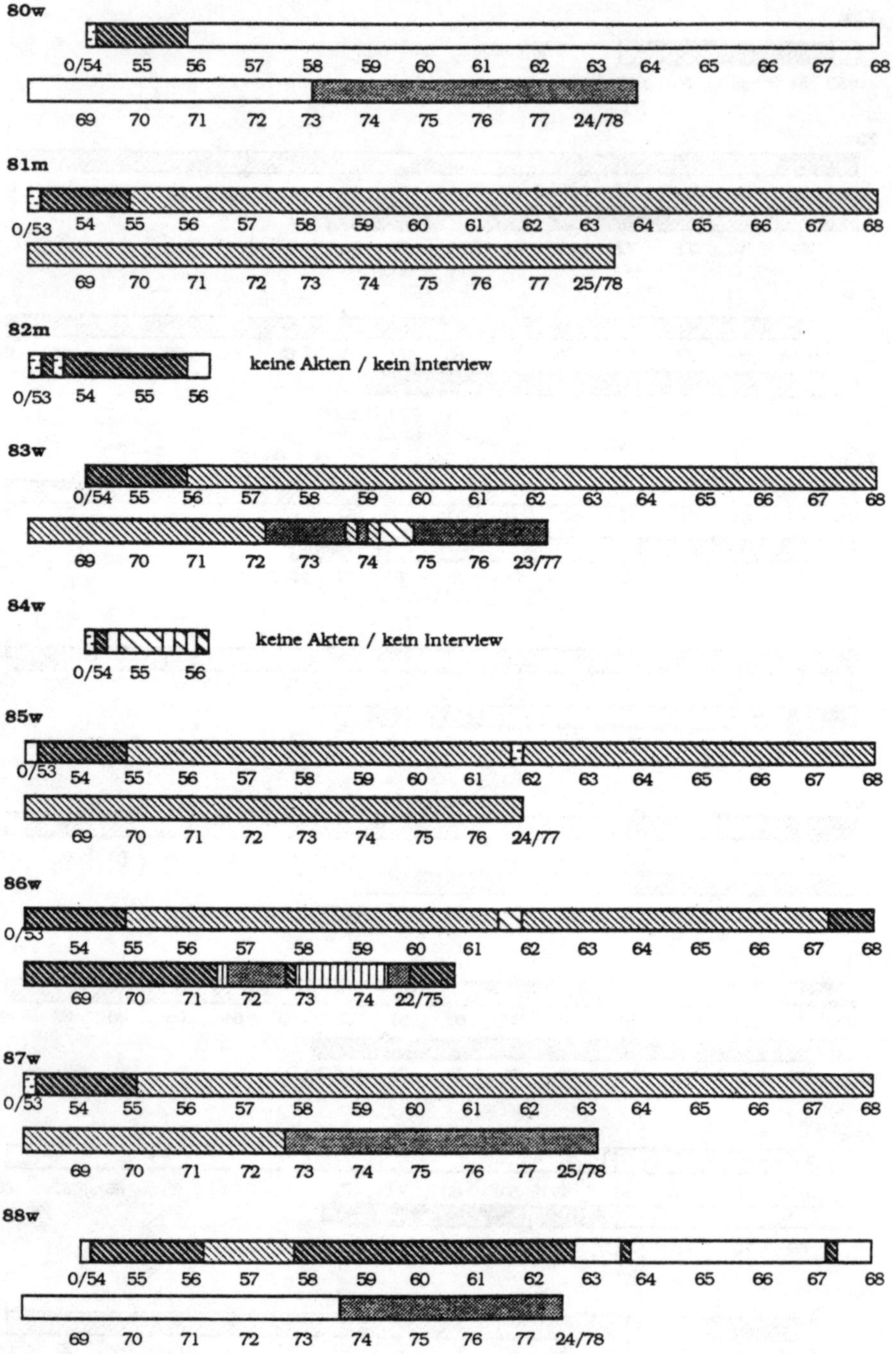
80w
0/54 55 56 57 58 59 60 61 62 63 64 65 66 67 68
69 70 71 72 73 74 75 76 77 24/78
81m
0/53 54 55 56 57 58 59 60 61 62 63 64 65 66 67 68
69 70 71 72 73 74 75 76 77 25/78
82m
keine Akten / kein Interview
0/53 54 55 56
83w
0/54 55 56 57 58 59 60 61 62 63 64 65 66 67 68
69 70 71 72 73 74 75 76 23/77
84w
keine Akten / kein Interview
0/54 55 56
85w
0/53 54 55 56 57 58 59 60 61 62 63 64 65 66 67 68
69 70 71 72 73 74 75 76 24/77
86w
0/53 54 55 56 57 58 59 60 61 62 63 64 65 66 67 68
69 70 71 72 73 74 22/75
87w
0/53 54 55 56 57 58 59 60 61 62 63 64 65 66 67 68
69 70 71 72 73 74 75 76 77 25/78
88w
0/54 55 56 57 58 59 60 61 62 63 64 65 66 67 68
69 70 71 72 73 74 75 76 77 24/78

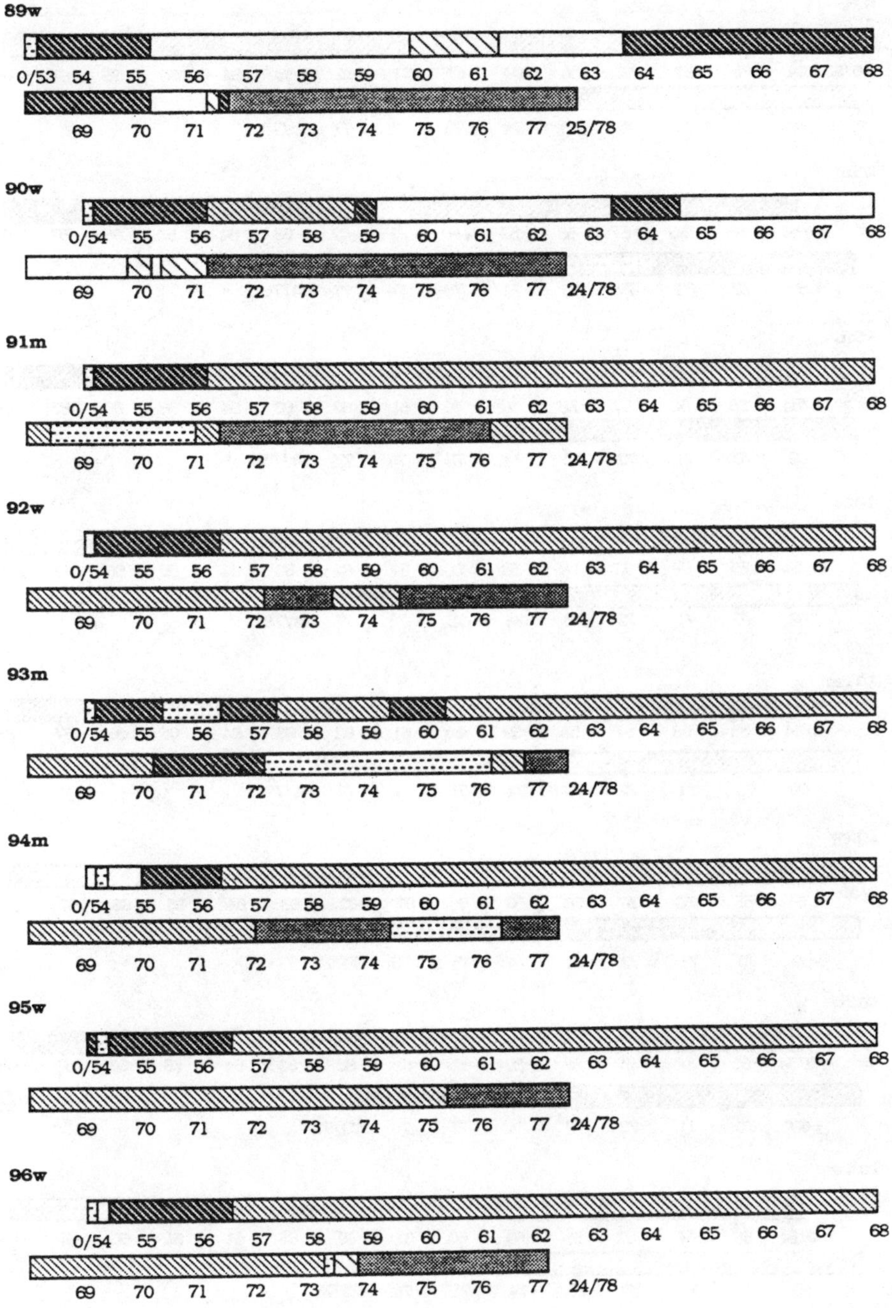
89w
0/53 54 55 56 57 58 59 60 61 62 63 64 65 66 67 68
69 70 71 72 73 74 75 76 77 25/78
90w
0/54 55 56 57 58 59 60 61 62 63 64 65 66 67 68
69 70 71 72 73 74 75 76 77 24/78
91m
0/54 55 56 57 58 59 60 61 62 63 64 65 66 67 68
69 70 71 72 73 74 75 76 77 24/78
92w
0/54 55 56 57 58 59 60 61 62 63 64 65 66 67 68
69 70 71 72 73 74 75 76 77 24/78
93m
0/54 55 56 57 58 59 60 61 62 63 64 65 66 67 68
69 70 71 72 73 74 75 76 77 24/78
94m
0/54 55 56 57 58 59 60 61 62 63 64 65 66 67 68
69 70 71 72 73 74 75 76 77 24/78
95w
0/54 55 56 57 58 59 60 61 62 63 64 65 66 67 68
69 70 71 72 73 74 75 76 77 24/78
96w
0/54 55 56 57 58 59 60 61 62 63 64 65 66 67 68
69 70 71 72 73 74 75 76 77 24/78

97w

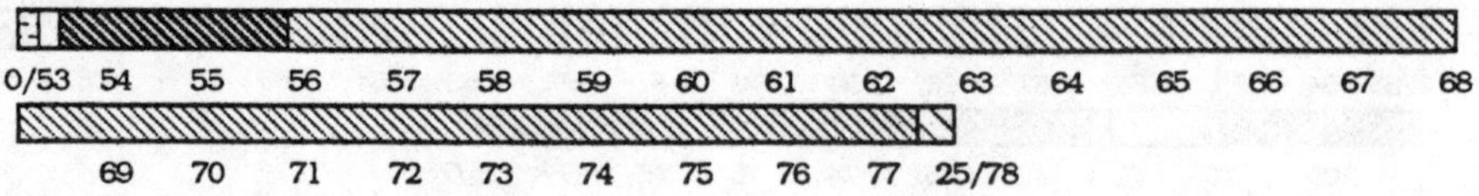

98m

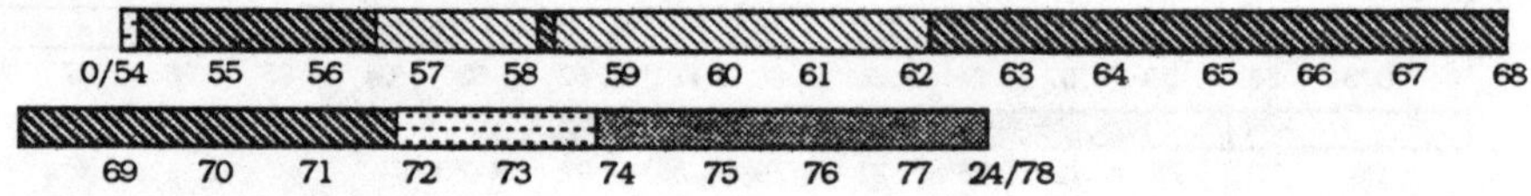

99m

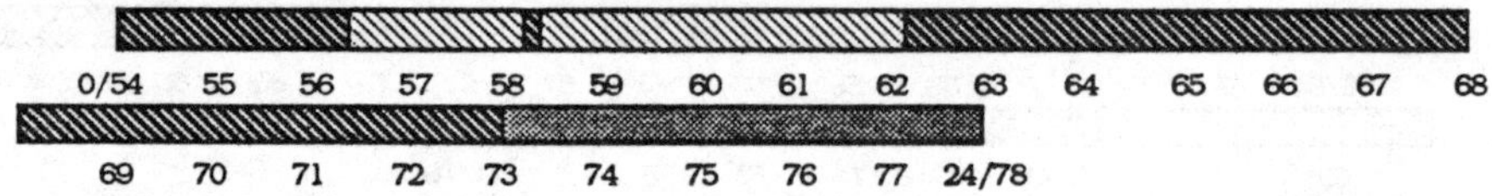

100w

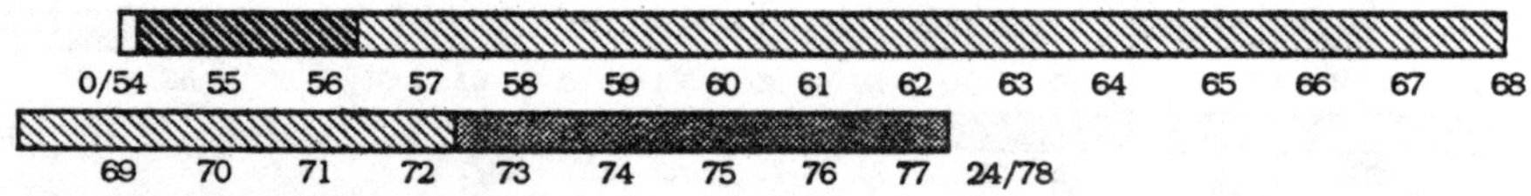

101m

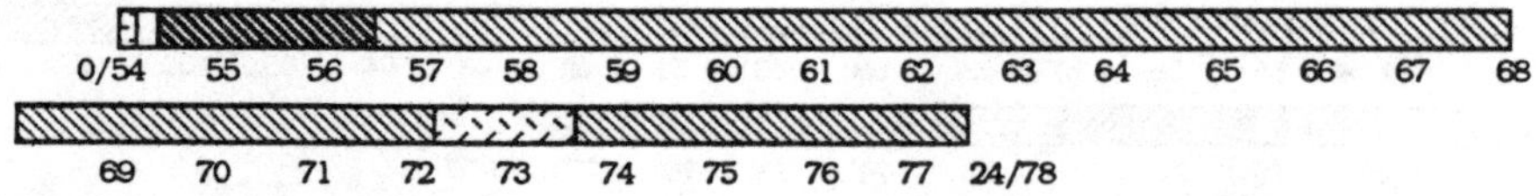

102w

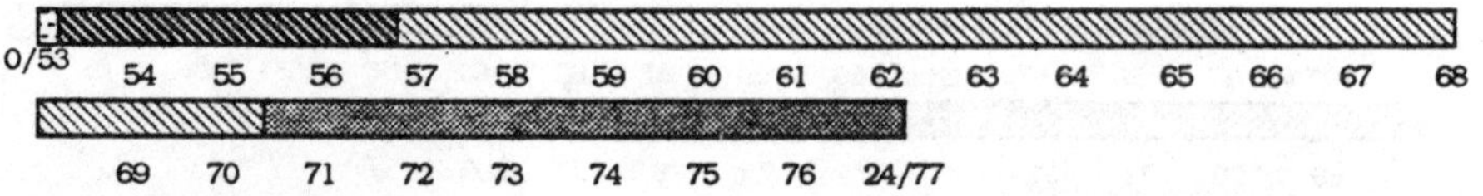

103w

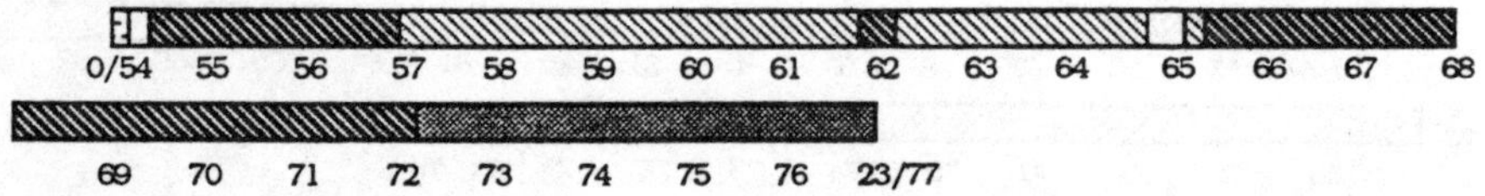

104w

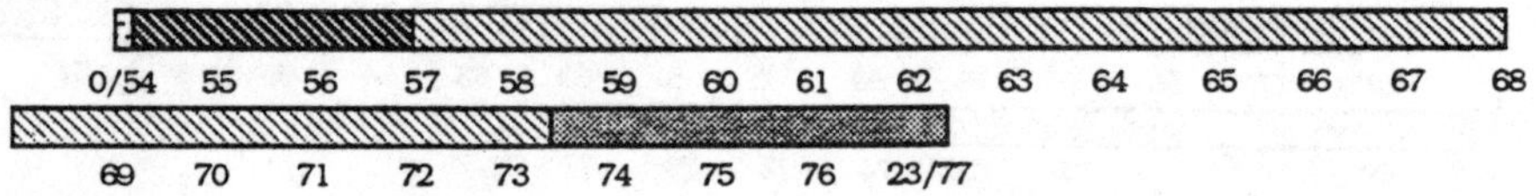

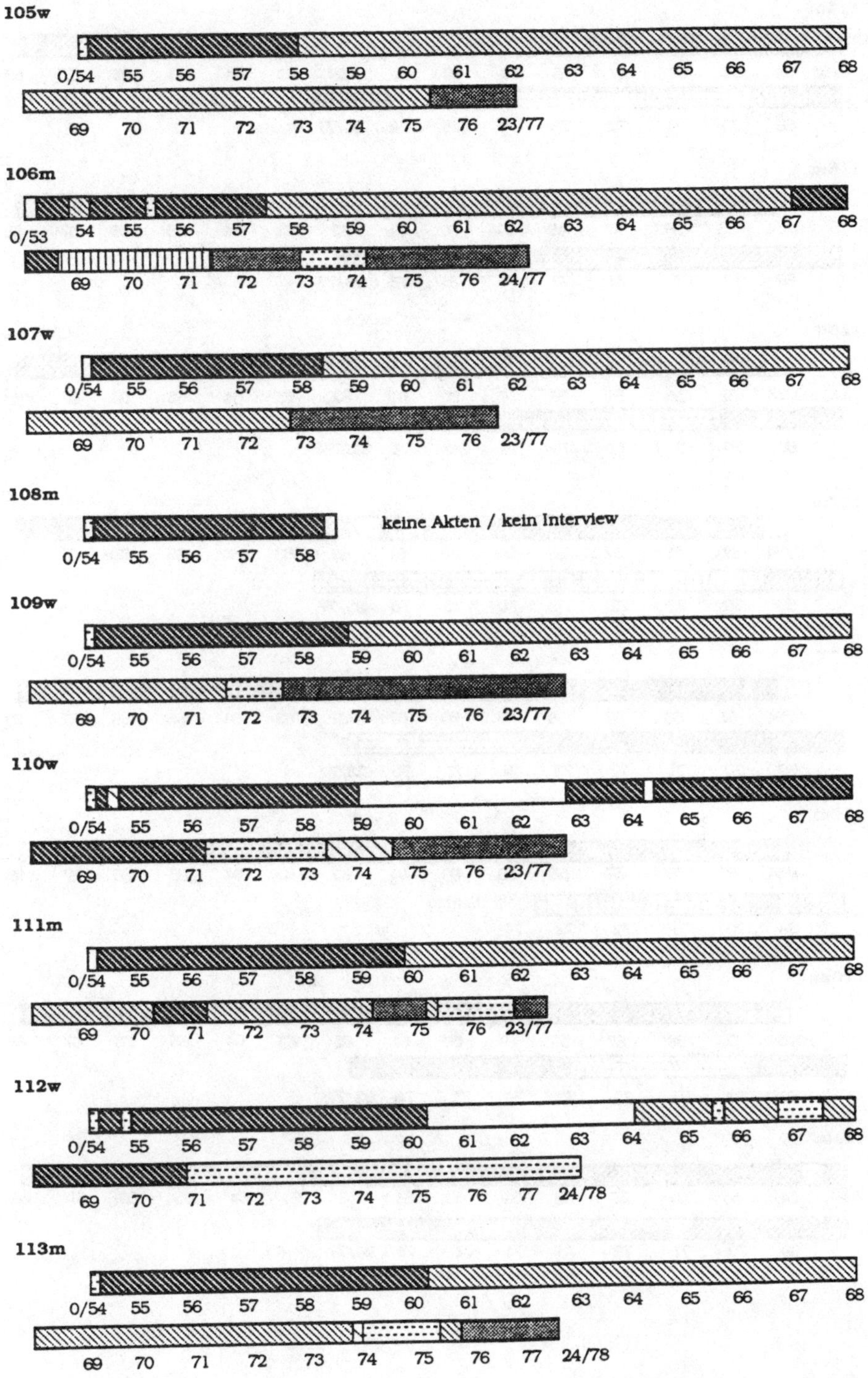
105w
0/54 55 56 57 58 59 60 61 62 63 64 65 66 67 68
69 70 71 72 73 74 75 76 23/77
106m
0/53 54 55 56 57 58 59 60 61 62 63 64 65 66 67 68
69 70 71 72 73 74 75 76 24/77
107w
0/54 55 56 57 58 59 60 61 62 63 64 65 66 67 68
69 70 71 72 73 74 75 76 23/77
108m
keine Akten / kein Interview
0/54 55 56 57 58
109w
0/54 55 56 57 58 59 60 61 62 63 64 65 66 67 68
69 70 71 72 73 74 75 76 23/77
110w
0/54 55 56 57 58 59 60 61 62 63 64 65 66 67 68
69 70 71 72 73 74 75 76 23/77
111m
0/54 55 56 57 58 59 60 61 62 63 64 65 66 67 68
69 70 71 72 73 74 75 76 23/77
112w
0/54 55 56 57 58 59 60 61 62 63 64 65 66 67 68
69 70 71 72 73 74 75 76 77 24/78
113m
0/54 55 56 57 58 59 60 61 62 63 64 65 66 67 68
69 70 71 72 73 74 75 76 77 24/78

114m

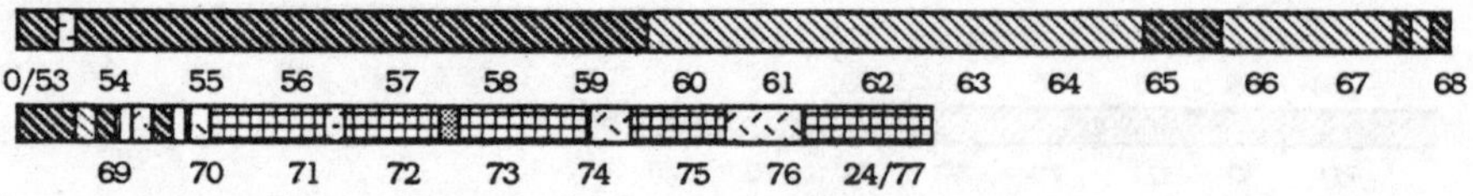

115m

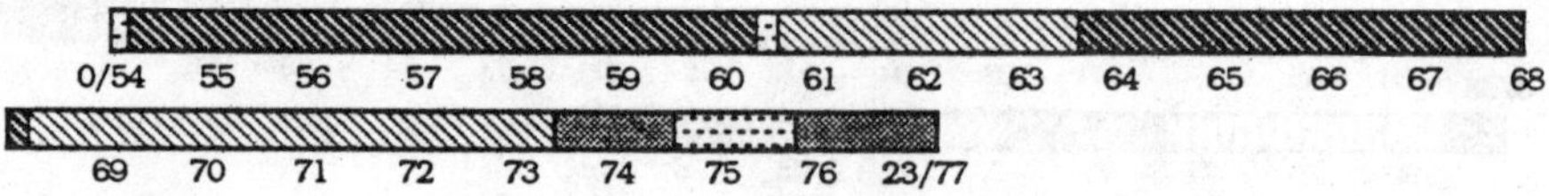

116w

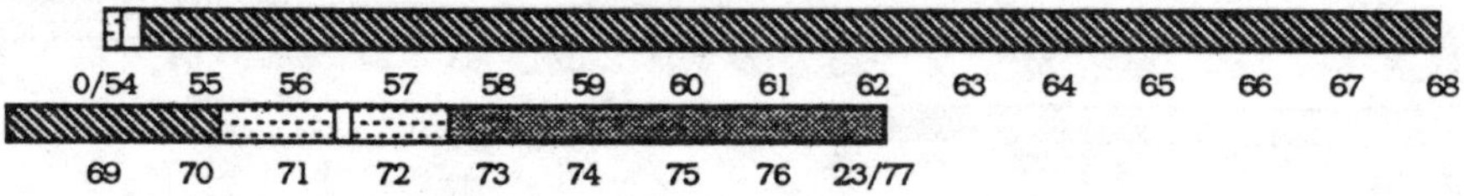

117m

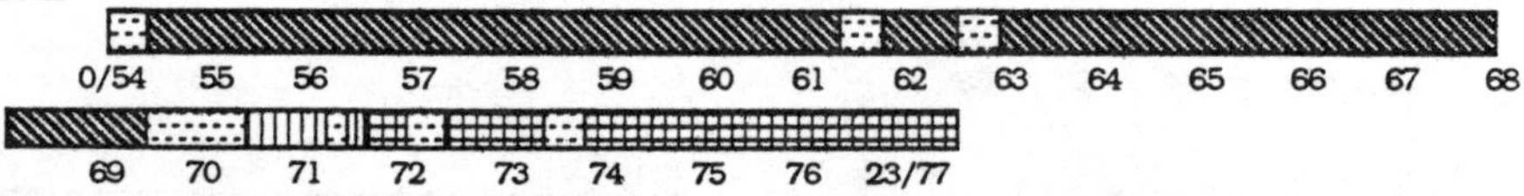

118w

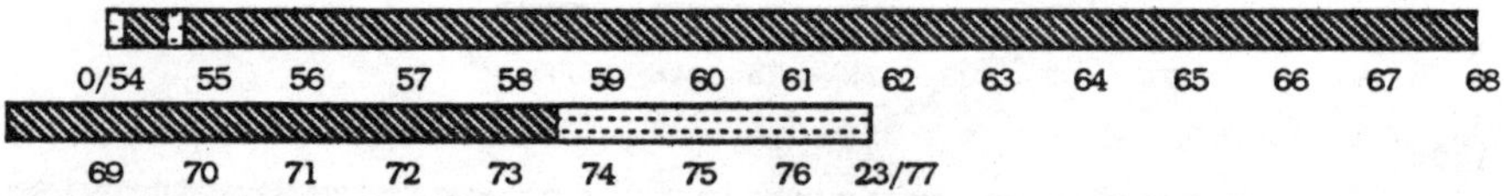

119m

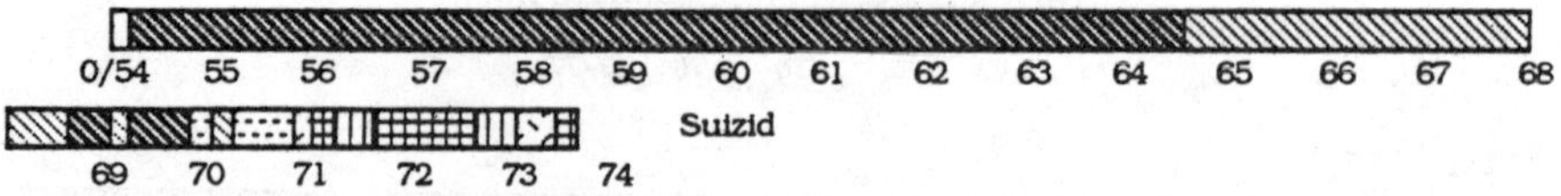

120m

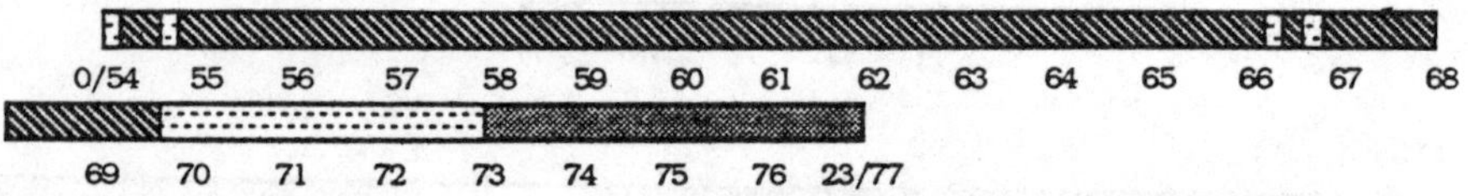

121m

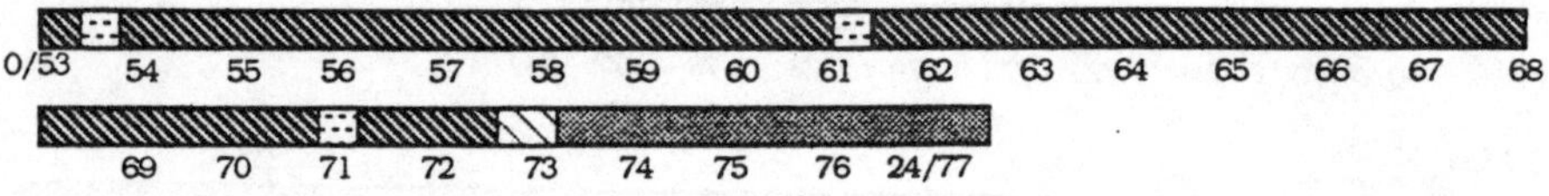

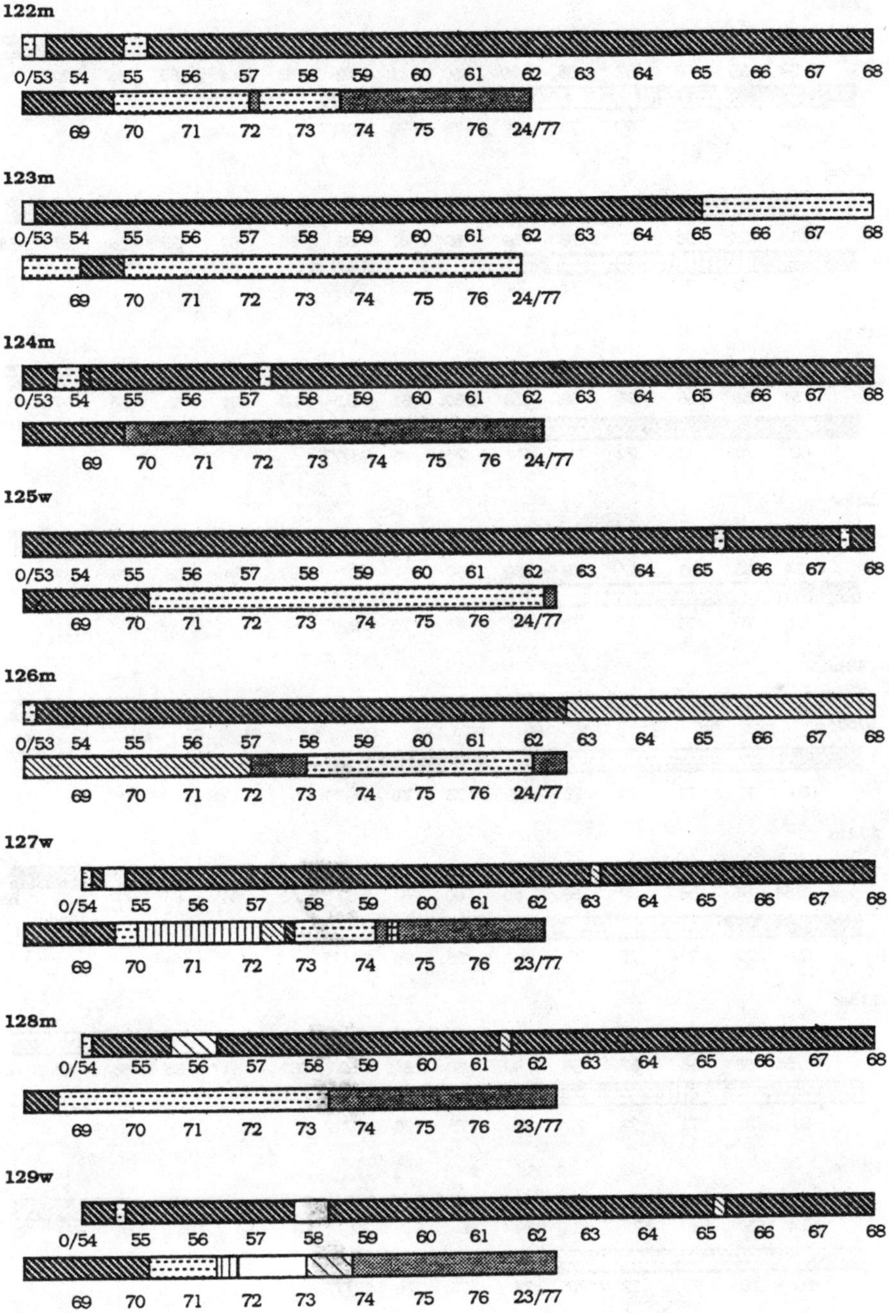
122m
0/53 54 55 56 57 58 59 60 61 62 63 64 65 66 67 68
69 70 71 72 73 74 75 76 24/77
123m
0/53 54 55 56 57 58 59 60 61 62 63 64 65 66 67 68
69 70 71 72 73 74 75 76 24/77
124m
0/53 54 55 56 57 58 59 60 61 62 63 64 65 66 67 68
69 70 71 72 73 74 75 76 24/77
125w
0/53 54 55 56 57 58 59 60 61 62 63 64 65 66 67 68
69 70 71 72 73 74 75 76 24/77
126m
0/53 54 55 56 57 58 59 60 61 62 63 64 65 66 67 68
69 70 71 72 73 74 75 76 24/77
127w
0/54 55 56 57 58 59 60 61 62 63 64 65 66 67 68
69 70 71 72 73 74 75 76 23/77
128m
0/54 55 56 57 58 59 60 61 62 63 64 65 66 67 68
69 70 71 72 73 74 75 76 23/77
129w
0/54 55 56 57 58 59 60 61 62 63 64 65 66 67 68
69 70 71 72 73 74 75 76 23/77

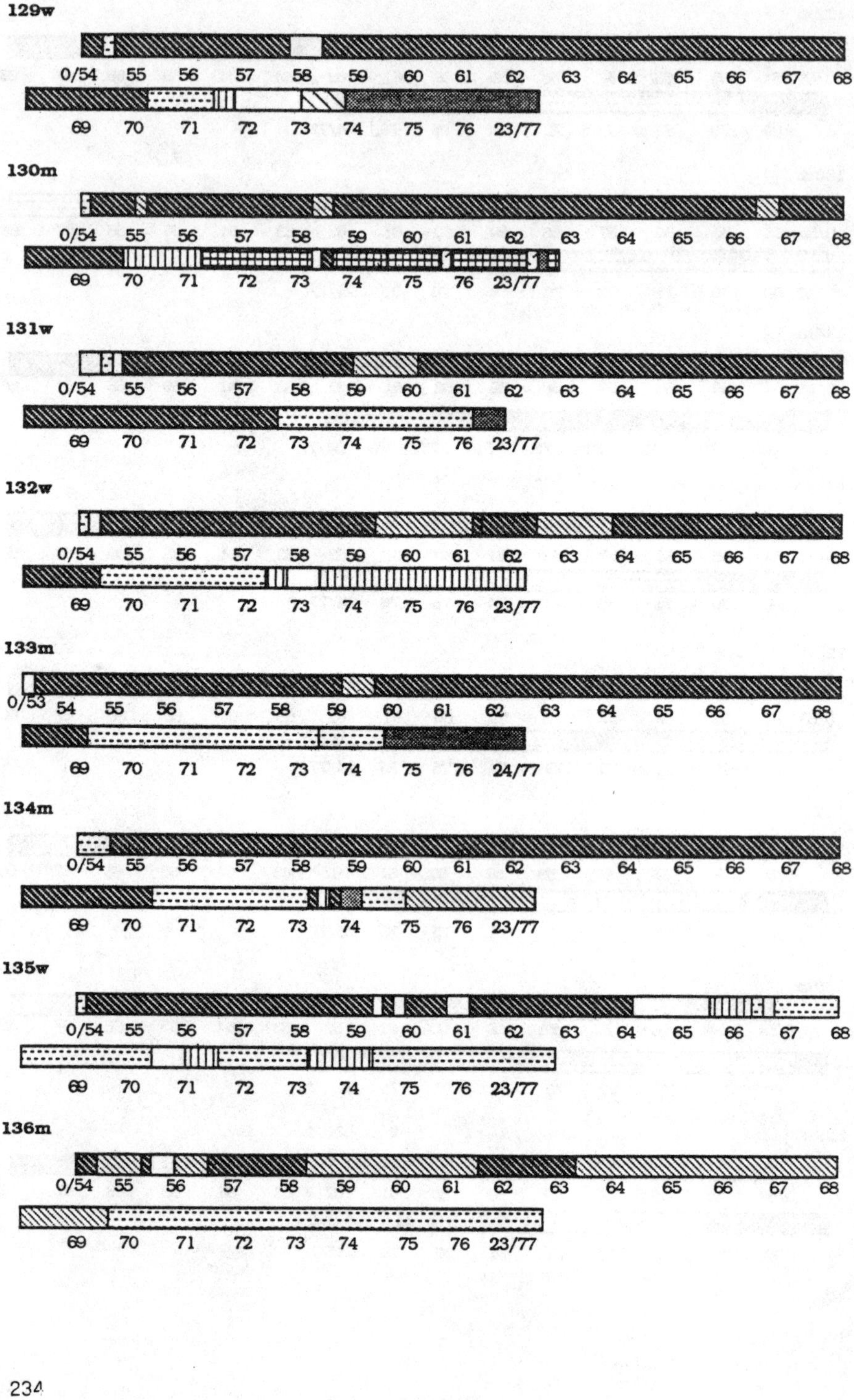
129w
0/54 55 56 57 58 59 60 61 62 63 64 65 66 67 68
69 70 71 72 73 74 75 76 23/77
130m
0/54 55 56 57 58 59 60 61 62 63 64 65 66 67 68
69 70 71 72 73 74 75 76 23/77
131w
0/54 55 56 57 58 59 60 61 62 63 64 65 66 67 68
69 70 71 72 73 74 75 76 23/77
132w
0/54 55 56 57 58 59 60 61 62 63 64 65 66 67 68
69 70 71 72 73 74 75 76 23/77
133m
0/53 54 55 56 57 58 59 60 61 62 63 64 65 66 67 68
69 70 71 72 73 74 75 76 24/77
134m
0/54 55 56 57 58 59 60 61 62 63 64 65 66 67 68
69 70 71 72 73 74 75 76 23/77
135w
0/54 55 56 57 58 59 60 61 62 63 64 65 66 67 68
69 70 71 72 73 74 75 76 23/77
136m
0/54 55 56 57 58 59 60 61 62 63 64 65 66 67 68
69 70 71 72 73 74 75 76 23/77

137w

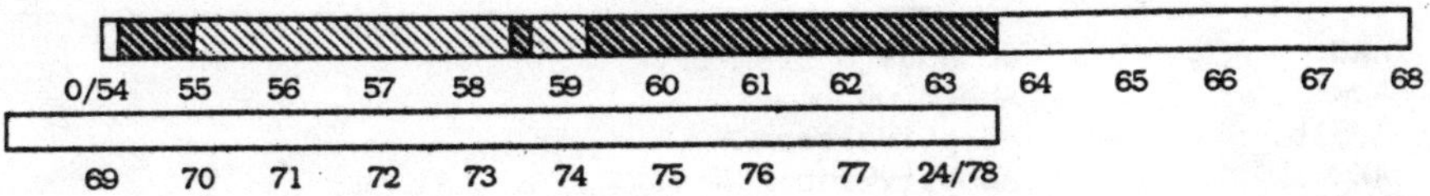

138w

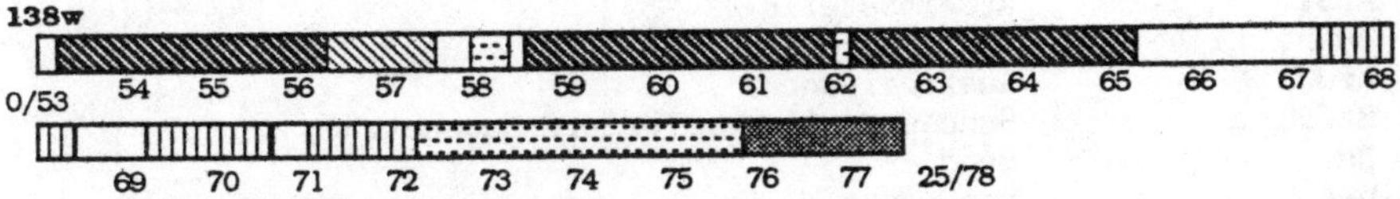

139w

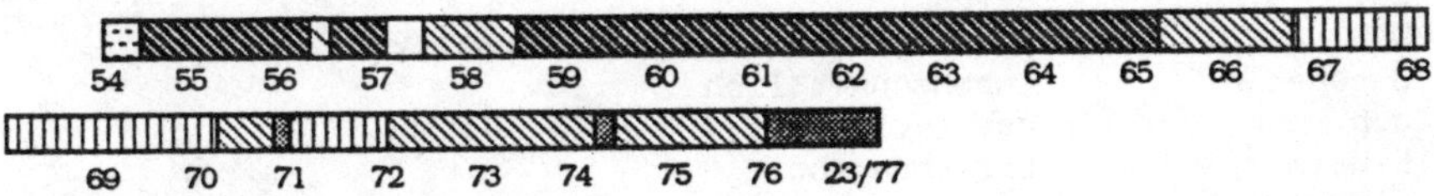

140w

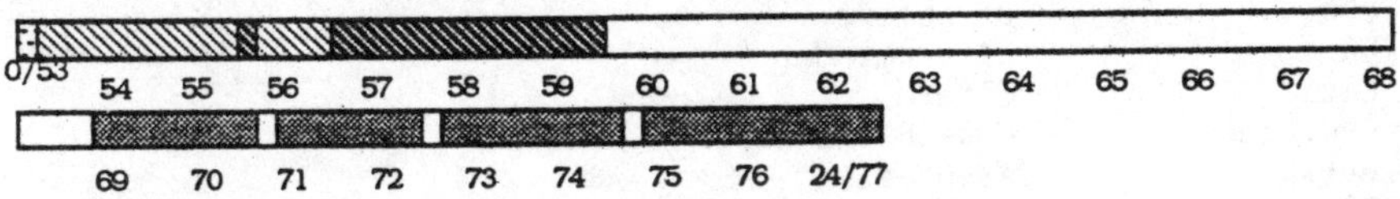

7. Abkürzungen

aaO.	am angeführten Ort
Abs	Abschluß
AdElt	Adoptiveltern
AK	Adoptivkinder
Anh.	Anhang
ArSt.	Arbeitsstelle
ausr.	ausreichend
Azubi	Auszubildender
BAföG	Bundesausbildungsförderungsgesetz
Bd.	Band
bes.	besonders
bzw.	beziehungsweise
ca.	circa
DDR	Deutsche Demokratische Republik
durchschn.	durchschnittlich
d.h.	das heißt
E-Heim	Erziehungsheim
EigWhg	Eigene Wohnung
einschl.	einschließlich
etc.	et cetera
EK	Elternkinder
Elt	Eltern
Erw.alter	Erwachsenenalter
evtl.	eventuell
FE	Fürsorgeerziehung
ff	fortfolgende
GI	Geschlossene Insitution der Arbeits- und Sozialbehörde oder Gesundheitsbehörde
GroßElt	Großeltern
HK	Heimkind(er)
Hrsg.	Herausgeber
hrsg.	herausgegeben
HwG	häufig wechselnder Geschlechtsverkehr
insg.	insgesamt
JB	Jugendbehörde
Jgd.alter	Jugendalter
JGG	Jugendgerichtsgesetz
Jgdl.	Jugendlicher
JWG	Jugendwohlfahrtsgesetz
JWH	Jugendwohnheim
Kap.	Kapitel
Kd	Kind(er)
KZfSS	Kölner Zeitschrift für Soziologie und Sozialpsychologie
KrimJ	Kriminologisches Journal
led.	ledig
Lj	Lebensjahr
m.	mit
m.E.	meines Erachtens
männl.	männlich
Mtr	Mutter
n	Spaltenhäufigkeiten
N	Gesamthäufigkeiten
nb	nicht bekannt
o.	oder

oh.	ohne
ÖE	Öffentliche Erziehung
Pb	Proband (o. Probanden)
PflElt	Pflegeeltern
PK	Pflegekind(er)
pp(-Kind)	Kinder von Prostituierten (puella publica)
pp-Stigma	Stigmatisierende Äußerungen über die Herkunft des Kindes (Mutter in Prostitution)
Realsch.	Realschule
rd.	rund
resp.	respektive
RJGW	Reichsjugendwohlfahrtsgesetz
Rubr	Rubrik
s.	siehe
S.	Seite
sog.	sogenannte(r)
sonst.	sonstige
Sp	Spalte
SS	Sonderschule
StGB	Strafgesetzbuch
StrVg	Strafvollzug
StV	Stiefvater
Tab	Tabelle
u.	und
u.a.	unter anderem
u.U.	unter Umständen
US-Stigma	Stigmatisierende Äußerungen über sogenanntes asoziales Mileu (Vater kriminell etc.)
überw.	überwiegend
Var	Variable
vgl.	vergleiche
Verw	Verwandte
VS	Volksschule
vs.	versus
Vtr	Vater
weibl.	weiblich
WG	Wohngemeinschaft
z.B.	zum Beispiel
Zi	Zimmer
Zl	Zeile
ZNS	Zentrales Nervensystem
z.T.	zum Teil
Ztpkt.	Zeitpunkt
zuzügl.	zuzüglich